STADT IN DER GESCHICHTE

Band 16

Stadt in der Geschichte

Veröffentlichungen
des Südwestdeutschen Arbeitskreises
für Stadtgeschichtsforschung

Band 16

Begründet von
Erich Maschke und Jürgen Sydow

Jan Thorbecke Verlag Sigmaringen
1990

Stadt an der Grenze

26. Arbeitstagung in Miltenberg
13.–15. November 1987

Herausgegeben von
Bernhard Kirchgässner und Wilhelm Otto Keller

Jan Thorbecke Verlag Sigmaringen
1990

CIP-Titelaufnahme der Deutschen Bibliothek

Stadt an der Grenze: in Miltenberg 13.–15. November 1987 / hrsg. von Bernhard Kirchgässner u. Wilhelm Otto Keller. – Sigmaringen: Thorbecke, 1990
(Stadt in der Geschichte; Bd. 16) (... Arbeitstagung / Südwestdeutscher Arbeitskreis für Stadtgeschichtsforschung; 26)
ISBN 3-7995-6416-0

NE: Kirchgässner, Bernhard [Hrsg.]; 1. GT; Südwestdeutscher Arbeitskreis für Stadtgeschichtsforschung: ... Arbeitstagung

Dieses Buch ist aus säurefreiem Papier hergestellt und entspricht den Frankfurter Forderungen zur Verwendung alterungsbeständiger Papiere für die Buchherstellung.

Gesamtherstellung: M. Liehners Hofbuchdruckerei GmbH & Co. Verlagsanstalt, Sigmaringen
Printed in Germany · ISBN 3-7995-6416-0

Inhaltsübersicht

Vorwort

Grenzstadtschicksal bedeutet für die betroffenen Kommunen erfahrungsgemäß stets, auch eine bewegte Geschichte hinter sich zu haben, mancherlei zusätzliche Probleme bewältigen und im Laufe der Zeiten ständig neue Situationen meistern zu müssen. Miltenberg hat dies durch Jahrhunderte hindurch immer wieder schmerzlich erfahren, so daß es sich geradezu aufdrängte, die Thematik »Stadt an der Grenze« für 1987 als Generalthema unserer Jahrestagung zu wählen. Referenten und Referate, insbesondere aber auch die lebhafte Diskussion haben die Wahl dieses Themas vollauf rechtfertigen können; wir sind allen Teilnehmern der Tagung hierfür zu aufrichtigem Dank verpflichtet.

Die gelungene Tagung wäre aber nicht möglich gewesen ohne die idelle und materielle Hilfestellung, welche die Stadt uns geboten hat, angefangen vom bereitwilligen Eingehen auf alle Wünsche durch das Stadtoberhaupt, Herrn Ersten Bürgermeister Vogel, über die organisatorische Unterstützung durch die Stadtverwaltung und den Leiter des Volksbildungswerkes, der dem Erstunterzeichneten von Anfang an bereitwillig beigestanden hat. Finanzielle Unterstützung haben wir auch vom Württembergischen Sparkassen- und Giroverband erhalten, ferner von der Arbeitsgemeinschaft historischer Kommissionen und landesgeschichtlicher Institute in Münster i. W. Wie in vergangenen Jahren hat auch dieses mal das Ministerium für Wissenschaft und Kunst des Bundeslandes Baden-Württemberg tatkräftig mitgeholfen, durch einen Druckkostenzuschuß die Edition des Bandes voranzubringen. Zum Schluß soll auch all der Städte gedacht werden, die unsere Arbeit durch kontinuierliche Hilfe fördern; nur dem Zusammenwirken all dieser Institutionen ist es zu verdanken, daß die Reihe »Stadt in der Geschichte« ihre Jahresbände in kontinuierlicher Folge herausgeben kann.

Im Volksbildungswerk Miltenberg wurden die Diskussionsbeiträge erstellt und durch den Rechtsunterzeichnenden redigiert. Es ist dies eine ebenso mühevolle Arbeit, wie sie die Erstellung des Registers durch Herrn Diplom-Soziologen Klaus Meister darstellt; der Arbeitskreis ist auch allen an dieser Arbeit Beteiligten zu Dank verpflichtet.

Es liegt in der Natur der Sache wie in der Begrenzung der Möglichkeiten, daß das Grenzstadtschicksal hier nur exemplarisch für einige besondere charakteristisch erscheinende Kommunen aufgezeigt werden kann. Der Band, seine Autoren wie auch seine Herausgeber, schließlich aber auch der Südwestdeutsche Arbeitskreis für Stadtgeschichtsforschung wollen damit weitere Anregungen geben, über ein ganz eigenes Kapitel städtischer Geschichte neuerlich nachzudenken.

Bernhard Kirchgässner *Wilhelm Otto Keller*

... *bei Bayern viel verloren*

Die Stellung der Stadt Miltenberg im Erzstift Mainz und im Königreich Bayern

VON WILHELM OTTO KELLER

In der Tourismuswerbung verwendet die Stadt Miltenberg gerne den Satz aus Elly Heuss-Knapps Erinnerungen »Ausblick vom Münsterturm«: »Miltenberg erschien mir immer als das Herz von Deutschland ...« Die gebürtige Straßburgerin verbrachte viele Jahre lang ihre Ferienzeit mit ihrem Großvater, dem Braunschweiger Professor Friedrich Ludwig Knapp, in der Stadt am Main, wo sie entweder privat oder im Gasthof »Engel« logierten[1]. Das Tagungsthema »Stadt an der Grenze« scheint also für Miltenberg eigentlich nicht angemessen. Ein Blick auf die Karte rät aber zur Vorsicht. Häufig müssen Einheimische die Frage beantworten, in welchem Bundesland man sich denn gerade befinde, sind es doch nach Baden-Württemberg nur 6 und nach Hessen kaum 10 Kilometer. Daß hier bereits oder noch Bayern ist, vermuten die wenigsten Frager. Daher hat das Tagungsthema in einer Stadt wie Miltenberg durchaus seine Berechtigung.

Von ihrer Entstehung bis zum Reichsdeputationshauptschluß 1803 gehörte die Stadt Miltenberg rund 600 Jahre zum Erzstift Mainz. Dies sind etwa vier Fünftel ihrer Geschichte[2]. Miltenberg lag ungefähr im Zentrum des sogenannten Mainzer Oberstifts, das ist der Teil des erzstiftischen Territoriums, der sich von oberhalb Frankfurt bis an Neckar und Tauber und fast vor die Tore Würzburgs erstreckte. Das Oberstift war das größte zusammenhängende Gebiet im ansonsten stark aufgesplitterten Mainzer Herrschaftsbereich. Der Hauptschluß der außerordentlichen Reichsdeputation von 1803 entschädigte den Fürsten von Leiningen für seine Verluste auf der linken Rheinseite mit einigen kurpfälzischen, würzburgischen und mainzischen Ämtern zwischen Neckar, Tauber und Main[3]; dazu gehörten auch die Ämter Amorbach und Miltenberg. Mit Mainzer Einverständnis nahm der Fürst seine neuen Besitzungen schon drei Monate vor dem Hauptschluß in Besitz, ließ die Beamten schwören und forderte die Einwohner auf, ihn als neuen Landesherrn anzuerkennen[4]. Damit war die Stadt Miltenberg an den Nordrand eines kleineren fürstlichen Territoriums gekommen.

1 Elly HEUSS-KNAPP, Ausblick vom Münsterturm, Tübingen 1952, S. 28.
2 Stadt Miltenberg (Hg.), 750 Jahre Stadt Miltenberg. 1237–1987. Beiträge zur Geschichte, Wirtschaft und Kultur einer fränkischen Stadt. Miltenberg 1987 (= Festschrift 1987).
3 Hanns Hubert HOFMANN, Franken seit dem Ende des Alten Reiches. Historischer Atlas von Bayern, Teil Franken, Reihe II, Heft 2, München 1955, S. 46.
4 Roland VOCKE, Staatliche Veränderungen und Behördenbildung im 19. und 20. Jahrhundert. In: Wilhelm STÖRMER, Miltenberg – Die Ämter Amorbach und Miltenberg des Mainzer Oberstifts als Modelle geistlicher Territorialität und Herrschaftsintensivierung. Ferner: Historischer Atlas von Bayern, Teil Franken, Reihe I, Heft 25, München 1979, S. 320; Friedrich OSWALD, Mainzer Oberamt, Fürstentum Leiningen, Königl. Bayerisches Bezirksamt Miltenberg. In: 175 Jahre Bote vom Untermain. Festnummer zum Zeitungsjubiläum Bote vom Untermain, 16. 12. 1978 (= Bote

Mit dem Reichsdeputationshauptschluß nahm die rechte Mainseite für 13 Jahre eine andere politische Entwicklung. Die Kellereien Prozelten und Klingenberg, die erst 1782 dem Oberamt Miltenberg eingegliedert worden waren, wurden nun dem Fürstentum Aschaffenburg zugeschlagen[5]. Die Stadt verlor damit ihr Hinterland im Spessart. Die Konföderationsakte des Rheinbundes brachte 1806 neue territoriale Veränderungen. Die Besitzungen des Fürsten von Leiningen kamen zusammen mit dem linksmainischen Teil der Grafschaft Wertheim an das Großherzogtum Baden[6]. Miltenberg war nun nördliche Grenzstadt eines Territoriums, das vom Main bis nach Lörrach und an den Bodensee reichte. Die Stadt war aber noch mit den alten Mainzer Landen im Süden und Südosten verbunden. Im ständigen Gebiets- und Seelenschacher der Verbündeten Napoleons kam es 1810 in Paris zu einem Staatsvertrag zwischen den beiden Großherzogtümern Baden und Hessen-Darmstadt, der die fürstlich leiningenschen Ämter Amorbach und Miltenberg, das fürstlich löwensteinische Amt Kleinheubach und die ritterschaftlichen Orte Umpfenbach und Laudenbach der Souveränität Hessen-Darmstadts unterstellte. Die Hessen verpflichteten sich, von Baden keine Mainzölle zu erheben[7]. Diese Abtrennung der Ämter Amorbach und Miltenberg von den übrigen leiningenschen und zum Teil Mainzer Gebieten war für diese denkbar ungünstig, verloren sie doch dadurch ihre agrarischen Versorgungsgebiete.

Schon sechs Jahre später trat mit Bayern ein neuer Landesherr auf den Plan, der sich 1814 bereits in der Pariser Konvention zur Erläuterung des Vertrags von Ried zwischen dem Kaiserreich Österreich und dem Königreich Bayern mit dem Fürstentum Aschaffenburg und dem Großherzogtum Würzburg das rechte Mainufer und das Spessartgebiet gesichert hatte[8]. Im Frankfurter Territorialrecess mit dem Großherzogtum Hessen-Darmstadt erreichte Bayern 1816 mit dem Zugewinn der Ämter Alzenau, Kleinheubach, Amorbach und Miltenberg noch eine Erweiterung seines Territoriums[9]. Allerdings lag diese ihrem Umfang nach weit unter den seit der Wiener Konvention von 1815 gehegten Erwartungen. Wären die Hoffnungen in Erfüllung gegangen, hätte Bayern von Baden das gesamte leiningensche Gebiet und die ehemalige Grafschaft Wertheim erhalten. Auch die Stadt Hanau und das Kinzigtal wären an Bayern gefallen[10]. In einem Vertrag hatte der bayerische Minister Montgelas 1806 schon einmal eine Anwartschaft auf das Fürstentum Leiningen erworben, um im Main-Odenwald-Raum Fuß zu fassen[11]. Daß die bayerischen Ansprüche aus der nicht ratifizierten Wiener Konvention nicht zufriedengestellt wurden, hatte für die Stadt Miltenberg negative Folgen. Im Falle einer Realisierung wäre Miltenberg, ähnlich wie im Mainzer Oberstift, etwa im Zentrum eines größeren zusammenhängenden Gebietes gewesen, das durch den Zugewinn der Grafschaft Wertheim zusätzlich an Geschlossenheit gewonnen hätte.

vom Untermain. Festnummer 1978); Kurt Lind, Fürst Carl Friedrich Wilhelm zu Leiningen als Landesherr in den Jahren 1803 bis 1806. Masch. Diss. Erlangen 1949, S. 16ff.

5 Hofmann (wie Anm. 3), S. 46.

6 Hofmann (wie Anm. 3), S. 55; Vocke (wie Anm. 4), S. 324.

7 Hofmann (wie Anm. 3), S. 65; Vocke (wie Anm. 4), S. 326.

8 Hofmann (wie Anm. 3), S. 66.

9 Hofmann (wie Anm. 3), S. 68.

10 Hofmann (wie Anm. 3), S. 67.

11 Vocke (wie Anm. 4), S. 321.

Der Frankfurter Territorialrecess vom 7. Juli 1816 schuf eine sackartige Ausbeulung vom Main nach Süden. Die Ämter Amorbach und Miltenberg waren von den Großherzogtümern Hessen-Darmstadt und Baden weitgehend eingeschlossen[12].

Die Menschen nahmen die Veränderungen in der Landesherrschaft ziemlich klaglos hin. Der Miltenberger Arzt Dr. Joseph Christian Winzmann, der von 1809 bis 1827 Zeit- und Familienereignisse in Miltenberg aufzeichnete, berichtet nur kurz über die Regierungsänderungen. Ihm erscheinen die Kriege Napoleons und auch die jeweilige Witterung wichtiger als die neuen Landesherrn[13]. Das Fürstlich Leiningensche Bezirksblatt vermeldet dagegen pflichtschuldig, die Stadt Miltenberg habe *durch feierliche und freudebringende Begehungen der hohen Übernahmekommission zu verstehen gegeben, mit welchem innigen Vergnügen sich dieselben an die Staaten Seiner Majestät des Allergnädigsten Königs von Bayern anzuschließen bereit fanden*[14]. Für den seit 1807 amtierenden Ratsschultheißen Michael Joseph Wirth, der es binnen zehn Jahren mit drei Landesherren zu tun hatte, ergab sich bei der Abfassung seiner Chronik im Rückblick ein anderes Urteil: *Am 16. Juli 1816 erfolgte die Übernahme von Seite Bayerns durch den damaligen königlichen Regierungspräsidenten Freiherrn von Zurhein in loco Miltenberg. Hat Miltenberg bei Baden und Hessen nichts gewonnen, so hat es bei Bayern viel verloren*[15]. Ob Wirth den Übergang an Bayern so negativ gesehen hätte, wenn die Wiener Konvention verwirklicht worden wäre oder der bayerische Wunsch einer Landbrücke in die Pfalz in Erfüllung gegangen wäre[16], bleibt dahingestellt.

In einem Gang durch die Miltenberger Geschichte vom 13. bis ins 19. Jahrhundert soll nun Michael Wirths Urteil geprüft werden. Der gelernte Hutmacher wurde 1775 in Miltenberg geboren, er kannte also noch aus eigenem Erleben die Rolle, die Miltenberg im Erzstift Mainz spielte[17]. Ein Jahr bevor er als Ratsschultheiß seine Amtsgeschäfte aufnahm, stellte eine Erhebung der Leiningenschen Regierung 1806 fest: *Die Stadt Miltenberg hat in Hinsicht des Handels und Gewerbs eine vorteilhafte Lage – der Verkehr mit Frankfurt und Mainz war vor dem Krieg sehr bedeutend*[18]. Nachdem Wirth die Arbeiten für seine Stadtchronik erst um 1850 abgeschlossen hat, ist sein Urteil nicht spontan. Er hatte rund dreieinhalb Jahrzehnte Zeit und Gelegenheit, Miltenbergs Stellung im Königreich Bayern zu überdenken.

In der ersten Beschreibung der Stadt Miltenberg, die aus der Feder des 1478 in

12 Max Spindler, Bayerischer Geschichtsatlas. München 1969, Karte 36d.

13 Joseph Christian Winzmann, Zeit und Familienereignisse in Miltenberg 1809 bis 1827 (Original in Privatbesitz, Fotokopie im Stadtarchiv Miltenberg).

14 Fürstlich Leiningisches Bezirksblatt, Nr. 31, 3. 8. 1816, S. 121 ff. Friedrich Oswald, Gott grüß' die Kunst. Geschichte der Heimatzeitung und ihrer Verlegerfamilie. In: Bote vom Untermain (Festnummer 1978).

15 Michael Joseph Wirth, Chronik der Stadt Miltenberg. Miltenberg (Neuauflage) 1987, S. 90.

16 Eberhard Weis, in: Handbuch der Bayerischen Geschichte, Bd. IV/1, München 1974, S. 62.

17 Wilhelm Otto Keller, Michael Joseph Wirth, Hutmacher – Ratsschultheiß – Chronist. Einführung in die Neuauflage der Chronik der Stadt Miltenberg. Miltenberg 1987, S. IX ff. Ders., Stadt Miltenberg zu Beginn des 19. Jahrhunderts. In: Bote vom Untermain (Festnummer 1978).

18 Fürstlich Leiningensches Archiv Amorbach (= FLAA), Zur Hebung des Landes 1806. Miltenberg.

Miltenberg geborenen Humanisten und Priors von Maria Laach, Johannes Butzbach, stammt, wird die hervorragende Verkehrslage der Stadt herausgestellt; Miltenberg sei der größte Hafenplatz am Main. Die Miltenberger Fuhr- und Schiffleute *regiren ... den ganzen Verkehr zwischen Nürnberg und Bamberg und Franckford*[19]. Am Mainknie bei Miltenberg kreuzten sich Verkehrsadern von überregionaler Bedeutung. Hier traf die wichtige Ost-West-Verbindung von Wien – Regensburg – Nürnberg – Aschaffenburg – Frankfurt – Köln – Niederlande auf den Main. Die Straße vom Fränkischen ins Rhein-Main-Gebiet gehört bereits der Vor- und Frühgeschichte an. Sie führte nicht wie heute auf dem kürzesten Weg über den Spessart, sondern von Nürnberg über Aub – Tauberbischofsheim – später Neustadt/Aisch – Kitzingen – Würzburg – Tauberbischofsheim – an den Main. Hinter Tauberbischofsheim erklomm die Straße die Höhe. Über Külsheim – Hundheim erreichte man die steile Eichenbühler Steige, von der aus der Fluß in Sichtweite war. Da sich die Furt erst hinter dem Flußbogen zwischen Groß- und Kleinheubach befand, setzte man auf Fähren über den Fluß. Rechtsmainisch zog man nach Aschaffenburg, von dort über die Brücke in Richtung Frankfurt[20]. Diese Straße vereinigte sich in Tauberbischofsheim mit einem weiteren wichtigen Handelsweg, der von Augsburg über Donauwörth – Nördlingen – Dinkelsbühl – Mergentheim heranführenden »Kaiserstraße«. Sie stellte die schnellste Verbindung zwischen Main und Donau her[21].

Durch die bereits benannte Furt querte der von Orb über die Spessartrücken nach Süden verlaufende Eselsweg den Main bei Miltenberg. Dies war eine wichtige Salzstraße, auf der erst im 17. Jahrhundert der Esel vom Pferde- oder Ochsenkarren abgelöst wurde[22]. Von den Reichsstädten Heilbronn und Wimpfen erreichte über Mosbach - Mudau - Amorbach eine weitere wichtige Straße das südwestliche

19 Walter M. Brod/Otto Meyer, Weistümer, Ordnungen und Satzungen der Fischer- und Schifferzunft zu Miltenberg 1379–1919. In: Mainfränkische Hefte, Heft 85, Würzburg 1988, S. 11; D. J. Becker (Hg.), Des Johannes Butzbach Wanderbüchlein. Chronika eines fahrenden Schülers, Leipzig 1912, Neuauflage mit einer Einführung von Werner Trost, Neustadt/Aisch 1984, S. 11; Emmanuel von Severus, Johannes Butzbach (1478–1516). In: Aschaffenburger Jahrbuch, Bd. 10, Aschaffenburg 1986, S. 207–212.

20 Karl Weller, Die Reichsstraßen des Mittelalters im heutigen Württemberg. In: Württembergische Vierteljahrshefte für Landesgeschichte, NF 33 (1928), Nr. 50.

21 Weller (wie Anm. 20), Nr. 48.– Von Dinkelsbühl war auch noch der Weg über Feuchtwangen - Rothenburg - Mergentheim - Tauberbischofsheim an den Main möglich: Meinrad Schaab, Geleitsstraßen um 1550. Beiwort zur Karte X, 1, S. 9 des Historischen Atlas von Baden-Württemberg; Erläuterungen, Stuttgart 1982.

22 Helmut Jäger, Kulturgeographie des südlichen Mainvierecks. Beiträge zur Geographie Frankens. In: Würzburger geographische Arbeiten 4/5, Würzburg 1957, S. 125–156; Ders., Die alten Heer- und Handelsstraßen im Maingebiet westlich Würzburg. In: Die Mainlande, 7. Jg. Nr. 2 und 3, Würzburg 1956; Wilhelm Störmer, Die Anfänge der Stadt Miltenberg. Politisches Ringen um Stützpunkte und Landesherrschaft am südlichen Mainviereck. In: Festschrift 1987, S. 107 ff.– Die Ablösung der Esel durch die Pferde- und Ochsenkarren geht aus Wertheimer Zollrechnungen (Staatsarchiv Wertheim) hervor. Dieser Vorgang läßt sich unmittelbar nach dem Dreißigjährigen Krieg auf dem nach Wertheim führenden Zweig des Eselsweges feststellen. Für den über Miltenberg führenden Zweig dürfte es nicht anders gewesen sein. Staatsarchiv (= STA) Wertheim, Wertheimer Zollrechnungen, Landzoll.

Mainviereck. Sie verknüpfte auf kürzestem Wege die Pfalzen Wimpfen, Frankfurt und Gelnhausen und damit auch Neckar und Main[23].

Von Künzelsau über Krautheim – Ballenberg – Rosenberg – Walldürn führte eine weitere Straße, die das Bauland zum Main hin aufschloß. Nicht vergessen sei als wichtige Verkehrsader der Main, der mit seinem vielfach gewundenen Lauf vom Fichtelgebirge bis zur Mündung und durch seine früher teils schiffbaren, teils floßbaren Nebenflüsse ein weites Einzugsgebiet wirtschaftlich erschloß[24]. Angesichts dieser Verkehrslage kann es nicht verwundern, daß in der ersten Urkunde, die am 2. Juli 1237 die Stadt Miltenberg erwähnt, schon von Handel und Zoll die Rede ist[25]. Bald nach der ersten Erwähnung der mainzischen Mildenburg 1226, zwischen 1231 und 1237, war die Stadt als *suburbium* entstanden. Wilhelm Störmer hat die Anfänge des Gemeinwesens erst kürzlich eingehend behandelt[26]. Die Stadt verdankte ihr schnelles Aufblühen der günstigen Verkehrslage. Der Aufstieg der Reichsstadt Nürnberg zum Exportzentrum und die parallel verlaufende Entwicklung der Frankfurter Messe intensivierten den Verkehr in Ost-West-Richtung. Der Mainübergang bei Miltenberg bekam als Etappenort besondere Bedeutung und Entwicklungsmöglichkeiten. In nicht einmal 150 Jahren erwuchs aus dem anfangs kaum mehr als 100 Schritt langen *suburbium* eine Stadt von fast 30 Hektar Grundfläche[27]. Daß hier schnell ein wirtschaftlicher Schwerpunkt entstand, zeigte sich schon 1285, als die Umgebung bereits nach Miltenberger Maß und Gewicht rechnete[28]. Die Erwähnung von Schultheiß, Schöffen und gemeiner Bürgerschaft sowie des Stadtsiegels gibt Einblick in die Verfassung der Stadt[29]. Bis zum Jahr 1346 konnten die Bürger von den Inhabern des Mainzer Erzstuhls oder von deren Rivalen um das Erzstift noch Rat und Bürgermeister abfordern, indem sie die Finanznot beider Seiten auszunützen wußten[30].

Die Erzbischöfe erkannten früh den Wert, der Miltenberg auf Grund seiner Lage zukam. Aus Peter von Aspelts Testament geht hervor, daß er in Miltenberg ein Spital zu St. Peter gegründet hatte, dem er 1319 100 Mark Silber zum Ankauf von Gülten hinterließ. Dieses Spital lag innerhalb der ersten Stadterweiterung nach Osten, die vermutlich noch ins 13. Jahrhundert fällt[31]. Auf den Erzbischof von Aspelt geht auch

23 STÖRMER (wie Anm. 22), S. 108.– In Amorbach zweigte von dieser Straße eine Route über den Odenwald an den Rhein ab.

24 Meinrad SCHAAB, Geleitsstraßen um 1550. Karte X, 1, Historischer Atlas von Baden-Württemberg, Stuttgart 1982.

25 Cornelia BAUMANN, 750 Jahre Miltenberg. Das Dokument. In: Festschrift 1987, S. 103.

26 STÖRMER (wie Anm. 22), S. 105–126.

27 Wilhelm Otto KELLER, Geschichtliche Entwicklung der Stadt Miltenberg. In: Stadt Miltenberg (Hg.), Stadt Miltenberg, München 1981, S. 10. DERS., Miltenberg – eine alte Handelsstadt. In: Wirtschaft am bayerischen Untermain 7/1982, S. 305.

28 Stadt- und Stiftsarchiv Aschaffenburg (= StadtA), Liber I. Cam., fol. 10'–11.

29 StadtA Aschaffenburg, U 1846.

30 StadtA Aschaffenburg, U 1840. Erste Erwähnung eines Rats 1329 im Pfarrarchiv St. Jakobus Miltenberg (= PFA), Miltenberger Statutenbuch, fol. 4'; erste Erwähnung von Bürgermeistern 1346.

31 Valentin Ferdinand VON GUDENUS, Codex diplomaticus. Tom. III, Frankfurt/Leipzig 1751, S. 175.

das 1340 erstmals erwähnte Brothaus an der Ostseite des Marktplatzes zurück[32]. Das Brothaus, das im Dreißigjährigen Krieg *Freundts- und Feindtsvölkern* zum Opfer fiel, war ein mehrstöckiges Fachwerkhaus mit drei wirtschaftlich genutzten Ebenen. Im nach Norden offenen Erdgeschoßgewölbe befanden sich die Fleischbänke. Vom Marktplatz her konnte man ebenerdig im ersten Geschoß acht Kramläden erreichen. In einem mußten jeweils zwei Bäcker feilhalten, die dem Gebäude seinen Namen gaben. Im Obergeschoß boten während der Jahrmärkte die Tuchhändler ihre Ware an. Die anfallenden Mieten und Standgelder gingen zur Hälfte an den Erzbischof, zur Hälfte an das Spital. So wurden auch die übrigen Standgeldeinnahmen am Marktplatz geteilt[33]. Nachdem das schon seit längerer Zeit reparaturbedürftige Haus abgerissen worden war, errichtete man an seiner Stelle zwölf Kramläden, deren Einnahmen ebenfalls zwischen Erzbischof und Spital geteilt wurden[34].

1354 ließ sich Erzbischof Gerlach von Nassau für seinen Handelsplatz Miltenberg das Münzrecht verleihen, das bis zur Mainzer Stiftsfehde ausgeübt wurde[35]. Die Verleihungen der Jahrmärkte an Walburgis und Jakobis sind nicht überliefert. Der am Fest des Kirchenpatrons stattfindende Jakobimarkt dürfte in seinen Anfängen noch im 13. Jahrhundert datieren. Im frühen 14. Jahrhundert folgte der zweite Jahrmarkt. 1367 erwirkte Erzbischof Gerlach ein Messediplom für die Stadt[36]. Die Messe sollte von St. Sixtentag bis zu Unserer Frauen Würzweihe (6.–15. August) dauern, insgesamt also zehn Tage. Der Mainzer Erzbischof hatte die wirtschaftlichen Verhältnisse jedoch falsch eingeschätzt. Der ältere und gut besuchte Jakobimarkt am 25. Juli war attraktiver als die kurz danach folgende Messe. Von ihr hören wir erst wieder 1425, als man sie auf den Michaelistermin als Jahrmarkt verlegte[37]. Von der zehntägigen Messe überdauerte nur ein eintägiger Markt an St. Laurentius (10. August), der sich vom Bereich an der St. Laurentiuskapelle mit Friedhof bis in die westliche Vorstadt erstreckte[38]. Bei diesem recht unbedeutenden Markt zog die Stadt die Standgelder ein, bei den größeren Jahrmärkten erhob der Amtskeller die Standgelder für den Erzbischof[39]. Nach den seit 1521 in den Stadtrechnungen erhaltenen Marktstrafenregistern hatten die Märkte ein Einzugsgebiet von Bamberg bis Mainz und von Fulda bis Nördlingen. Verkäufer und Kunden der gleichzeitig abgehaltenen Viehmärkte kamen in der Regel aus dem Spessart, dem Odenwald und Bauland sowie aus dem Taubertal. Eine erstaunliche Anziehungskraft hatte der Miltenberger Wochenmarkt, den bis zur Schwelle des 19. Jahrhunderts Bäcker von Hafenlohr, Freudenberg, Külsheim, Walldürn, Buchen und Amorbach belieferten[40]. Schon früh kam es zu Aufkäufen durch Miltenberger Schiffer und Händler, die das Brot in Richtung Frankfurt weiterverkauften[41].

32 Hauptstaatsarchiv München (= HStA), Allg. StA, Mainz, U 849.
33 FLA Amorbach, Miltenberger Kellereizinsbuch 1545.
34 FLA Amorbach, Miltenberger Jurisdiktionalbuch 1665, fol. 101.
35 WIRTH (wie Anm. 15), S. 111 ff.
36 StadtA Miltenberg, Urkunden; WIRTH (wie Anm. 15), S. 110.
37 PfA Miltenberg, Miltenberger Statutenbuch, fol. 25 ff.
38 WIRTH (wie Anm. 15), S. 17.
39 FLA Amorbach, Miltenberger Kellereizinsbuch 1545.
40 StadtA Miltenberg, Stadtrechnungen 1521 ff., Bäckerstrafen.
41 Sammlung W. O. Keller, Miltenberger Gerichtsbuch 1402–1416, S. 59 a.

Von unschätzbarer Bedeutung für die Stadt war das Ungeldprivileg, das ihr 1346 während des Bistumsstreits zwischen Heinrich von Virneburg und Gerlach von Nassau verliehen wurde. Als Steuerertrag setzte man 45 Pfund fest. Davon standen dem Erzbischof 22½ Pfund zu, den Rest sollte die Stadt *verbuwen an der Stat, da es aller notlichst ist*[42]. Die Stadt hielt sich an die Auflage und löste einen »Bauboom« aus, dessen Spitzenleistungen, das Alte Rathaus und die beiden äußeren Stadttore, noch heute zu bewundern sind. Diese drei Baumaßnahmen waren im Jahr 1379, also drei Jahrzehnte nach dem Privileg, bereits abgeschlossen. Der im Privileg fixierte landesherrliche Anteil blieb bis zur Abschaffung des Ungelds durch das Königreich Bayern im Jahr 1818 bei 22½ Pfund beziehungsweise später 22½ Gulden. Der der Stadt verbleibende Rest konnte in guten Jahren während des 16. Jahrhunderts fast an die 1 000 Gulden betragen[43]. Nach dem Rückgang des Weinbaus im 18. Jahrhundert kam die Stadt immer noch auf 300 bis 400 Gulden.

Mit dem vielseitig verwendbaren Alten Rathaus, das man als Kauf-, Lager-, Rat- und Tanzhaus sowie als Stadtwaage nutzte, schuf sich die Stadt nach dem Vorbild des Mainzer Kaufhauses »auf dem Brand« von 1317[44] einen eigenen Handelsmittelpunkt neben dem vom Erzbischof beherrschten Marktplatz. In diesen mächtigen Sandsteinbau, der in seinem Erbauungsjahr 1379[45] erstmals als Stadtwaage und Rathaus Erwähnung findet, mußten die fremden Kaufleute ihre Waren bringen. Eine Verordnung von 1422 bestimmte, *alles gut, das man hie nydderleyt, es sy von smaltz, saltz, botter, smer, zentnergut, ysenwerk, gewant und was solches ist, das sol man legen in der stat rathuß und nit in der wirtes heuser oder uff die gassen*[46]. Gewand und Zentnergut wurden schon im 16. Jahrhundert nur noch selten im Rathaus aufbewahrt, sondern näher am Ufer untergebracht. Die Markthalle des Hauses blieb aber bis 1803 Mittelpunkt eines Schmalz-, Butter- und Käsemarktes mit einem überregionalen Einzugsbereich[47]. 1621 setzte der Rat fest, daß Butter, Schmalz, Käse, Unschlitt und dergleichen in Mengen von mehr als 25 Pfund in *die gemeine Wag* gebracht werden mußten und nicht in die Privathäuser[48]. Zahlungskräftige Kunden wie das Benediktinerkloster Amorbach verständigte man durch Boten; laut Küchenregister verbrauchten die 41 Klosterinsassen vom Februar 1714 bis Februar 1715 etwa 1155 Kilogramm Schmalzbutter, davon 811 kg aus der Miltenberger Waage[49]. 1938 kg bezog das Kloster im Jahr 1800, als in Amorbach Franzosen einquartiert waren[50]. 1716 lagerte in der Halle Schmalzbutter aus

42 PfA Miltenberg, Miltenberger Statutenbuch, fol. 2'.

43 Wilhelm Otto KELLER, Untersuchungen zum Weinbau und Weinhandel in der Stadt Miltenberg und am südlichen Untermain bis zum Dreißigjährigen Krieg. In: Festschrift 1987, S. 147.

44 Friedrich OSWALD, Im Spannungsfeld mittelrheinischer Kunst. In: Altes Rathaus Miltenberg. 1379–1983. Festschrift zur Eröffnung des wiederhergestellten Alten Rathauses in Miltenberg, Miltenberg 1983 (= Festschrift 1983), S. 26.

45 Klaus REFFEL, Die Geschichte von Sonnenschein und Regenwetter. In: Festschrift 1983, S. 70.

46 Wilhelm Otto KELLER, Das Alte Rathaus im Spiegel seiner Geschichte. In: Festschrift 1983, S. 38.

47 StadtA Miltenberg, Waagrechnungen.

48 StadtA Miltenberg, Ratsprotokoll 1593–1631, S. 295.

49 FLA Amorbach, Allgemeines. Das Leben im Kloster. Festlichkeiten.

50 FLA Amorbach, Klosterrechnung 1800.

Bamberg, Nürnberg, Rothenburg und dem Hohenloher Land. Schmalz kam ferner aus Weiden in der Oberpfalz, aus Mulfingen bei Künzelsau, Nürnberg und Asch[51]. Das Alte Rathaus war schließlich auch der zentrale Fischmarkt des Umlands, wo einheimische Fische – vom Aal, Karpfen und Hecht bis zur Forelle – eingekauft werden konnten, da alle zwischen Mondfeld und Laudenbach gekauften Fische in Miltenberg erst einmal angeboten werden mußten[52]. Bücklinge, Heringe, Rheinsalm und andere Fischsorten waren hier gleichfalls zu haben.

Ins 14. Jahrhundert fiel auch die Entstehung des administrativen Zentrums Miltenberg: Der ältere Ort Bürgstadt, noch um die Mitte des Jahrhunderts Vorort der Kammerforstdörfer und damit des größten Teils des späteren Amtes und der Kellerei Miltenberg, wurde durch die Stadt abgelöst[53]. Mit Heinrich Egeno wird 1340 der erste Keller erwähnt, er ist aber auch gleichzeitig noch Schultheiß[54]. 1379 wurden unter dem Vorsitz von Nikolaus von Grünberg – *zu der zit oberster amptmann und kelner* – die Gewohnheiten, Gesetze und Gebote der Stadt kodifiziert; das Amt Miltenberg war also schon gebildet[55]. Auch hinsichtlich der Rechtsprechung löste sich die Stadt von der Cent Bürgstadt; sie richtete für sich selbst. Nachdem es aber nicht gelungen war, auch die östliche Vorstadt in die Zuständigkeit des Stadtgerichts zu bekommen, stellte man dafür zwei »schweigende Schöffen«. Daß die Integration nicht gelang, lag vielleicht daran, daß die Cent auf dem heutigen Engelplatz, der früher *uff der Cent* hieß, wie das ganze Viertel ihre Sitzungen abhielt. Bis zum Dreißigjährigen Krieg achtete die Stadt streng darauf, daß der Centgraf seinen Wohnsitz in Bürgstadt behielt und nicht in die Stadt zog, von einigen Ausnahmen zu Fehdezeiten abgesehen[56].

Schon 1379 übte das Miltenberger Stadtgericht seinen Einfluß auch außerhalb der Mauern aus: Es wird als Oberhof genannt, an dem sich Aschaffenburg, Buchen, Külsheim, Obernburg, Wörth, Stadtprozelten, König im Odenwald – seit 1504 auch Klingenberg – ihr Recht holen konnten. Für Miltenberg war in zweifelhaften Rechtsfragen das Aschaffenburger Stadtgericht als Oberhof zuständig[57]. Als Strafe für ihre Beteiligung am Bauernkrieg verloren die Städte dieses Oberhofsystem, das die Einwirkungsmöglichkeiten der erzbischöflichen Beamten beschränkte. Die Stadtgerichte sollten sich in Zukunft an die Amtleute und Ratsgelehrten des Landesherrn halten[58]. Das Eintreten der Städte des Oberstifts für die aufständischen Bauern nahm Erzbischof Albrecht von Brandenburg zum Anlaß, sich von einer weiteren Institution zu befreien: In der sogenannten Albertinischen Ordnung für Miltenberg von 1527 wird nach dem ersten Punkt, der feststellt, daß der Erzbischof von Mainz in Miltenberg alleiniger Stadtherr ist, in einem zweiten Artikel der »Bund der Neun Städte« des Mainzer Oberstifts aufgelöst[59]. Die Städte Aschaffenburg, Miltenberg, Dieburg, Seligenstadt,

51 StadtA Miltenberg, Waagrechnung 1716–1722.
52 Brod/Meyer (wie Anm. 19), S. 13.
53 Störmer (wie Anm. 4), S. 174.
54 HStA München, Allg. StA, Mainz, U 849.
55 PfA Miltenberg, Miltenberger Statutenbuch, fol. 20'.
56 PfA Miltenberg, Miltenberger Statutenbuch, fol. 16'.
57 PfA Miltenberg, Miltenberger Statutenbuch, fol. 13' und 70.
58 Wirth (wie Anm. 15), S. 63.
59 Wirth (wie Anm. 15), S. 60.

Amorbach, Buchen, Walldürn, Külsheim und Tauberbischofsheim hatten sich im 14. Jahrhundert vereinigt, um den finanziellen Ansprüchen der Mainzer Erzbischöfe besser begegnen zu können. Höbelheinrich hält eine Urkunde von 1346, in welcher der bereits vom Papst abgesetzte Heinrich von Virneburg den Städten zusichert, keine außerordentlichen Steuern zu verlangen, für das »Geburtsdokument« des Städtebundes, der sich nicht als Landfriedensorganisation, sondern als landständische Korporation verstand[60]. Die Städte wurden vor jeder außerordentlichen Steuer zusammengerufen, um die Höhe der Beträge auszuhandeln. Die Städte teilten sich sogar die Kosten für einen Boten zum Reichstag in Lindau 1496, der mit Erzbischof Berthold von Henneberg wegen des Gemeinen Pfennigs verhandeln sollte[61]. Die neun Städte hatten aber auch erreicht, daß sie in anderen sie betreffenden Fragen konsultiert wurden. So schickte der Erzbischof 1429 *nach den nun steden gegen Aschenburg von der Krämerbussen wegen*[62]. Wie sehr dem Erzbischof diese städtische Mitsprache mißfiel, geht aus einer Formulierung deutlich hervor, die in Zukunft die kommunale Selbständigkeit einschränken sollte: *Nachdem unsere Unterthanen von den 9 Städten, deren dann Miltenberg eine gewest, bisher sonderlichen Verstand, Bündniß und Einigung mit einander gehabt, Versammlung gemacht und zu Zeiten Rathschläge ihres Gefallens verfaßt haben,* sollen diese Möglichkeiten der Absprache und Steuerbewilligung jetzt verboten sein und jede Stadt *für sich selbst einen abgesonderten Fleck seyn und bleiben*[63]. In diesem Städtebund hatten Aschaffenburg und Miltenberg das größte politische Gewicht.

Soweit man heute erkennen kann, hat Miltenberg bereits im 14. Jahrhundert seinen politischen und wirtschaftlichen Zenit erreicht. Die Stadt hatte umfangreiche Privilegien erhalten. Sie schuf sich einen Mauerring, der bis ins 19. Jahrhundert Bestand haben sollte. Eine Steuerliste vom Ende des 14. Jahrhunderts gibt Auskunft über die bedeutende Stellung der Stadt. Die Vergleichszahlen späterer Zeiten zeigen aber, daß Miltenberg den Vorsprung vor den anderen Städten des Oberstifts nicht mehr uneingeschränkt halten konnte.

	1391[64]	1505[65]
Miltenberg	3562 fl = 100 %	1600 fl = 100 %
Aschaffenburg	2681 fl = 75,3 %	1300 fl = 81,25 %
Tauberbischofsheim	1344 fl = 37,7 %	1450 fl = 90,6 %
Amorbach	608 fl = 16,8 %	300 fl = 18,7 %
Buchen	416 fl = 11,6 %	200 fl = 12,5 %

60 Norbert HÖBELHEINRICH, Die »9 Städte« des Mainzer Oberstifts, ihre verfassungsmäßige Entwicklung und ihre Beteiligung am Bauernkrieg. In: Heimatblätter des Bezirksmuseums Buchen 18, Buchen 1939, S. 8.– HStA München, Mainzer Urkunden 2660, erwähnt die neun Städte schon 1333.

61 StadtA Amorbach, Stadtrechnung 1496.

62 StadtA Amorbach, Stadtrechnung 1429.

63 WIRTH (wie Anm. 15), S. 60.

64 HÖBELHEINRICH (wie Anm. 60), S. 25.

65 HÖBELHEINRICH (wie Anm. 60), S. 26.

	1557[66]	1698[67]
Miltenberg	678fl = 100 %	300 fl = 100 %
Aschaffenburg	788 fl = 117,7 %	491 fl = 126,9 %
Tauberbischofsheim	800 fl = 118,0 %	515 fl = 167,2 %
Amorbach	166 fl = 24,4 %	145 fl = 47,0 %
Buchen	111 fl = 16,3 %	255 fl = 82,7 %

Im Folgenden sollen nun die wirtschaftlichen Grundlagen untersucht werden, die Miltenberg zu einer so herausragenden Stellung verhalfen. Der Durchgangsverkehr auf den Straßen und dem Main kann dafür allein nicht verantwortlich gewesen sein.

Von *piscatio*, also von der Fischerei, ist schon im ältesten Mainzer Urbar der sogenannten Heberolle aus der Mitte des 13. Jahrhunderts bei Miltenberg die Rede. *Theloneum et piscatio quod non potest estimari*, die Höhe der Erträge aus Zoll und Fischerei war für den Erzbischof unklar[68]. Bis ins 20. Jahrhundert blieb die Fischerei ein konstanter, wenn auch nicht sehr ins Gewicht fallender Faktor der Miltenberger Wirtschaft. Anders verhielt es sich jedoch mit den Schiffern, die mit den Fischern von Anbeginn eine gemeinsame Zunft bildeten: Sie spielen durch die Jahrhunderte hindurch eine wesentliche Rolle. Die 1379 erlassene Ordnung für die Schiffer enthält Vorschriften über den Personenverkehr und den Transport von Holz. In Miltenberg sammelten sich die Pilger, um von hier aus per Schiff nach Mainz und Köln zu fahren und dann die Heiltümer von Aachen aufzusuchen[69]. Johannes Butzbach berichtet, daß zu dieser Zeit auf dem Marktplatz Garküchen eingerichtet wurden[70]. Die Miltenberger Schiffer standen beim Pilgertransport nicht nur in scharfer Konkurrenz zueinander, sondern auch mit den Schiffern von Mainz und Köln. Das ganze 15. Jahrhundert hindurch währte der Kampf um den Pilgertransport, in dem die Mainzer und Kölner schließlich doch die Oberhand gewannen. Wird den Miltenbergern 1510 noch ohne Auflage gestattet, bis nach Köln zu fahren, so sollte 1524 nur noch jedes zweite Schiff Köln anlaufen, die Pilger des anderen Schiffes jedoch nur bis Mainz fahren dürfen. Nach 1524 tauchen die Pilgertransporte in den Miltenberger Quellen nicht mehr auf[71]. In der Ordnung von 1379 sind die Schiffsleute bereits Händler; die Urkunde spricht von »Schiffern oder anderen Holzverkäufern«, die den Abnehmern das Holz in der vorgeschriebenen Länge zu liefern haben. Das Richtmaß war am Rathaus angebracht[72].

Als Lieferant kam die Stadt zunächst kaum in Frage. Sie besaß früher nur relativ wenig Wald, war aber an zwei großen Mitmarkswäldern beziehungsweise sogar Obermärker beteiligt. Die Mitmärker waren kaum in der Lage, sich auf eine wirtschaftli-

66 StA Würzburg, MRA VI, ältere Kriegsakten 59.

67 Alfred SCHRÖCKER, Kurmainzer Finanzen 1698. In: Geschichtliche Landeskunde. Veröffentlichungen des Instituts für Geschichtliche Landeskunde an der Universität Mainz, Bd. IX, Wiesbaden 1973, S. 153 ff.

68 STÖRMER (wie Anm. 4), S. 61.

69 PfA Miltenberg, Miltenberger Statutenbuch fol. 32' ff.; BROD/MEYER (wie Anm. 19), S. 14.

70 BROD/MEYER (wie Anm. 19), S. 11.

71 StA Würzburg, Mainzer Ingrossaturbuch 53, fol. 166'.

72 BROD/MEYER (wie Anm. 19), S. 14.

che Nutzung der Wälder zu einigen, die über die Waldweide hinausging. Erst nach der Aufteilung der Wälder im 18. Jahrhundert, nachdem man die Streitigkeiten leid war, zog man eine planmäßige Ausnutzung in Betracht. Vorher diente der Wald in erster Linie als Bauholzreserve, aus der jeder Bürger und Mitmärker sein Bauholz kostenlos beziehen konnte[73]. Ziel des Holzhandels war von Beginn an hauptsächlich die Reichsstadt Frankfurt. Woher das Holz kam, erfahren wir aus einer Antwort auf die Beschwerde des Frankfurter Rates, daß die Miltenberger zu kurzes Holz lieferten. Der Miltenberger Rat entschuldigte sich: Aus dem eigenen Wald liefere man natürlich nur Holz mit der vorgeschriebenen Länge. Man hole das Steckenholz aber aus den Wäldern der Herrschaften von Wertheim, Rieneck, Eppstein und aus dem Schenkenwald; dort sei Holz in dieser Länge nicht mehr zu bekommen. Man müsse es inzwischen mit Eseln ans Ufer schaffen, daher habe es nicht dieselbe Länge wie zu Zeiten, *da es nahe zu dem Wasser gehapt*. Die Miltenberger hätten keinen Einfluß auf die fremder Herrschaft unterstehenden Holzhauer. Der Raubbau am Wald muß 1439 beträchtlich gewesen sein[74].

Der Miltenberger Rat sorgte dafür, daß das Holz im Ort auf den Markt gebracht wurde, und zwar auf dem Engelplatz, der damals auch »Zimmerplatz« hieß. Der Teil des Holzes, der vom Main herab kam, war leichter zu kontrollieren als die Ausfuhr aus dem Odenwald. Die Stadt bestand aber auf ihrem Holzmarkt und duldete andere Märkte dieser Art in ihrer Nachbarschaft nicht. Sowohl 1628 als auch 1753/54 versuchten Odenwälder, die dem Grafen von Erbach Holz abgekauft hatten, dieses nach Kleinheubach zu führen. 1628 protestierte der Rat beim Oberamtmann, 1753/54 schickte man vier Mann zur Kontrolle an die Straße nach Breitendiel[75]. 1784, als die Stadt wegen der Hochwasserkatastrophe vom 29. Februar Geld brauchte, ließ der Rat aus dem Stadtwald 758 Klafter Holz schlagen und auf der Mud hereinflößen, um es *durch die alhiesige Schiefflеuth versilbern* (zu) *lassen;* der Erlös betrug über 1 000 Gulden[76]. Die Schiffleute handelten darüber hinaus auch mit Holzkohlen. Schon 1403 läßt ein Schiffer am Main drei Tage lang Kohlen laden[77], 1440 ist von Lieferungen bis nach Mainz die Rede[78]. Um 1570 wird ein Miltenberger Schiffer beschuldigt, er habe bei Stadtprozelten einen Wald gekauft und dort *Welsche darin verordnet, die Kolen machen sollen*. Ein Stadtprozeltener Bürger hatte den Auftrag, diese zu versorgen, der Schiffer habe aber nicht bezahlt[79]. »Holländerholz« wurde schon bald nach dem Dreißigjährigen Krieg, der auch den Stadtwald schwer in Mitleidenschaft gezogen hatte, am Mainufer angefahren. Es stammte aber bis zum Ende des 18. Jahrhunderts, von einigen

73 Alf DIETERLE, »uff dem Feld und in den gemeinen Wäldern«. Sieben kurze Kapitel zum unteren Mitmarkswald. In: Festschrift 1987, S. 129 ff.

74 StadtA Frankfurt, RS I, 3731/1 und 2.

75 Die Miltenberger wollten nicht nur das Vermarkten des Holzes, sondern sogar den Umschlag auf die Schiffe in den Nachbarorten verbieten, da sie aus dem Stapelrecht auch ein ausschließliches Einladerecht in der Stadt ableiteten. Dies führte zu ständigen Streitigkeiten mit Kleinheubach und Bürgstadt: WIRTH (wie Anm. 15), S. 16.

76 StadtA Miltenberg, Stadtrechnung 1784.

77 Sammlung W. O. Keller, Gerichtsbuch 1402–1417, S. 42.

78 StadtA Frankfurt, RS I, 3829.

79 StadtA Miltenberg, Gerichtsprotokoll 1573–1584, S. 77.

Ausnahmen abgesehen, nicht aus dem Stadtwald[80]. Diese Holzhändler kamen auch nicht aus der Stadt, sie stellte ihnen Plätze am Main gegen Pacht zur Verfügung, um die Flöße zusammenzubauen.

Miltenberger Schiffer stiegen auch aktiv in den Handel mit Sandstein ein; 1409 und 1412 liefern sie Steine nach Mainz und Eltville[81]. Ein besonders großes Projekt für die Miltenberger Steinlieferanten war der von 1443 bis 1511 aufgeführte Turm des Frankfurter St. Bartholomäusstiftes, also des Doms. Der Baurechnung zufolge dürften die Miltenberger Schiffleute in dieser Zeit mindestens 6000 Tonnen Miltenberger Sandstein besorgt haben[82]. Aus der Rechnung geht hervor, daß sich die Schiffer immer mehr am Geschäft beteiligten. Zunächst erschienen die Frankfurter in Miltenberg bei den Steinbrechern, um die Steine zu bestellen. Es handelte sich nicht nur um Quader, von denen 64 eine Last ausmachten[83], sondern auch um Schneckentritte, also Stufen für die Wendeltreppe oder Grabplatten. Seit 1480 treten Hans und Contz Kellermann immer häufiger als Lieferanten in Erscheinung; 1501 haben sie das Geschäft völlig in der Hand. Frankfurt setzte sich nicht mehr mit den Steinbrechern in Verbindung, sondern arbeitete ausschließlich mit den beiden Schiffern. Bei der Lieferung von behauenen Steinen plünderte man auch das Miltenberger Altstadtkastell. Nach dem großen Brand des Frankfurter Doms in der Nacht zum 15. August 1867 fand man bei Restaurierungsarbeiten das Fragment eines Weihealtars für Kaiser Commodus als Eckstück eines Gesimses[84].

Miltenberger und Obernburger Sandstein wurde in erster Linie als Baumaterial für das Aschaffenburger Schloß zu Beginn des 17. Jahrhunderts verwendet[85]. In der Stadt errichtete man kaum Gebäude aus Stein, da das Bauholz kostenfrei war. Allerdings sollte seit 1603 das Untergeschoß aller neugebauten Häuser aus Stein oder Mauerwerk bestehen. Wer diese Anordnung nicht befolgte, bekam aus dem Stadtwald auch kein Holz mehr[86]. Die Pflastersteine für die in Friedenszeiten gut erhaltenen Straßen der Stadt brach man in den Blockmeeren im Wald, da der »Waldsandstein« als besonders hart gilt. Miltenberger Pflastersteine fanden wohl wegen ihrer Güte auch 1501 am Frankfurter Roßmarkt Verwendung[87]. Für die Hauptstraße ließ der Rat manchmal den noch härteren, blauen Basalt aus Steinheim bei Hanau kommen, bei dem die Fracht immer teurer war als die Steine selbst[88]. Der Abbau von Sandstein zählt zu den konstanten Faktoren der Miltenberger Wirtschaft vom Mittelalter bis ins 20. Jahrhundert.

Mit dem Weinbau verhält es sich dagegen etwas anders: Sein heutiger Stand läßt seine frühere Bedeutung in keiner Weise erahnen[89]. Im 14. Jahrhundert läßt sich in und

80 StadtA Miltenberg, Stadtrechnungen.
81 Sammlung W. O. Keller, Gerichtsbuch 1402–1417, S. 124 und 243.
82 StadtA Frankfurt, Barth.B.VI, 52h, III, Jahresrechnungen des Bauschreibers.
83 StadtA Frankfurt, Handel o.B., Nr. 31, fol. 8, Höchster Zollrolle 1568; StadtA Frankfurt, Bartholomäusurkunden, Stadt, 126.
84 Museum Miltenberg (Hg.), Römisches Lapidarium, Miltenberg 1984, S. 46.
85 StA Würzburg, Mainzer Rechnung 33312, Baurechnung des Schlosses.
86 StadtA Miltenberg, Ratsprotokoll 1593–1631, S. 113.
87 StadtA Frankfurt, Bürgermeisterbuch 1501, fol. 93.
88 StadtA Miltenberg, Stadtrechnung 1776.
89 Keller (wie Anm. 43), S. 147–170.

um Miltenberg schon sehr umfangreicher Weinbau nachweisen. Die klimatisch günstige Lage zwischen den Mittelgebirgen des Odenwalds und Spessarts sowie die relativ dürftigen Sandsteinverwitterungsböden, auf denen Wein besser gedeiht als Getreide, führten zu einer raschen Ausbreitung des Anbaus. Vor dem Dreißigjährigen Krieg kann man nahezu von einer Monokultur sprechen. Durch die Erbteilung gab es keine Besitzer großer Weinbergareale, es gab auch kaum einen Bürger ohne Weinbergbesitz. Die Verkehrslage erwies sich für den Verkauf des Weines als sehr förderlich. Fuhrleute, die auf dem Weg zu und von der Frankfurter Messe waren, kauften in der Stadt, falls noch Raum auf dem Fuhrwerk war.

Der von den Bürgern betriebene Weinhandel orientierte sich mainabwärts. Durch den umfangreichen Weinbau konnte die Stadt ihr Getreide nicht mehr aus dem Umland beziehen – die Miltenberger verkauften ihre Weine nach Hanau und nach Frankfurt und brachten im Gegenzug Wetterauer Getreide zurück. Wegen der unterschiedlichen Ernte- und Leseerträge war dies ein riskantes, mitunter aber auch einträgliches Geschäft, dem auch Bäcker, Metzger, Wirte, selbst der Organist und lateinische Schulmeister nachgingen, also jeder, der das nötige Anfangskapital aufbringen konnte. In diesem Geschäft mit Wein und Getreide wurden jene Vermögen gemacht, denen wir die markanten Fachwerkhäuser Miltenbergs verdanken.

Bis zum Dreißigjährigen Krieg entwickelte sich Miltenberg zu einem wichtigen Umschlagplatz für Getreide, der bis in den Odenwald und den Neckarraum ausstrahlte. Die ersten Geschäfte mit Wein und Korn werden 1404 erwähnt[90]; 1562 erscheinen vier Miltenberger Kornhändler, die am Mainufer direkt aus ihren Schiffen verkauften[91]. In der Versorgungskrise 1570–1574 schickte der Würzburger Rat Kornaufkäufer mainabwärts mit der ausdrücklichen Anweisung, den Miltenberger Händler Kilian Steinacker noch vor der Stadt abzufangen, da seine Ware dort so schnell verkauft sei, daß Würzburg nicht mehr zum Zug kommen könne[92]. Im Jahr 1614 ließ der Miltenberger Rat eine gleitende Kornpreistabelle erstellen, mit deren Hilfe man vom Friedberger Achtel unter Berücksichtigung des genehmigten Aufschlags von drei Batzen direkt auf das Miltenberger Malter umrechnen konnte[93]. Der Stadtschreiber Paulus Rauenberger vermerkte Ende 1614 im Ratsprotokoll: *... seindt aus der Wetterau gespeist worden Franken, Schwaben, Bairlandt allda die Samen im Winter unterm lang gelegenen Schnee verdorben ... hat die Wetterau damals wol Egiptenlandt genannt werden können*[94]. Ein großer Teil des auf dem Landweg transportierten Miltenberger Weins ging nach Nürnberg; dort stand er in gutem Ruf. Nürnberger Fuhrleute, die Güter an den Main brachten, nahmen gerne Wein als Beiladung mit zurück[95]. Der Weintransport nach Nürnberg stand deshalb zur Zeit des Miltenberger Stapelrechts in höchster Blüte. Dieses Stapelrecht ist häufig falsch interpretiert worden; die lokale

90 Sammlung W. O. Keller, Gerichtsbuch 1402–1417, S. 54 und 61.
91 Wirth (wie Anm. 15), S. 79.
92 StadtA Würzburg, Ratsakten 1751.
93 StadtA Miltenberg, Statutenbuch II.
94 StadtA Miltenberg, Ratsprotokoll 1593–1631, S. 185.
95 Keller (wie Anm. 43), S. 164.

Literatur rühmt es meist als die eigentliche Grundlage des städtischen Wohlstandes[96]. Ein Handbuch erhebt es gar zur Haupteinnahmequelle der Mainzer Erzbischöfe im Oberstift[97]. Die Auswirkungen dieses Rechts auf die Miltenberger Wirtschaft sollten jedoch kritischer betrachtet werden; es verdrängt im 16. Jahrhundert den Verkehr von der Ost-West-Verbindung auf andere Wege.

Das Miltenberger Stapelrecht beinhaltet zwei Rechte oder besser Zwänge, die auseinanderzuhalten sind: Seit dem 14. Jahrhundert übte die Stadt einen Marktzwang für bestimmte Waren aus, die auf dem Main oder auf der Straße passierten; sie mußten drei Tage lang zu einem festgesetzten Preis angeboten werden. Diesem Zwang unterlagen in der Hauptsache Nahrungsmittel jeder Art und auch Holz. Eine ausdrückliche Verleihung dieses Marktzwanges oder Marktrechts, wie es die Stadt natürlich nennt, ist nicht nachweisbar. Sein Zweck bestand darin, die Stadt mit den Lebensmitteln zu versorgen, die ihr wegen des intensiven Weinbaus fehlten. Der Marktzwang wurde nicht ständig, sondern nur nach Bedarf gehandhabt, und auch dann wurde nur ein Teil der Ladung zum Verkauf angeboten. Solange der Wein- und Getreidehandel der Miltenberger florierte, wandte man den Marktzwang auf Getreide selten an. Erst als der Weinanbau nach dem Dreißigjährigen Krieg deutlich zurückging und die Bürger keinen Gegenwert zum Getreide anbieten konnten, machte man vom Ausladezwang häufiger Gebrauch. Man verlangte nun für den nicht ausgeübten Marktzwang – wenn also in der Stadt kein Bedarf an Getreide bestand – eine Marktrechtsgebühr, die zum Ende des 18. Jahrhunderts einen beträchtlichen Beitrag zum Stadthaushalt leistete. Diese Praxis wurde von den Händlern hingenommen. Als in der Versorgungskrise 1770/71 die Reichsstädte Nürnberg und Nördlingen 200 Schiffslasten Getreide auf dem Main transportierten, mußte die Ware in Miltenberg ausgeladen werden. Die Beschwerden der Reichsstädte galten jedoch weniger dem Ausladen als den zu niedrigen Preisen, die die Miltenberger für das Getreide festgesetzt hatten[98].

Aufgehalten wurden auch Flöße, die mit Nadelhölzern den Main herab kamen. Odenwald und Spessart wiesen früher ja fast reine Laubwaldbestände auf, die für die Verarbeitung zu Dielen, Dachsparren usw. nicht geeignet waren. Die Flößer mußten sogar auf eigene Kosten einen Boten nach Amorbach schicken, von wo aus die mainzischen Kellereien Buchen und Walldürn benachrichtigt wurden, damit auch deren Untertanen sich in Miltenberg eindecken konnten[99]. Im 18. Jahrhundert verkürzte man die Liegezeit; dies machte die Benachrichtigung hinfällig. Es gingen jedoch so viele Flöße mainabwärts, daß die Odenwälder darauf hoffen konnten, in Miltenberg Holz zu

96 Philipp MADLER, Zur Handelsgeschichte Miltenbergs. In: Beilage zu Nr. 30 des Boten vom Untermain, 1868.

97 Eckart SCHREMMER, Handel und Gewerbe in den Territorien. In: Spindlers Handbuch der bayerischen Geschichte, Bd. III/1, S. 500.

98 Johann SCHWEGLER, Die Teuerung anno 1771/72. In: Die Heimat. Beilage des Boten vom Untermain zur Pflege des Heimatgedankens, Nr. 5, 1939.

99 Wilhelm Otto KELLER, Wirtschaftliche Beziehungen der Abtei Amorbach zur Stadt Miltenberg. In: Friedrich OSWALD/Wilhelm STÖRMER (Hg.), Die Abtei Amorbach im Odenwald. Neue Beiträge zur Geschichte und Kultur des Klosters und seines Herrschaftsgebietes. Sigmaringen 1984, S. 236.

bekommen. Ein Großabnehmer war im 18. Jahrhundert das Kloster Amorbach, das wegen seiner barocken Neubauten viel Holz benötigte. Für den neuen Conventsbau bezog es zum Beispiel zwischen 1782 und 1786 insgesamt 415 Floßeinheiten, dazu noch 23385 Bretter unterschiedlicher Größe und 19028 *kurtze und lange Maynlatten*. Der Wert dieser Lieferungen betrug etwa 9500 Gulden. Das Holz kam von Ober- und Unterrodach und von Kronach. Fensterrahmenholz und Weißbinderschienen bestellte man auch aus dem Frankenwald; die Eichenbretter stammten dagegen aus dem Odenwald[100].

Die Miltenberger konnten aufgrund des Marktzwangs günstig einkaufen. 1807 bezahlten sie für Bretter, die eigentlich 4 Gulden 48 Kreuzer gekostet hätten, nur 1½ Gulden. Für Büttnerware gab man statt eines Guldens nur 24 Kreuzer. Das Pfund Karpfen kostete nur 8 statt 24 Kreuzer. Dabei achtete der Rat stets auf die Qualität der Ware. Im Jahr 1807 hatten die Bürger auf diese Weise mindestens 1500 Gulden eingespart[101]. Detaillierte Aufzeichnungen sind nur aus den letzten beiden Jahrzehnten des Marktrechtes erhalten. Sie sind jedoch umfangreich genug, um erkennen zu lassen, warum sich die Miltenberger seit 1818 so vehement gegen die Abschaffung dieses Marktrechtes wehrten und auch einen jahrzehntelangen Prozeß gegen die Krone Bayern nicht scheuten, in dem sie natürlich unterlagen, da die Stadt die Verleihung des Rechts nicht nachweisen konnte[102].

Anders verhält es sich mit dem Umladezwang für Nürnberger Güter, der ebenfalls mit dem Begriff Stapelrecht bezeichnet wird[103]. Dieser Umladezwang sollte die Nürnberger dazu veranlassen, auf dem Landweg an den Main nach Miltenberg zu fahren, um von dort aus den Wasserweg nach Frankfurt zu nehmen (und umgekehrt). Die Miltenberger Schiffer sollten dabei das Transportmonopol zu Wasser, die Miltenberger Fuhrleute das Monopol für die Straße haben. Dies stellte eine ungeheure Belastung für den Nürnberger Handel dar. Vor 1470 ist diese Schikane noch nicht nachzuweisen; 1469 einigten sich der Mainzer Erzbischof, der Graf von Wertheim und der Würzburger Bischof, daß sie Kaufleute und ihre Güter von Würzburg aus nach Wertheim an den Main in und außerhalb der Messezeiten geleiten wollten, von dort aus nach Miltenberg zu Wasser oder zu Land. Dieser Vertrag enthält keine Beschränkungen für die Nürnberger Kaufleute[104]. Erst 1477 wurde in einer Klage des Grafen Hans darauf hingewiesen, daß in Miltenberg vom Wasser auf die Achse verladen würde, was ihm Schaden bringe[105]. In Nürnberg heißt es 1483, man wolle das Durchfahren ohne

100 FLA Amorbach, Bauwesen, Klosterbauten I.

101 StadtA Miltenberg, Marktrechtsrechnung 1807.

102 WIRTH (wie Anm. 15), S. 15.– Auch in den relativ schlechten Jahren von 1806 bis 1816 betrugen die Einkünfte aus dem Marktrecht im jährlichen Durchschnitt fast 5000 Gulden.

103 Johannes MÜLLER, Der Kampf Nürnbergs mit Kurmainz um die freie Schiffahrt auf dem Main im 16. Jahrhundert. In: Unterhaltungsblatt zum Miltenberger Tagblatt, Nr. 36–44, 1906; Bernd PATTLOCH, Wirtschafts- und Fiskalpolitik im Kurfürstentum Mainz vom Beginn der Reformation bis zum Anbruch des Dreißigjährigen Krieges. Diss. München 1969.– Von Pattloch stammt die Fehldeutung des Stapelrechts als wichtigster Einnahmequelle des Erzbischofs im Mainzer Oberstift; ebd., S. 5. Das Stapelrecht soll Gegenstand einer künftigen Untersuchung sein.

104 StA Würzburg, Lib. div. form. 4, fol. 589; StA Würzburg, Ingrossaturbuch 32, fol. 35.

105 StA Würzburg, MRA Löwenstein 93/412.

Warenumschlag *nit leiden*[106]. Dies deutet auf eine noch lasche Handhabung hin, und es gibt bis 1520 auch nur vereinzelte Beschwerden. Dann kam es allerdings zu einer für Nürnberg gefährlichen Koalition zwischen dem Mainzer Erzbischof Albrecht von Brandenburg und seinem Verwandten, dem Ansbacher Markgrafen. Jenem war am Miltenberger Umladezwang ebenfalls viel gelegen, hatte er doch auf den dorthin führenden Straßen die längste Geleitstrecke. Er erhoffte sich zusätzliche Geleitseinnahmen, die ihm entgingen, wenn die Nürnberger in Bamberg aufs Schiff verluden[107]. Entschiedene Gegner des Miltenberger Handelshindernisses waren die Bischöfe von Würzburg und die Grafen von Wertheim, die sich um ihre Zolleinnahmen geprellt sahen. Gründe für die Verschärfung werden in Miltenberg nicht genannt. Man kann lediglich vermuten, daß die einflußreichen Schiffer und Fuhrleute den Erzbischof dazu ermunterten. Wie bereits erwähnt, hatten die Schiffer in ihrem Kampf um die Pilgertransporte von Miltenberg nach Köln gegenüber den übermächtigen Zünften von Mainz und Köln das Nachsehen gehabt. Vielleicht versuchten sie, sich durch den Umladezwang einen Ausgleich zu verschaffen.

Es kam schnell zu großen Unzuträglichkeiten, da vor allem die Fuhrleute mit der Aufgabe überfordert waren. Die Nürnberger drangen darauf, den Stapel aufzuheben, den sie als eine unerhörte Neuerung bezeichneten. Die Sperre traf vor allem die Güter von geringerem Wert, die die teurere Landfracht am wenigsten vertragen konnten; die teuren Waren wurden meist ohnehin auf der Straße versandt. In einem Vertrag von 1539 wurde dem Erzbischof und Domkapitel das Stapelrecht auf vier Jahre »abgekauft«[108]. Ein Jahr vor der fälligen Vertragsverlängerung erklärten 1542 der Miltenberger Amtskeller und der Zöllner eine erneute Sperrung für eher schädlich als nützlich; die Fuhrleute würden jetzt über den Spessart fahren: Zur letzten Frankfurter Herbstmesse hätten Frammersbacher Fuhrleute mindestens 30 Wagen mit Nürnberger Gütern beladen und über den Spessart dorthin gebracht. Hätte man die Güter auf dem Main bis Bamberg transportiert, wären dem Erzbischof wenigstens die Zolleinnahmen zugekommen. Für die Miltenberger jedoch, die ihr Geld verdienten, indem sie den Fuhr- und Schiffleuten beim Be-, Ent- und Umladen halfen, aber auch für die Handwerker, die täglich gebraucht wurden, sei der Stapel nützlich. Die beiden Beamten enthielten sich einer Empfehlung, wie weiter vorzugehen sei. Albrecht von Brandenburg setzte auf den eigenen Vorteil und verlängerte den Vertrag nochmals um vier Jahre[109]. Sein Nachfolger Sebastian von Heusenstamm war schon 1539 gegen die Stapelöffnung gewesen. Er zahlte den Nürnbergern das Geld zurück und bestand wieder auf den Umladezwang. Getrieben von Würzburg und den Wertheimern, wurde die Reichsstadt abermals diplo-

106 StA Nürnberg, A-Laden-Akten S I, L 12/Fsc. 1.

107 StA Nürnberg, A-Laden-Akten S I, L 12/Fasc. 1; Der Markgraf erklärt den Nürnbergern 1483, sein Geleit sei auf dem Weg zur Frankfurter Messe drei Meilen länger als das des Mainzer Erzbischofs. – Ferner Gebhard Weig, Das ius conducendi der Bischöfe zu Würzburg. Eine Studie zur Rechtsstruktur, politischen Funktion und Organisation des Geleitsrechtes im Hochstift Würzburg während des 15. und 16. Jahrhunderts. Diss. Würzburg 1970; Bernhard Sprotte, Geleit im Tauberland. Als Nürnberger Kaufleute zur Frankfurter Messe zogen. Wertheim 1975.

108 Müller (wie Anm. 103), Nr. 40.

109 StA Würzburg, MRA 151/Mainfluß 26^{I}, fol. 120 ff.

matisch aktiv[110]; sie ging Kaiser Karl V., König Ferdinand und die Statthalterin der Niederlande um Unterstützung an. Es dauerte bis 1562, bis der Umladezwang endgültig abgeschafft wurde. Bezeichnenderweise hatten Miltenberger Beamte den Nürnbergern den Hinweis auf eine mögliche Mainzer Verhandlungsbereitschaft gegeben. Für 1 000 Goldgulden als einmalige Zahlung und 200 Gulden jährlicher Rente erhielt Nürnberg »die Öffnung des Mains«; die von Miltenberg immer wieder vorgebrachte Bitte, den Stapel wieder einzuführen, blieb ungehört[111].

Die Stapelöffnung kam jedoch zu spät. Die rigorose Handhabung des Straßenzwangs, der die Fuhrleute auf der Geleitsstraße Nürnberg – Frankfurt halten sollte, die Verteuerung der Frachten durch den Landtransport und die vielen Zölle auf der Geleitsstraße bewirkten, daß der Frachtverkehr andere Wege nahm. Es kam auch zu weiträumigen Umgehungen der Mainzer Handelshindernisse. Nürnberger Kaufleute, die die Frankfurter Messe besuchten, wiesen in einer Supplik an ihren Rat 1571 darauf hin, daß sie mit ihren Lieferungen an Zinn das mainzische Gebiet wegen der Beschwernisse des Handels mieden und jetzt von Nürnberg über Leipzig nach Hamburg führen und von dort nach Antwerpen. Sie nähmen allerdings lieber wieder den alten Weg, wenn die Belastungen erträglich wären. Die Kaufleute baten den Rat, sich beim Erzbischof dafür einzusetzen[112].

Der Umladezwang in Miltenberg beschleunigte auch den Verfall des traditionellen Messegeleits nach Frankfurt. Bei der Menge an Gütern, die gleichzeitig in Miltenberg umgeschlagen werden sollten, ist das häufig beklagte Chaos am Mainufer nicht verwunderlich; Waren blieben bis zu einem halben Jahr dort liegen. Dies ist jedoch nicht der einzige Grund, der angeführt wurde. Der Messeablauf differenzierte sich, während das Zeitschema der Geleitszüge gleichblieb. In einem Schreiben an den Rat, das Bürgermeister und Rat von Nürnberg dem Mainzer Erzbischof zuschickten, wiesen die Kaufleute darauf hin, daß für viele der Geleitstermin zu früh sei und damit die Zehrungskosten für den Aufenthalt zu sehr anstiegen, wenn sie mitzögen. Für diejenigen, die mit *seiden gewandt* handelten, und ihre Geschäfte fast immer zuerst tätigten, sei wiederum der Rückreisetermin des Geleits zu spät; man habe ja noch Vor- und Nachbereitungen zu treffen. Die Zeit werde immer knapper, vor allem für diejenigen, die die Leipziger und Linzer Märkte besuchten, die auch zu diesen Zeiten stattfanden und *an welchen manchen wol soviel und mer gelegen als an der Franckfurter Meß*[113]. Auf die Zeitersparnis von einem Tag, die der Weg über den Spessart bot, wollte man auch nicht verzichten, und man schlug deshalb das schon anderswo praktizierte *schrifftliche Geleit* vor. Das seit 1590 verbliebene einzige Meßgeleit geriet bisweilen zur Farce, denn der Miltenberger Amtmann beschwerte sich 1593, er fühle sich in seiner ritterlichen Ehre verletzt, wenn er nur noch Lehrbuben mit gewaffneter Hand zu geleiten hätte[114]. Erkennbar wird der neue Ablauf des Messebesuchs in den Freudenberger und Werthei-

110 MÜLLER (wie Anm. 103), Nr. 42 und 43.

111 MÜLLER (wie Anm. 103), Nr. 44.

112 StA Nürnberg, B-Laden-Akten, S I, L 175/Nr. 37.

113 StA Würzburg, MRA Geleit 165/38; Wilhelm RAUSCH, Handel an der Donau. Die Geschichte der Linzer Märkte im Mittelalter. Linz 1969.

114 StA Würzburg, MRA Geleit 156/35.

mer Zollregistern. Von dieser Zeit an passieren, von Lengfurt oder Marktheidenfeld kommend, im März und Anfang September zehn bis zwanzig *Schelch mit Kaufleuten* die Zollstellen[115]. Die Mainzer Erzbischöfe werden aber noch 200 Jahre lang die Nürnberger dazu anhalten, die »rechte Geleitsstraße« zu beachten. Trotz aller Ermahnungen und Drohungen der Erzbischöfe kehrten die Kaufleute nicht mehr zur alten Ost-West-Verbindung zurück, die in Miltenberg den Main überquerte und wesentlichen Anteil am Aufstieg und Wohlstand der Stadt hatte. Das Miltenberger Stapelrecht trug maßgeblich zur Umleitung der Warenströme auf dem Weg von Nürnberg nach Frankfurt und umgekehrt bei. Man kann deshalb höchstens von einer kurzfristigen positiven Wirkung für die Stadt sprechen, auf lange Sicht waren die Folgen für das Gemeinwesen sicherlich negativ.

Bis zum Dreißigjährigen Krieg ist davon in der Stadt jedoch noch nichts zu spüren, wenn man die Bautätigkeit, so wie sie heute noch nachvollzogen werden kann, betrachtet. Der gute Ruf des Miltenberger Weines, der Tauschhandel von Wein gegen Getreide aus der Wetterau, der umfangreich betriebene Viehhandel in Richtung Frankfurt, der Einstieg kapitalkräftiger Bürger in das Geldgeschäft mit der Umgebung erhielten den wirtschaftlichen Wohlstand, dessen sichtbares Zeichen der 1590 errichtete Renaissancefachwerkbau des »Riesen« ist[116]. Um 1619 hatte die Stadt etwa 3000 Einwohner, die in 560 Häusern wohnten. Sie bauten auf 970 Morgen Wein an, rund 400 Morgen dienten dem Ackerbau; mit 113 Mitgliedern stellten die Häcker die größte Zunft. Trotz der 400 Morgen Ackerland gab niemand den Ackerbau als Beruf an[117]. Der Dreißigjährige Krieg sollte indes für die Stadt die entscheidende Wende bringen.

Die günstige Verkehrslage hatte sich schon in früheren Kriegszeiten als Nachteil erwiesen. Aber der Überfall 1552 im Markgrafenkrieg, der die Zerstörung der Burg und der westlichen Vorstadt zur Folge hatte, oder Durchmärsche von Truppen konnten die Stadt bis dahin nicht nachhaltig schädigen. Der große Krieg zwischen 1618 und 1648 reduzierte jedoch die Einwohnerschaft auf die Hälfte, die Zahl der Häuser betrug nur noch 300[118]. Von Anfang an zogen Truppen durch die Stadt; die bayerische Armada schleppte 1622 eine Ruhrepidemie ein[119], der schwedische Aufenthalt von 1631 bis 1634 war von der Pest begleitet[120]. Die von den Schweden auferlegten Kontributionen bluteten die Stadt aus, die es vorher meist verstanden hatte, durch Geld-, Wein- und Brotlieferungen sich die Soldaten vom Hals zu halten. Der Wald wurde zur Finanzierung der Kriegskosten stark gelichtet. Der Handel war zusammengebrochen oder suchte Seitenwege. Für Miltenberger Wein bestand bei den Händlern wenig Interesse; die Weinberge wurden verwüstet oder fielen wüst, weil man sie nicht

115 StA Wertheim, Wertheimer und Freudenberger Zollregister.

116 Im Jahr 1631 waren Einwohner von Großheubach und der Dorfschaften in der Cent Amorbach in Miltenberg stark verschuldet. Für Großheubach weist ein Register Schulden in Höhe von 4449 Gulden aus, von denen 1314 (=29,5%) bei der Witwe Barthel Arnolds anstehen. Die Centdorfschaften haben 3233½ Gulden Schulden, davon 1354½ (=41,9%) bei Barthel Arnolds Witwe: StA Würzburg, MRA ältere Kriegsakten 1/20 und 1/87.

117 StadtA Miltenberg, Schatzung 1619.

118 StadtA Miltenberg, Beedregister 1650.

119 StadtA Miltenberg, Ratsprotokollfragment 1622.

120 StadtA Miltenberg, Schatzung 1633.

bearbeitete. Die Stadt erholte sich von dieser dreißigjährigen Heimsuchung nicht mehr. Sichtbarer Beweis dafür ist, daß nach 1631, bis auf wenige Ausnahmen, keine Bauten mit Schmuckfachwerk mehr aufgeführt wurden. Einstöckige, auf die notwendigen konstruktiven Hölzer reduzierte Fachwerkhäuser waren der vorherrschende Bautyp. Die Einwohnerzahl bewegte sich nur langsam nach oben: 1698 waren es rund 1800[121], beim Übergang an das Haus Leiningen erst 2400 Einwohner[122]. Die Häuserzahl von 1619 wurde im Primärkataster von 1846 noch nicht wieder erreicht.

Auch die Reichsstadt Nürnberg, deren bis zum Dreißigjährigen Krieg blühende Wirtschaft so viel für die Entwicklung Miltenbergs bedeutet hatte, erlangte ihre frühere Stellung nicht mehr zurück. Dies reduzierte den noch verbliebenen Warenstrom auf der Ost-West-Achse noch mehr. Der Krieg traf den Miltenberger Weinbau und damit die Stadt entscheidend. Der Weinanbau wurde nicht mehr im gleichen Umfang wie vorher aufgenommen. Den 113 Häckern von 1619 stehen in der Schatzung von 1662 nur noch 45 gegenüber; die Rebfläche verringerte sich bis 1688 auf 556 Morgen[123]. Erstmals tauchen 1662 in der Steuerliste zwei Bauern auf. Bis 1771 ging die Zahl der Häcker auf 25 zurück, die Zahl der Bauern stieg dagegen auf 5. Eine hessische Liste von 1811 verzeichnete 37 Häcker und 14 Bauern. Der Rückgang des Weinbaus zugunsten des Ackerbaus auf den mageren Böden des Erbteilungsgebietes im Maintal ist ein Zeichen für die wirtschaftliche »Talfahrt« der Stadt nach dem großen Krieg. Es ist nicht bekannt, warum der Weinbau nicht wieder im früheren Umfang aufgenommen wurde; für die Stadt brachte dies jedenfalls eine ganz wesentliche Veränderung. Die Geschäfte mit Wein und Getreide waren vorbei, man mußte sich das Brotgetreide von anderswo her besorgen. Die stärkere Inanspruchnahme des Marktrechts wurde bereits erwähnt. Darüber hinaus versorgte sich Miltenberg jetzt zunehmend mit Brotgetreide aus dem Bauland, während Spelz und Hafer mehr aus dem Hardheimer Gebiet geliefert wurden[124] – Regionen, von denen die Stadt durch die Grenzziehung von 1810 wieder abgeschnitten wurde.

Als Haupterwerbszweig der Miltenberger erscheint im 18. Jahrhundert das Transportwesen. 1771 verzeichnete man 99 Schiffer und Schiffknechte sowie 25 Fuhrleute[125]. Bis 1811 stieg die Zahl der Schiffer, Schelcher und Schiffknechte auf 101, während nur noch 13 Fuhrleute und ein Spediteur aktiv waren[126]. Der Aufschwung in diesem Sektor ist vor allem den nach dem Dreißigjährigen Krieg zugewanderten Italienern zuzuschreiben[127]. Von 1639 an erscheinen in den Wertheimer Zollregistern regelmäßig Italiener: Ein Mailänder läßt sich am 21. April mit einem Hümpelschelch *Italienischer Waren* durchpassieren. Im April 1640 erschien er wieder, diesmal mit sechs Kisten Zitronen

121 SCHRÖCKER (wie Anm. 67), S. 159.
122 FLA Amorbach, Zur Kenntnis des Landes 1803: Die Stadt hatte 2464 Einwohner.
123 WIRTH (wie Anm. 15), S. 82.
124 FLA Amorbach, Zur Kenntnis des Landes 1803.
125 StA Würzburg, Mainzer Polizeiakt 2142.
126 StadtA Miltenberg, Spezialmusterliste 1811.
127 Rudolf VIERENGEL, Wallonen - Flamen - Italiener. Einwanderer beleben Gewerbe und Handel in Miltenberg am Main. In: Spessart, Heft 5, 1958.

und Pomeranzen und in Begleitung eines Landsmanns. Auch 1644 und 1649 verzollten Italiener ihre Südfrüchte; seit 1659 nahm ihre Zahl stark zu. Erstmals gingen auch zwei hausierende Savoyarden mit einer unbestimmten Anzahl *Päckle Krämerswar* durch den Zoll. Es waren Michel Philibert und Niclas Brese. Im Januar kamen zudem noch hausierende Krämer aus der Dauphiné nach Wertheim[128].

Die Zuwanderung in die Mainstädte nach dem Dreißigjährigen Krieg bedarf noch einer genaueren Untersuchung. In Miltenberg scheint es sich bei den ersten Zuwanderern um abgemusterte wallonische Soldaten zu handeln, die Verwandte und Bekannte nachzogen. Die Italiener kamen etwas später: Um 1700 sind Johann Baratino, seit 1703 Wirt zur Rose, in der Stadt und Peter Mainone, ein Handelsmann, der sich 1706 schon ein stattliches Fachwerkhaus gegenüber dem »Riesen« leisten konnte. In der nahegelegenen Riesengasse ließ er ein Lagerhaus erbauen. Seine Heirat mit der Tochter des Stadtrats Klebsattel zeigte seine soziale Stellung. Wissen wir von den Aktivitäten der früh in die Stadt gekommenen Italiener noch recht wenig, so tritt uns mit Carl Franz Pedraglia ein Handelsmann großen Stils entgegen. Er lieferte für die Neubauten des Benediktinerklosters Amorbach Glas, Farben und vieles mehr aus Nürnberg, Köln oder Frankfurt. Seine wirtschaftlichen Aktivitäten schienen den Mönchen so sehr zu imponieren, daß sie bei der Darstellung der Ökonomie im Deckengemälde der Bibliothek den Weißenhorner Maler Konrad Huber eine Kaufmannskiste mit seinem Geschäftszeichen, den Initialen C.F.P., versehen ließen[129]. Pedraglia hatte auch 1784 das Miltenberger Lagerhaus zu dem ansehnlichen Preis von 100 Gulden jährlich von der Stadt auf zehn Jahre angemietet[130]. Seine Witwe versteuerte 1811 ein Vermögen von 20 000 Gulden[131].

Pedraglia stand in Geschäftsverbindung mit Joseph Landi, der aus Mandella in der Diözese Mailand stammte. Landi brachte in die Handelskompanie, die er von 1764 bis 1766 mit Pedraglia betrieb, 41 800 Gulden ein. Die Handelskompanie hatte Geschäftsbeziehungen zu Mainz, Frankfurt, Köln und Augsburg; diese Städte bildeten den Schwerpunkt ihrer Handelsaktivitäten. Nach dem »Ausfall« Nürnbergs tritt die Spedition nach Augsburg für die Italiener in den Vordergrund[132]. Die Güter erreichten Miltenberg auf dem Wasserweg und wurden über Land auf der Straße Tauberbischofsheim – Mergentheim – Dinkelsbühl – Nördlingen – Donauwörth nach Augsburg gebracht. In dieses Geschäft versuchte auch der Spediteur Gätschenberger einzusteigen, der versprach, für ein *privilegium exclusivum* jährlich 20 000 Zentner Güter durch seine Geschäftspartner über Miltenberg bringen zu können[133]. Die Strecke Miltenberg – Donauwörth – Augsburg erhielt nach der Vereinigung Bayerns mit der Pfalz 1777

128 StA Wertheim, Wertheimer Zollregister.
129 KELLER (wie Anm. 99), S. 229.
130 StadtA Miltenberg, Stadtrechnung 1784.
131 StadtA Miltenberg, Spezialmusterliste 1811.
132 Rudolf VIERENGEL, Italiener in Miltenberg während des 18. Jahrhunderts. In: Die Heimat, Beilage des Boten vom Untermain zur Pflege des Heimatgedankens, Nr. 10, 1942.
133 Privatbesitz Heinz Klein, »Fränkische Weinstube«.– Beim Umbau wurde 1967 unter einer Speicherdiele ein vierseitiges Schreiben von Johann Anton Lucca an das Miltenberger Oberamt gefunden. Lucca war Konkurrent Gätschenbergers und von 1809 bis 1820 im Besitz der »Fränkischen Weinstube«.

ernsthafte Konkurrenz. Die Stadt Lauingen schlug den Ausbau einer Speditionslinie München – Lauingen – Mannheim vor[134].

Ein Vertrag von 1782 zwischen Württemberg und Bayern über den Rhein-Neckar-Donau-Verkehr faßte bereits die Neckarstrecke Cannstadt - Heilbronn - Mannheim ins Auge. Als die Rheinsperre von 1794 diese Verbindung lahmlegte, bewarb sich Gätschenberger zusammen mit dem Augsburger Hans Wohnlich um ein bayerisches Speditionsprivileg für Donauwörth, das jedoch abgelehnt wurde. Die Neckarkonkurrenz blieb für Miltenberg, auch wenn die kriegerischen Ereignisse im Gefolge der Französischen Revolution zunächst den Handel überall schädigten. Die ehemals *gutfundierte Handlung des Heinrich Syre war so herabgesunken, daß sie wegen der vielen Schulden kredit- und warenlos geworden und dermal ist,* berichtete 1803 das Oberamt Miltenberg der fürstlich Leiningenschen Landesregierung über die Geschäfte eines Handelsmanns, der 1781 die Tochter des reichen Italieners Joseph geheiratet hatte[135].

Der Wohlstand ist besser als mittelmäßig, befand 1802 der Leiningensche Regierungsassessor Carl Ludwig Wilckens, nachdem er die *Entschädigungslande* erstmals inspiziert hatte[136]. Noch sorgte der Weinbau, auch wenn er längst nicht mehr so umfangreich war wie 200 Jahre zuvor, für zusätzliche Einnahmen fast aller Bürger. Wie der Wein vermarktet wurde, muß künftigen Untersuchungen vorbehalten bleiben. Ein Teil davon ging ins südlich gelegene Bauland, das die Stadt nun mit Getreide versorgte. Aus den Aufzeichnungen des Dr. Winzmann von 1809 bis 1827 erkennt man aber immer noch die große Bedeutung, die der Weinherbst für den Geldbeutel des »gemeinen Mannes« hatte. Der zunehmende Obstanbau brachte finanziell offenbar nicht so viel ein; Dr. Winzmann selbst kaufte im Jahr 1811 einen Acker von etwa ¾ Morgen, auf dem 52 tragende Zwetschgenbäume standen. Außerdem pflanzte der Arzt weitere 40 junge Zwetschgenbäume – weit mehr, als eine mehrköpfige Familie für ihren Bedarf braucht. Mit einer Anbaufläche von 300 Morgen hat sich in Miltenberg die Kartoffel bereits als Nahrungsmittel durchgesetzt. Die Rebfläche ist 1811 gegenüber 1797 wiederum um etwa 100 Morgen zurückgegangen und beträgt jetzt nur noch 354 Morgen. Die Unterschiede bei den bürgerlichen Vermögen waren zu Beginn des 19. Jahrhunderts erheblich größer als 200 Jahre zuvor. Damals versteuerte der reiche Barthel Arnold fünfundzwanzigmal mehr als ein Durchschnittshäcker. Der Rotgerber und Lederhändler Bischoff besaß 1811 ein hundertmal größeres Vermögen als ein durchschnittlicher Weinbauer[137]. Der Miltenberger Handelsstand wird 1806 als betriebsam, wagemutig und ausdauernd geschildert, mit *Lust zum Arbeiten.* Man habe aber auch einen *starken Hang zum Wohlleben,* was mit den Fahrten in größere Städte wie Aschaffenburg, Frankfurt, Mainz und Köln erklärt wird. Ihr Wohlstand erlaube den Kaufleuten diesen Lebensstil[138]. In der Tat verfügen die Kaufleute mit einem Durch-

134 Wolfgang ZORN, Handels- und Industriegeschichte Bayerisch-Schwabens 1648–1870. Augsburg 1961, S. 115 ff.

135 Rudolf VIERENGEL, Der »Römische Kaiser« war am Ende, als Franz II. die Krone niederlegte. In: Bote vom Untermain, 19. Mai 1972.

136 Wilhelm Otto KELLER (Hg.), Liebe zu Miltenberg, Amorbach 1981, S. 41 ff.

137 StadtA Miltenberg, Spezialmusterliste 1811.

138 FLA Amorbach, Zur Hebung des Landes 1806.

schnittsvermögen von 6231 Gulden im Jahr 1811, als die Geschäfte schon jahrelang schlecht gegangen waren, noch über erhebliche Mittel. Neun von dreißig Kaufleuten versteuerten 10000–20000 Gulden. Doch es ging nicht allen Miltenbergern so gut. Von 37 Häckern versteuerten nur zwei mehr als 1000 Gulden; das Durchschnittsvermögen lag bei 467 Gulden.

In dem mit den Kaufleuten zusammenarbeitenden Transportgewerbe war die Lage 1811 ebenfalls nicht günstig. Der Spediteur Nikolaus Schwarz erschoß sich aus Verzweiflung über die Geschäftslage[139], seine Witwe wurde dann mit 3000 Gulden veranschlagt. Zwei von zwölf Fuhrleuten versteuerten 48½% des gesamten Vermögensanschlags der Fuhrmänner, deren Durchschnittsvermögen sich auf 858 Gulden belief. Bei den Schiffern, Schelchern und Schiffknechten war die Lage nicht besser. Von 73 Schiffern haben 72 die Höhe ihres Vermögens angegeben, der Durchschnittswert lag mit 1175½ Gulden höher als beim Fuhrgewerbe. Allerdings schönen auch hier die 16 reicheren Schiffer die Bilanz; 36, also die Hälfte der besteuerten Schiffer, besitzen weniger als das halbe Durchschnittsvermögen. Mit 73 Schiffern, 15 Schelchern und 13 Schiffknechten gehörte der Maintransport zu den überbesetzten Gewerben, ebenso wie die 33 Schuhmacher, 26 Bäcker und 18 Metzger. Die Erhebung »Zur Kenntnis des Landes« von 1803 läßt die leiningensche Regierung wissen: *Im Schnitt ernähren sich die Professionisten äußerst kümmerlich und müssen ihr Heil besonders auf auswertigen Märkten suchen. Die Ursache hiervon ist, weil der größte Teil der Professionen übersetzt ist.* Eine Grenzziehung, die den Absatz der überbesetzten Miltenberger Gewerbe nicht mehr zuließ, mußte für die Stadt katastrophale Folgen haben. Genau dies geschah mit der Errichtung des Fürstentums Aschaffenburg, das Miltenberg seine rechtsmainischen Absatzmöglichkeiten bis 1816 kostete, besonders 1810 mit dem Übergang an Hessen-Darmstadt, als die Stadt von ihren Märkten im Süden abgeschnitten wurde. Durch den Übergang an das Königreich Bayern 1816 änderte sich diese Situation nur bezüglich der weniger aufnahmefähigen Spessartmärkte.

Kaum war der feierliche Übergabeakt der Ämter Miltenberg und Amorbach an Bayern am 17. Juli 1816 vorüber, machten sich die neuen Herren ans Werk und brachten in Miltenberg sichtbare Zeichen der bayerischen Herrschaft an. Am 22. Juli 1816 lief am Amorbacher Hof das Schreiben eines leiningenschen Beamten ein, der über die Bayern *mit sehr schmerzlichem Gefühle* klagte. Sowohl Baden als auch Hessen hätten beim Übergang der Herrschaft das fürstliche Wappen an den beiden Stadttoren unberührt gelassen und die ihren *oberhalb demselben* angeschlagen. Nun aber wurde *das königlich bayerische Wappen am Thurm angeschlagen und das fürstliche ganz zur Seite geschafft, welches bei allen Bürgern Miltenbergs Aufsehen und eine starke Sensation erregt hat*[140]. Die Bayern traten also sofort energisch auf, und auch der Ratsschultheiß Michael Joseph Wirth spürte offenbar, daß sie zu bleiben gedachten. Bereits am 29. August 1816, also kaum sechs Wochen nach der bayerischen Übernahme, reichte er eine »Unterthänigste Darstellung des Handels in Miltenberg« als Denkschrift ein. In glühenden Farben schildert er den früheren Handel der Stadt und

139 Winzmann (wie Anm. 13), 1811.
140 FLA Amorbach, Territorialverhältnisse 1803–1816.

das *von Barbarossa verliehene Stappelrecht.* Der Handel bestehe aus drei Sparten: 1. der Spedition, 2. dem Groß- und Kleinhandel, 3. dem Handel mit Landesprodukten[141]. Das *wesentliche Erfordernis eines Handelsplatzes mit Spedition* seien die Straßen, die an diesem Ort zusammenliefen. Dies sei auch bis 1810 der Fall gewesen. Dann habe Baden *das sonst beinahe unzugängige Wertheim* zu einem Stapelplatz ausgebaut und neue zweckmäßige Straßen dorthin gelegt. Die badische Regierung konnte hier an Vorarbeiten der Fürsten zu Leiningen anknüpfen, die sich um die verkehrsmäßige Erschließung ihres neuen Territoriums bemüht hatten: Die Spedition sollte nach Wertheim abgeworben werden. Durch eine Absprache zwischen Hessen und Baden würden die Miltenberger an den hessischen Zöllen schlechter behandelt als die badischen Untertanen. Auch hätten die Hessen von 1810 bis 1816 die Straßen verfallen lassen. Wirth unterstellt zudem, daß dadurch der Wertheimer Wunsch, Speditionsplatz zu werden, unterstützt werden sollte. Zur Förderung des Speditionsplatzes Miltenberg schlug Wirth als erste Maßnahme die Reparatur der Straßen vor. Zum zweiten sollten alle nach Bayern einzuführenden Güter über Miltenberg und nicht über Wertheim versandt werden. Drittens sollte die Krone Bayern die Orte Hundheim, Tauberbischofsheim und Mergentheim durch Tausch an sich bringen, um so in den Besitz von zwei der wichtigsten deutschen *Commercialstraßen,* nämlich der nach Nürnberg und der nach Augsburg, zu gelangen. Die Miltenberger könnten dann ohne Zollhindernisse billiger ins *Mutterland* speditieren.

Der Groß- und Kleinhandel sollte durch die Anlage eines Salzmagazins gefördert werden. Früher habe ein solches existiert, aus ihm hätten sich beinahe sämtliche Ämter des Oberstifts versorgt. Im Kleinhandel habe man durch die Anwesenheit leiningenscher Behörden bis 1807 Verdienstmöglichkeiten gehabt. Seit deren partiellem Abzug nach Amorbach seien diese verlorengegangen. Baden habe die Gelegenheit genutzt, in Wertheim ein Salzmagazin und einen Fruchtmarkt installiert und die Straßen vom Bauland dorthin instand gesetzt. *Es ist deshalb kein Wunder, daß der Bauländer Bauer, welcher kurz vorher die Stadt Wertheim kaum kannte, gerne seine Früchte nach Wertheim zu Markte brachte, weil er dort Salz mitnehmen mußte, weil er für die Landkrämer diese und jene Waren mitnehmen sollte und auf diese keinen Aus- und Eingangszoll zu zahlen hatte. Ja er mußte nach Wertheim fahren, weil die aus dem Baulande hierher führende Straße so verfallen war, daß er unmöglich fortkommen konnte.* Verbesserungen für den Klein- und Großhandel versprach sich Wirth von einer Neuorganisation, die ein *Equivalent für das früher gehabte Oberamt* mit 72 Ortschaften erbringe, also in erster Linie die rechtsmainischen Orte wieder an die Stadt binde. Die Stadt solle wieder eine Salz-Haupt-Niederlage bekommen mit einem Monopol für ein bestimmtes Gebiet. Die dringend notwendige Aufhebung der Aus- und Eingangszölle an der badischen Grenze sei *vom ietzigen Zeitgeiste allerdings zu erwarten.* Wegen der besonderen geographischen Lage Miltenbergs sollte auf die Einführung einer Konsum-Mauth verzichtet werden, *obwohl wir sehnlichst wünschten ganz wie das Mutterland behandelt zu werden.* Jedoch habe auch die großherzoglich-hessische Regierung *aus ueberzeugung wegen dem Nachteil für den hiesigen Handel* auf den in

141 StadtA Miltenberg, Akten 49/5.

den übrigen Landesteilen eingeführten *Consumtionsaccis* verzichtet. Der Getreidehandel sei durch die Zölle behindert. Der Haupthandel in Landesprodukten bestehe aus Holz und Früchten, welche zu Wasser nach Frankfurt und Mainz gebracht und dort verkauft werden.

Michael Joseph Wirths Schilderung der Situation wird durch die Jahresberichte der Regierung des Untermainkreises von 1817/18 und 1819/20 gestützt[142]. Die beiden Herrschaftsgerichte Amorbach und Miltenberg seien von der Grenzziehung deshalb besonders betroffen, weil Baden nicht gestatte, daß Gültfrüchte des Hauses Leiningen, von denen einschließlich der Zehnten etwa 20000 Malter jenseits der Grenze anfielen, unverzollt nach Bayern eingeführt werden könnten, *wovon ein Teil jener getreidearmen Gegend sehr wohltätig zustatten gekommen sein würde.* Die Zölle hätten die Einfuhr unmöglich gemacht. Unter dem wenig freundschaftlichen Benehmen der badischen Behörden habe vor allem *das sonst blühend gewesene Städtchen Miltenberg* zu leiden, das sich *in seinem Nahrungsstreben auf alle Weise gehemmt und bedrängt sieht und seine vorteilhafte Lage am Mainflusse nicht benutzen kann, weil es nicht mehr der Stapelplatz der Erzeugnisse der landeinwärts liegenden Gegenden ist. Verarmung und Verödung nehmen in diesem freundlichen Städtchen sichtbar überhand.* Der Regierungsbericht von 1819/20 bestätigt, daß es Wertheim gelungen ist, sich zum Nachteil Miltenbergs und auch der oberen Mainorte beinahe des gesamten Speditionshandels vom Main zur Donau zu bemächtigen. Der Ratsschultheiß Wirth resignierte und gab im Jahr 1818 sein Amt auf. Es hatte sich nichts getan, sondern die Situation hatte sich noch verschlechtert. Beim Vorrücken der Mauth-Linie hatte die königliche Verordnung gleichzeitig auch der Stadt Miltenberg die Einnahmen aus dem Marktrecht, das seit 1346 erhobene Ungeld, das Lagerhaus und Waaggeld und andere Einnahmen in Höhe von jährlich etwa 7000 Gulden ersatzlos gestrichen[143]. Wegen der Nähe zu Aschaffenburg war 1817 schon das seit 120 Jahren bestehende Gymnasium durch die Regierung abgeschafft worden[144]. Wirth zog sich auf den ruhigeren und besser dotierten Posten eines Fondsverwalters zurück und widmete sich dem Studium der Miltenberger Geschichte. Anteil am politischen Geschehen nahm er allerdings als langjähriger Vorsitzender des Kollegiums der Gemeindebevollmächtigten.

Bei den Mainzöllen gab es für Miltenberg lange keine Erleichterung. Während Bayern die Binnenzölle am Main 1825 abschaffte, blieben die Binnenzölle der außerbayerischen Mainanlieger bestehen. Auch der Abschluß der Zollvereinsverträge entspannte die Situation nicht. Erst 1845 erreichte Bayern eine Übereinkunft mit den Mainanrainern Hessen, Nassau und Frankfurt über die Mainzölle, im Jahr darauf mit Kurhessen; Baden erschwerte den Handel auf dem Main durch seinen Zoll bis ins Jahr 1867[145]. Die Stadt nahm die Situation jedoch nicht klaglos hin. Durch die Umklammerung waren die Badener im Vorteil; sie kontrollierten sowohl die Straßen als auch den Main oberhalb Miltenbergs. An einer Belebung des Mainhandels war Baden nicht

142 StA Würzburg, Statistische Sammlung 9 und 11.
143 WIRTH (wie Anm. 15), S. 108.
144 Werner TROST, Johannes-Butzbach-Gymnasium. In: Festschrift 1987, S. 287.
145 Hartmut KIMMICH, Die Entwicklung der Mainschiffahrt unter besonderer Berücksichtigung der Zollverhältnisse. Diss. Erlangen 1965, S. 66ff.

interessiert, da es jetzt im Besitz des unteren Neckars mit Mannheim war und den Handel vom Rhein zur Donau über diese Route begünstigte. Baden wie auch Württemberg gewährten Chausseegeldbefreiung auf Güter, die den Main umgingen. Schon Wirth hatte besonders die Wiederherstellung der Straßenverbindungen gefordert, um der Stadt wieder auf die Beine zu helfen. Der Magistrat und der Handelsstand verfochten nun über Jahrzehnte engagiert verschiedene Projekte, um die Stadt in den Handel wieder einzubinden. Sie scheiterten aber meist oder sahen ihre Bemühungen erst dann von Erfolg gekrönt, als die erstrebte Verbindung in ihrer Bedeutung wieder abgesunken war. Die 1804 bis 1806 chausseemäßig ausgebaute Straße nach Amorbach wurde 1822 wieder hergerichtet[146]. 1825 stellte der Magistrat einen Antrag an die Regierung zum Bau einer Straße von Würzburg nach Mannheim, die über Miltenberg – Laudenbach – König – Weinheim führen sollte. Wegen der zu erwartenden Schwierigkeiten mit Baden und Hessen blieb der Vorschlag ohne Wirkung.

Daß eine Verbindung vom Rhein zum Maintal als notwendig erachtet wurde, zeigt der Beschluß der hessischen Kammer von 1830, eine Straße von Heppenheim über Michelstadt an die Landesgrenze bei Eulbach zu führen. Bereits im Jahr darauf begannen die Bauarbeiten. Gegen den verzweifelten Widerstand Miltenbergs, das eine Weiterführung von Eulbach über Gönz – Weilbach an den Main verfocht, da die direkte Route über Rüdenau zu steil ausgefallen wäre, gelang es der Stadt Amorbach mit Hilfe des Fürstenhauses, die Straße 1833 auf Amorbach, also vom Maintal weg, zu ziehen. Als Begründung gab man die um 10 % höheren Kosten der Trassenführung über Gönz – Weilbach an[147]. Nach dem Inkrafttreten der Zollvereinsverträge bemühte sich die Stadt um die Verbesserung ihrer früher wichtigsten Straßenverbindung. Der Spediteur Carl Waxmann, dessen Vater schon Geschäftsbeziehungen mit Augsburg gepflegt hatte, hielt die Umgehung der steilen Eichenbühler Steige und des Tiefentaler Hofes für dringend erforderlich; dadurch könnten 14 Kreuzer für den zweimaligen Vorspann eingespart werden. Er schlug eine Straße durch das Erftal nach Hardheim vor. 1838 fand in Eichenbühl eine Besprechung zwischen Vertretern von Hardheim und Miltenberg statt. Die bayerische Regierung lehnte 1843 aber das Projekt wegen fehlender Mittel ab; auch Baden zeigte kein Interesse. Dem Großherzogtum war mehr an einer schnellen Verbindung vom Neckar zum Main über Buchen – Amorbach gelegen als an der Erftalstraße. Erst als sich 1848 die Stadt bereit erklärte, 12 000 Gulden für den Straßenbau aufzubringen, und dem Distrikt 6 000 Gulden zusagte, kam die Genehmigung zum Ausbau von Miltenberg bis zur Landesgrenze. Man ging sofort ans Werk, und am 25. August 1849 wurde die neue Straße erstmals von 14 Chaisen mit Miltenberger Bürgern bis Riedern befahren. Baden konnte den Weiterbau von der Landesgrenze bis nach Hardheim noch bis 1863 hintertreiben; dafür baute Bayern die von Baden gewünschte Straße vom Neckar zum Main nicht von der Landesgrenze bis Amorbach weiter. Jede Regierung machte den Weiterbau der einen Straße vom Fortschreiten der Arbeit an der anderen Straße abhängig. Inzwischen war binnen kurzer Zeit durch die

146 StadtA Miltenberg, Jakob Joseph Schirmer, Chronik der Stadt Miltenberg. Manuskript 1910, S. 494.– Schirmer war von 1870 bis 1906 Bürgermeister von Miltenberg. Seine umfangreiche Chronik, die sich als Fortsetzung der Wirthschen versteht, wird demnächst herausgegeben.
147 StadtA Miltenberg, Akten 49/5.

Ost-West-Eisenbahn der Miltenberger Speditionsverkehr schon weitgehend zusammengebrochen[148].

Die Verbitterung war groß, denn die Geschäfte hatten sich nach Gründung des Zollvereins ganz gut angelassen. 1840 lief wieder ein lebhafter Handel mit Waren aus Mainz, Köln, Frankfurt und auch aus Österreich über Miltenberg. Der Aschaffenburger Magistrat stellte in diesem Jahr fest, daß sich die meisten Kaufleute von Aschaffenburg nicht selbst dem Handel widmeten, sondern ihre Waren lieber aus Miltenberg bezogen[149]. Nach einem Bericht des Herrschaftsgerichts bezogen Miltenberger Kaufleute in den vierziger Jahren Waren *in großen Quantitäten unmittelbar von holländischen und englischen Märkten, aus ost- und westindischen Häfen.* Sie vertrieben die Waren bis nach Karlstadt und Gemünden. Nicht ausgebaute Straßen waren keine ernste Konkurrenz für die Eisenbahn. Der Miltenberger Handelsstand und die Spediteure hatten die Bedeutung des neuen Verkehrsmittels natürlich bald erkannt. Am 18. Januar 1846 wurde man in München vorstellig und schlug vor, die Bahnverbindung von Würzburg nach Frankfurt über Miltenberg zu ziehen. Zehn Jahre später, als die Ost-West-Bahn den Miltenberger Speditionshandel bereits schwer getroffen hatte, schlug eine Delegation dem Münchner Ministerium vor, die Strecke von Würzburg nach Heidelberg über Wertheim – Miltenberg – Amorbach nach Eberbach an den Neckar zu führen. Durch die Einbeziehung Wertheims erhoffte man sich den Beistand Badens. Baden einigte sich jedoch mit Bayern auf die Linie Würzburg – Lauda – Bauland – Heidelberg; 1866 wurde die Strecke eröffnet. Ein weiterer Vorschlag, eine Bahntrasse von Würzburg über Marktheidenfeld nach Miltenberg zu legen, wurde ebenfalls abgelehnt. Schon 1863 hatte man erfahren, daß ab Lauda eine Nebenstrecke nach Wertheim geführt werde; 1868 fuhr dort der erste Zug ein. Dies sei *ein bitteres Gefühl für die ganze bayerische Maingegend gewesen*[150].

Erst 1876 erreichte von Aschaffenburg her eine Bahnlinie Miltenberg. 1880 war der Anschluß nach Amorbach fertiggestellt, 1899 nach Walldürn, das schon zwölf Jahre über Seckach mit der Strecke Würzburg – Heidelberg verbunden war. Erst 1912 wurde Wertheim erreicht, das seit 1868 nicht nur mit der Strecke Würzburg – Heilbronn beziehungsweise Heidelberg verbunden war, sondern seit 1881 mit der Strecke Würzburg – Aschaffenburg durch einen Schienenstrang nach Lohr. Bei der Bahn ging es der Stadt wie beim Straßenbau: Erst als die Warenströme auf anderen Wegen liefen, wurde die Stadt ans Netz angeschlossen. Die größeren einheimischen Firmen litten unter dem späten Bahnanschluß. Die Firma Jacob, Steingaesser und Companie, die fünf Arbeiter beschäftigte, gab für das Jahr 1866 einen Materialverbrauch von 1000 Malter Tannen-

148 StadtA Miltenberg, Akten 49/19.– Friedrich OSWALD, »Mühsam klimmt der Odenwälder in seinen unwegsamen Bergen herum.« Die Entwicklung des Straßenbaus im 19. und 20. Jahrhundert. In: Bote vom Untermain, 26. August 1988.

149 KIMMICH (wie Anm. 145), S. 93; IHK-Aschaffenburg (Hg.), Die Wirtschaft am bayerischen Untermain. Aschaffenburg 1956, S. 39.

150 SCHIRMER (wie Anm. 146), S. 49 ff.; Hermann EHMER, Wertheim im Großherzogtum Baden. Wertheim 1979, S. 53; DERS., Wertheim und die Maingrenze. Die Auswirkungen auf die Stadt Wertheim. In: Wertheimer Jahrbuch 1984/85, S. 157–167. – Wertheim hat durch seine Randlage seit 1806 ähnliche Probleme wie Miltenberg. Die badische Regierung scheint sich dessen aber stärker bewußt gewesen zu sein als die bayerische Regierung im Falle Miltenbergs.

zapfen für den Betrieb der Klenganstalt an, in besseren Jahren benötigte sie 7000–8000 Malter. Die allgemeine Geschäftslage bezeichneten die Inhaber als *drückend* wegen des fehlenden Bahnanschlusses. Bei guten Verkehrsbedingungen, also bei Bahnanschluß, könne man 18000 bis 20000 Zentner Waldsamen versenden. Auch der größte Betrieb, die 1830 von Joseph Jäger gegründete Knopffabrik, klagte über die Verkehrslage. Wegen *Versand ohne Bahn* wurde hier die Lage als *drückend* empfunden. 1866 waren hier 60–70 Arbeiter beschäftigt, die 40000 große Stoffknöpfe, 8000 Bänder, 5000 Stück Kordel und andere Waren dieser Art herstellten. Der kleinere Konkurrent Heinrich Stepper, der 1857 mit 11000 Gulden seine Firma gegründet hatte und neun Jahre später acht Arbeiter beschäftigte, klagte ebenfalls über die schlechte Lage. Die königliche Regierung in Würzburg begrüßte noch 1857 bei der Konzessionserteilung für Stepper seinen Entschluß, weil *überhaupt die Anlage derartiger Fabriken, deren Betrieb nicht auf den örtlichen Absatz beschränkt und berechnet ist, im allgemeinen industriellen Interesse als wünschenswert sich darstellt ...*[151]. Die Regierung verstand jedoch die Bedürfnisse der Stadt nicht. Das Urteil von 1865 ist richtig, das besagte, daß *die seitherigen Mißerfolge, welche hauptsächlich der unglücklichen Lage Miltenbergs hart an der Landesgrenze in einem entfernten Winkel von Bayern, von dessen commerziellen Verhältnissen man höheren Orts gar keinen Begriff zu haben schien, zu suchen ist ...*[152].

Auch die jahrhundertelange Grundlage des Miltenberger Wohlstands, der Weinbau, erlitt gleich mehrfach Einbußen. Der Frankenwein, im 18. Jahrhundert ein Modewein, geriet in Mißkredit.; der Rhein- und Moselwein löste ihn ab. Der modischen Geschmacksveränderung versuchten manche mit unsauberen Mitteln zu begegnen. Die Regierung sprach 1818 von dem *immer weiter greifenden und als förmliches Gewerbe betriebenen Unfug der Weinverfälschung und Weinmischung*, der schwere Nachteile für den Weinhandel befürchten lasse[153]. Im Jahr 1833 meldete das Herrschaftsgericht Miltenberg zurückgehenden Weinbau, weil wegen der Zölle *der Absatz entzogen ist, so daß beinahe der ganze Weinertrag im Bezirk verzehrt werden muß*[154]. Die Rebfläche sank bis zum Ende des 19. Jahrhunderts von 350 auf etwa 125 Morgen[155]. Konsumiert wurde der Weißwein vor allem in den vielen Häckerwirtschaften, von denen zehn bis zwölf gleichzeitig geöffnet hielten. Lediglich der Rotwein ließ sich gut nach auswärts verkaufen. Die Rebkrankheiten am Ende des Jahrhunderts beschleunigten nur noch einen rasanten Verfall. Es ist bezeichnend, daß beim Festmahl zur Einweihung der evangelischen Kirche 1897 im Gasthof »Engel« von sechs angebotenen Weinen nur zwei einheimische waren, darunter ein roter aus Bürgstadt[156]. Der Niedergang des Weinbaus nahm den meisten Miltenbergern einen jahrhundertealten Nebenverdienst.

151 StadtA Miltenberg, Akten 73/6.
152 SCHIRMER (wie Anm. 146), S. 51.
153 StA Würzburg, Statistische Sammlung 9.
154 StA Würzburg, Statistische Sammlung 194.
155 Helmut KAHLERT, Verbreitung und Rückgang des Weinbaues am Untermain. In: Aschaffenburger Jahrbuch, Bd. 3, 1956, S. 173.
156 Wilhelm ERHARD, 90 Jahre evangelische Johanneskirche in Miltenberg. In: Festschrift 1987, S. 259.

Der in den aufgelassenen Weinbergen betriebene Obstanbau war kein vollwertiger Ersatz. Der »gemeine Mann« war am Ende des 19. Jahrhunderts ärmer als zuvor.

Für die Mainschiffer brachte das 19. Jahrhundert große Umwälzungen. Sie gingen bereits mit großen Belastungen aus den Revolutions- und Napoleonischen Kriegen in die Zeit der politischen Umwälzungen. Zwar hatte sich die Zahl der Mainanrainer und damit auch der Zollstellen verringert, wenn auch mit Verzögerung, aber das Festhalten Badens an den Zöllen führte zu Geschäftseinbußen. Als neue Bedrohung empfand man auch das erste Dampfschiff, das im Dezember 1841 auf dem Weg nach Bamberg die Stadt passierte. Allerdings nahmen die Dampfschiffe zunächst nur den Personentransport auf; erst in den fünfziger Jahren nahmen sie auch Güter an. Bei den unsicheren Wasserständen des Mains kam es jedoch zu keinem regelmäßigen Fahrplan. Die Bahnlinie von 1854 brachte das Ende der Dampfschiffahrtslinie, die 1858 mit erheblichen Verlusten liquidiert werden mußte[157]. Die Eröffnung der Bahnlinie Würzburg – Aschaffenburg traf die Miltenberger Schiffer nicht so hart wie die Spediteure und Kaufleute. Der Holz- und Steintransport wurde noch ausschließlich auf Schiffen abgewickelt. In den Jahren 1872/73 waren in Miltenberg noch 69 Schiffe mit einer Gesamttragfähigkeit von 3340 Tonnen registriert. Zwei Jahre nach dem Bahnanschluß Miltenbergs waren 1878 nur noch 41 Schiffe gemeldet, da die Bahn auch am Holz- und Steintransport partizipierte. Zum Ende des Jahrhunderts verhießen der steigende Massengüterverkehr, die Einführung der Kettenschleppschiffahrt und die beginnende Mainkanalisierung den Schiffern wieder eine hoffnungsvolle Zukunft.

Während im 19. Jahrhundert immer breitere Schichten der Bürgerschaft wirtschaftlich absanken, trat bei der Kommune die umgekehrte Entwicklung ein. Zu Beginn des Jahrhunderts hatte die Stadt enorme Schulden: Die Kriegskostenrechnung von 1809 weist bereits ein Minus von 68076 Gulden auf[158]. Danach steigerten sich die kostenträchtigen Durchzüge in der Endphase der Napoleonischen Kriege. 20 Jahre später hatte die Stadt den Schuldenstand jedoch schon auf 39820 Gulden gedrückt. Allein in den Jahren 1827/28 waren 12000 Gulden Zins und Tilgung abgetragen worden[159]. Um 1850 war der Stadtsäckel wieder gefüllt.

Jetzt zahlte sich die Reglementierung der Waldwirtschaft aus. Die Schulden aus der Zeit bis 1815 wurden in der Hauptsache aus Holzverkäufen zurückgezahlt, die zum Beispiel in den Jahren 1827/28 rund 25000 Gulden abwarfen. Die Erkenntnis, daß die Waldnutzung allein einen Ausweg aus der Finanzmisere bot, ließ den Magistrat ein strenges Regiment über den Forst ausüben. Altgewohnte Leserechte der Bürger wurden eingeschränkt, die Streunutzung des Waldes, welche die Humusschicht zerstörte, stark reduziert und reglementiert. Für die Einhaltung der Bestimmungen hatte der leiningensche Revierförster Dr. Philipp Madler zu sorgen, der deshalb zum Angriffsziel vor allem der ärmeren Bürger wurde, die auf die Lese- und Streurechte angewiesen waren. Er verkörperte die verhaßte Obrigkeit. In den turbulenten Märztagen des Jahres 1848 spiegelt sich in den Aktionen der unruhigen Bevölkerung die Situation der ganzen

157 Otto BERNINGER, Miltenberg und die Mainschiffahrt. In: Festschrift 1987, S. 171–197.

158 StadtA Miltenberg, Kriegskostenrechnung 1809. – Der leiningensche Beamte Wilckens spricht 1802 schon von 90000 Gulden Schulden. KELLER (wie Anm. 136), S. 43.

159 StA Würzburg, Statistische Sammlung 28.

Stadt: Dr. Madler wird das Dach über dem Kopf angezündet von einer Menge, die inspiriert war von »Demokraten«, welche vor allem dem verbitterten Handelsstand angehörten. Die Anführer hatten vorher die Anlegestelle der Dampfschiffahrtsgesellschaft mit Pechkränzen in Brand gesteckt und das dort liegende Schiff den Fluß hinabtreiben lassen. Vor dem Herrschaftsgericht verlangte man erregt nicht etwa die Absetzung König Ludwigs, sondern einfach *Sträh,* das heißt die Rückkehr zur ungehinderten Streunutzung[160].

In der zweiten Hälfte des Jahrhunderts förderte die Industrialisierung die weitere Nutzung der Miltenberger Wälder. Miltenberger Schiffer lieferten jährlich für die Hochöfen und Hammerwerke am Rhein Holzkohlen im Wert von 100000 Gulden. Nach der Umstellung auf Steinkohle ging der Nutzholzhandel trotzdem nicht zurück. Für den Bahnbau wurde Schwellenholz transportiert; 1854 richtete ein Holzhändler eine Imprägnieranstalt für Bahnschwellen und Telegraphenmasten ein, die 1867 allerdings im Wettbewerb mit einer staatlichen Anlage in Kirchseon bei München unterlag. An Brennholz wurden jährlich 2500 bis 3000 Klafter verkauft. Der zunehmende Steinkohlenabbau brachte auch hier einen Rückgang, andererseits nahm der Bedarf an Grubenholz ständig zu, das bis nach Belgien verfrachtet wurde[161]. Auf alten Photographien vom Miltenberger Mainufer prägen meterhohe Holzstöße immer das Bild. Erst nach dem Zweiten Weltkrieg büßte der Stadtwald seine Rolle als eine der besten Finanzquellen des Stadthaushalts ein. Auch die Entwicklung der Steinindustrie wirkte sich positiv auf den städtischen Ärar aus. Um die Mitte des Jahrhunderts erbaute man die Brücken von Marktheidenfeld, Stockstadt, Frankfurt, Mainz, Koblenz und anderen Orten aus Miltenberger Sandstein. Seit den Jahren um 1870 arbeiteten 250 bis 300 Personen in den Brüchen und auf den Steinhauerplätzen, die sich nun mit den Holzstapeln den Platz am Mainufer teilten. Die unterfränkische Handelskammer schätzte die gesamte Ausfuhr am südwestlichen Mainviereck im Jahr 1898 auf fünf Millionen Mark. Im gleichen Jahr lieferte die Firma Winterhelt sogar 2000 Kubikmeter Miltenberger Steine für den russischen Zaren nach Petersburg. Oberhalb der Stadt erschloß man neue Steinbrüche in der Waldabteilung Hag, 1903 erlöste die Stadt daraus eine Pacht von 35465 Mark. Im ersten Jahrzehnt des 20. Jahrhunderts ging der Sandsteinabbau etwas zurück[162].

Wie im 14. Jahrhundert, so zeigte sich der kommunale Wohlstand jetzt in einem umfangreichen Bauprogramm. 1867 wurde ein Krankenhaus eingerichtet, 1879 die Volksschule am Mainufer erbaut. Kanalisierung und Wasserleitungsbau nahm man in Angriff, 1904 erstellte man ein Elektrizitätswerk und den Schlachthof. Die Brückeneinweihung fand im Jahr 1900 statt, im Jahr 1911 wurde das neue Gymnasium an der Luitpoldstraße eingeweiht. Mit den Einnahmen aus dem Wald und den Steinbrüchen legte der Stadtrat damals die Grundlagen für das moderne Miltenberg. Man hatte auch

160 StA Würzburg, Regierungsabgabe 1943/45, 10691; Rudolf Vierengel, »Tumultuarische Excesse« in Miltenberg 1848. In: Bote vom Untermain, 24. August 1973; FLA Amorbach, Acten der Domain Canzlei, C 432.

161 Schirmer (wie Anm. 146), S. 350 ff.

162 Wilhelm Otto Keller, in: foto-club miltenberg (Hg.), Miltenberg damals, eine alte Stadt in historischen Bildern. Miltenberg 1983, S. 82 ff. Schirmer (wie Anm. 146), S. 361.

schon die Möglichkeiten erkannt, die der Bahnanschluß bot, als man 1886 daran ging, für die Stadt Fremdenverkehrswerbung zu betreiben. Vorher hatte man versucht, reiche Leute für Bauplätze am Grauberg und vor der Stadt zu gewinnen. Im Jahr 1846 entstanden dort die ersten Villen. Jetzt setzte man auf Urlauber wie den Braunschweiger Professor Knapp mit seiner Enkelin Elly; mit 6123 Übernachtungen unmittelbar vor dem Ersten Weltkrieg entwickelte sich Miltenberg zu einem Fremdenverkehrsort[163].

Das Königreich Bayern hatte großes Interesse gezeigt, den *äußerst interessanten Handelsort* Miltenberg, der als Stapel- und Hauptspeditionsplatz Bedeutung hatte, zu erwerben. Nachdem 1816 die Eingliederung gelungen war, vermochten es allerdings die bayerischen Regierungen nicht, der Stadt Miltenberg die frühere Position zu erhalten. Aus einer Stadt, die die Verkehrsströme auf sich zog, wurde ein Ort, an dem der Verkehr vorbeifloß. Als Miltenberg an die Bahn angeschlossen wurde, war die Industrialisierung bereits weitgehend abgeschlossen. Betrachtet man die Geschichte der Stadt im 19. Jahrhundert unter diesem wirtschaftlichen Aspekt, dann ist Wirths Urteil, Miltenberg habe *bei Bayern viel verloren,* sicherlich richtig. Bedenkt man andererseits, daß gerade dadurch Natur, Landschaft und historische Bausubstanz erhalten geblieben sind, weil Miltenberg und seine Umgebung am wirtschaftlichen Aufschwung im 19. Jahrhundert nicht beteiligt waren, wird man den früheren bayerischen Regierungen heute vielleicht nicht mehr so gram sein, wie der alte Ratsschultheiß Michael Joseph Wirth es um die Mitte des vorigen Jahrhunderts noch war.

163 Wilhelm Otto Keller, Miltenberg – eine Stadt mit einer 750jährigen Tradition. In: Frankenland. Heft 4 (1987), S. 83.

Städte der territorialen Randzonen im westlichen Mainfranken

Gründungsmotive, Funktionen, wirtschaftliche Entwicklungsmöglichkeiten

VON WILHELM STÖRMER

Es scheint angebracht, das Generalthema »Stadt an der Grenze« zunächst in der Umgebung des Tagungsortes zu beleuchten. In der Tat ist dieses Gebiet zumindest aus mittelalterlicher Sicht recht gut dazu geeignet. Man darf nur nicht den Begriff »Grenze« im modernen Sinne vor Augen haben, denn Franken ist – wie vornehmlich Hanns Hubert Hofmann betont hat – klassischer Raum des *territorium inclausum*[1]. Die Relevanz der Stadt und Grenze wird klar, wenn wir die einzelnen Städte und ihre Herren im Mainviereck betrachten. Legen wir den zeitlichen Schnitt auf cirka 1350, dann wird ersichtlich, daß fast jede Stadt dieser Region in der Hand eines anderen Herrn liegt: Gemünden (Rieneck, Würzburg), Lohr (Rieneck), Rothenfels (Grumbach, dann Rieneck, unter Ludwig dem Bayern bei den Wittelsbachern), Homburg/Main (Würzburg, dann Krone Böhmen), Wertheim (Sitz der Grafen von Wertheim), Stadtprozelten (ursprünglich Reichsschenken von Schüpf-Klingenberg-Prozelten, dann Deutscher Orden), Freudenberg (Würzburg-Wertheim), Miltenberg (Mainz), Wallhausen (Kurpfalz), Amorbach (ursprünglich Dürn, dann Mainz), Klingenberg (Bickenbach), Wörth (Breuberg-Wertheim), Obernburg (Mainz), Aschaffenburg (Mainz)[2] – also eine bunte Palette!

Um 1200 gibt es zwischen Würzburg und Aschaffenburg offensichtlich noch keine Stadt, und trotzdem sind um diese Zeit bereits verschiedene Vorbedingungen für die Entstehung einer ganzen Anzahl dicht aufeinander liegender Städte am Mainviereck

1 Hanns Hubert HOFMANN, Adlige Herrschaft und souveräner Staat (Studien zur bayerischen Verfassungs- und Sozialgeschichte 2), München 1962, S. 54 ff. – DERS., Grenzen und Kernraum in Franken. In: Grenzbildende Faktoren in der Geschichte (Veröffentlichungen der Akademie für Raumforschung und Landesplanung 48, Historische Raumforschung 7), Hannover 1969, S. 23–50.
2 Adolf WELTE, Zur Entstehung der mainfränkischen Städte. In: Petermanns Mitteilungen 87 (1941), S. 233–250. – Erich KEYSER, Heinz STOOB (Hg.), Bayerisches Städtebuch I (= Deutsches Städtebuch IV), Stuttgart, Berlin, Köln, Mainz 1971, S. 213 ff., 337 ff., 473 ff., 445 f., 421 f., 59 ff. – Ferner die betreffenden Bände der Reihe Historischer Atlas von Bayern, Teil Franken, Reihe 1: Wilhelm STÖRMER, Marktheidenfeld (H. 10), München 1962; DERS., Miltenberg, Die Ämter Amorbach und Miltenberg des Mainzer Oberstifts als Modelle geistlicher Territorialität und Herrschaftsintensivierung (H. 25), München 1979; Karl RICHTER, Gemünden (H. 11), München 1963; Günter CHRIST, Aschaffenburg (H. 12), München 1963; DERS., Lohr (demnächst); Roland WOHNER, Obernburg (H. 17), München 1968.– Zu den Städten im heutigen Baden-Württemberg: Kurt ZIMMERMANN, Obrigkeit, Bürgertum und Wirtschaftsformen im alten Wertheim (Mainfränkische Studien 11), Würzburg 1975; E. MAI, Geschichte der Stadt Freudenberg am Main, 1908; Erich KEYSER, Badisches Städtebuch (= Deutsches Städtebuch IV, 2), Stuttgart 1959, S. 255 f.

erfüllt. Gebiete, die längst seit dem späten 10. und frühen 11. Jahrhundert durch großzügige Verbindungen des Königs verteilt gewesen zu sein schienen[3], sind seit dem 12. Jahrhundert geradezu durch ein territorialpolitisches Gerangel gekennzeichnet. Dabei drängen sich zunächst nicht in erster Linie die alten reichskirchlichen Herrschaftskräfte vor, sondern vor allem der König, seine Ministerialen und seine adligen Vasallen[4]: Stützpunktbildung vornehmlich am Main ist geradezu das Motto der Zeit. Kirchenvogteien und Kirchenlehen spielen in diesem Rahmen hier wie andernorts eine beträchtliche Rolle, und ideale Stützpunkte sind nun eben die festen Höhenburgen neuen Typs. Man sollte sich bezüglich ihrer Entstehung nicht so sehr von architekturgeschichtlichen Ergebnissen leiten lassen; bevor sie prächtig ausgebaut wurden, standen in der Regel einfache, aber wohl wehrhafte Höhenburgen da[5].

Wie die drastische Eindämmung der Mainzölle durch Friedrich Barbarossa[6] zeigt, sind die neuen Burgherren vor 1157 zunehmend dabei, den Mainverkehr durch Zölle fiskalisch nutzbar zu machen. Man wundert sich, weshalb dem Staufer, der ja sonst einen starken Zugriff auf die Mainlande hat, diese königliche Zollpolitik nicht gelingt, obgleich schiffbare Flüsse, Treidelwege, Fernstraßen, aber auch Zoll und Geleit zu den königlichen Regalien gehören. Die Antwort ist m. E. einfach: Die neuen Zolleinnehmer sind im wesentlichen enge Mitarbeiter des Königs, denen er verpflichtet ist. Ältestes Quellenbeispiel unseres Raumes ist Wertheim: Burg und Zoll werden erstmals 1183 genannt, als Graf Poppo I. von Wertheim der Abtei Altenberg bei Köln in seiner Grafschaft Zollfreiheit für alle Güter gewährt, die zu Pferde, zu Fuß und zu Schiff an seiner Burg vorüberziehen[7]. Daraus geht hervor, daß der Wertheimer Zoll des Grafen schon älter sein muß; das Amt des Zöllners übt ein Ministeriale des Grafen aus. 1192 ist dann auch von einem *suburbium castri Wertheim* die Rede. Was *suburbium* im Detail bedeutet, ist schwer zu sagen, doch dürfte mit Sicherheit der Markt eine Rolle gespielt haben, wie denn auch Zoll und Markt ganz allgemein in einem engen Verhältnis zueinander stehen. Bezeichnend ist, daß dieser Markt in Konkurrenz zum gegenüberliegenden älteren würzburgischen Markt Kreuzwertheim steht. 1235 wird erstmals das Wertheimer Maß erwähnt, sichtbares Zeichen eines Zentralorts, und 1244 wird eine Urkunde ausdrücklich *in civitate nostra Wertheim* ausgestellt[8].

Wie eng offenbar häufig Burg und Markt zusammengehören, wird schon in der höfischen Dichtung um 1200 sichtbar. Im ›Iwein‹ des Hartmann von Aue kommt der

3 Wilhelm STÖRMER, Die Reichskirche im Spessart-Odenwald-Gebiet von der Karolinger- bis zur Salierzeit. In: JbffLf 48 (1988), S. 1–17.

4 Wilhelm STÖRMER, Staufische Reichslandpolitik und hochadelige Herrschaftsbildung im Mainviereck. In: Festschrift Friedrich Hausmann. Graz 1977, S. 505–528; DERS., Miltenberg (wie Anm. 2), S. 50 ff.

5 Alexander ANTONOW, Planung und Bau von Burgen im süddeutschen Raum. Frankfurt/M. 1986.

6 MG LL II S. 104. Vgl. Arnim BRAUNHOLZ, Das deutsche Reichszollwesen während der Regierung der Hohenstaufen und des Interregnums. Phil. Diss. Berlin 1890.

7 Joseph ASCHBACH, Wertheimisches Urkundenbuch (= J. ASCHBACH, Geschichte der Grafen von Wertheim II), Frankfurt 1846, S. 17 f.; Karl MADER, Entstehung und Entwicklung der Stadt Wertheim. In: Historischer Verein Alt-Wertheim, Jahrbuch für das Jahr 1954 (1955), S. 26–42.

8 ASCHBACH II, S. 30–32.

Ritter mit dem Löwen zu einer Burg, an deren Fuß ein *Market*, ein Marktflecken, lag[9]. Hier greifen wir ebenso wie in einer Episode im ›Erec‹ den – urkundlich eher schwach belegten – Zusammenhang von Burg und Markt, in gewisser Hinsicht auch die Anfänge und Zwänge der Stadtbildung im ausgehenden 12. Jahrhundert. In Hartmanns Epos ›Iwein‹ ist für unsere Fragestellung besonders aufschlußreich die Beschreibung eines Gynaeceums, eines Frauenarbeitshauses[10]. Auch hier wird wieder vom *markt* zu Füßen der Burg gesprochen. Zum Gynaeceum sagt der Dichter Hartmann von Aue konkret: »Nun sah er innerhalb der Mauer ein geräumiges Arbeitshaus, das hatte das Aussehen einer Behausung armer Leute. Drinnen sah er durch ein Fenster an die dreihundert Frauen arbeiten. Ihre Kleider und ihre Gestalt waren von äußerst armseligem Aussehen, doch war keine von ihnen alt. Die Armen waren damit beschäftigt, daß viele von ihnen webten, was man nur aus Gold und Seide weben kann. Viele arbeiteten am Stickrahmen, deren Arbeit war immerhin nicht schimpflich. Und die sich nicht darauf verstanden, sortierten die Fäden, jene wickelten auf, jene schlug den Flachs, und jene brach ihn, und jene hechelte ihn, diese spannen, jene nähten, und sie litten dennoch Mangel: Ihre Arbeit brachte ihnen nicht mehr ein, als daß sie jederzeit Pein von Hunger und Durst litten und daß sie gerade noch das Leben fristeten, das ihnen doch beinahe entwich. Sie waren abgemagert und bleich, sie litten große Entbehrungen an Körper und Kleidung. Auf ihrem Herd waren im allgemeinen Fleisch und Fische eine Rarität, Unterhalt und standesgemäße Versorgung gingen ihnen ab. Sie kämpften mit bitterer Not.«

Wir besitzen zwar aus den historischen Quellen seit dem 9. Jahrhundert eine Reihe von wichtigen Hinweisen über derartige Gynaeceen[11]. Sie haben offensichtlich nicht nur in der Fronhofsverfassung, sondern bald auch in den Frühformen der Stadtbildung eine nicht zu unterschätzende Rolle gespielt. Hartmanns Textstelle zeugt ohne Zweifel von Mitleid mit diesen Frauen. Dabei darf man natürlich nicht vergessen, daß die Unternehmer derartiger Frauenmanufakturen in erster Linie in Hartmanns Zuhörerschaft zu suchen sind. Mir scheint diese Textstelle, die die Negativseite der höfischen Daseinsbedingungen zeigt, eine außerordentlich wichtige Quelle zu sein, selbst wenn man die miserablen Daseinsbedingungen der hier beschriebenen Frauen nicht ganz verallgemeinern darf. Grundsätzlich wird man vermuten dürfen, daß der Zusammenhang von Burg, manufakturartiger Produktionsstätte und Markt in der Frühzeit der Städte eine nicht zu unterschätzende Rolle spielte.

Kehren wir aber nun wieder zum Mainviereck zurück. Unsere Untersuchung möchte diese Städtelandschaft am Mainviereck unter sozialen und wirtschaftlichen, im Anhang auch unter demographischen Fragestellungen behandeln. Die Schwerpunkte werden dabei durch die vorhandene Literatur sowie durch erarbeitete Quellen bestimmt. Besonders schmerzlich für die Bearbeitung dieser Städte ist weniger das Überwiegen autodidaktischer Regionalliteratur, sondern vielmehr das Fehlen einer Wirtschaftsgeschichte des

9 Hartmann von Aue, Erec. Mittelhochdeutscher Text und Übersetzung von Thomas Cramer. Frankfurt/Main 1972, S. 16, 223 f.

10 Hartmann von Aue, Iwein. Ausgabe von G. F. Benecke, K. Lachmann und L. Wolff, Übersetzung von Thomas Cramer, Berlin 1968, S. 119 und 121 ff.

11 Vgl. die Zusammenstellung bei Franz Irsigler, Bischof Meinwerk, Graf Dodiko und Warbuch. In: Westfälische Zeitschrift 126/127 (1976/77), S. 195 ff.

westunterfränkischen Gebietes vor dem 19. Jahrhundert, die unsere Städte aus der Isolierung der Betrachtung herausheben würde.

Die Frühzeit Miltenbergs erscheint besonders geeignet, in das Thema einzuführen[12]. Die Entstehung der Stadt Miltenberg ist als Reaktion des Erzbischofs von Mainz gegen die Gründung der pfälzischen Stadt Wallhausen, nur knapp zwei Kilometer von Miltenberg entfernt, zu verstehen. Dieses Wallhausen, auf den Ruinen eines römischen Kohortenkastells entstanden und auf den Fundamenten der alten Kastellmauern neu befestigt, war offensichtlich eine Stadtgründung Ludwigs des Kelheimers, des bekannten bayerischen Herzogs, der 1214 vom Kaiser mit der Rheinpfalz belehnt wurde (für seinen Sohn Otto). Mit der Errichtung dieser Stadt, die im frühen 13. Jahrhundert die einzige war zwischen Würzburg und Aschaffenburg, sollte der pfälzische Territorialeinfluß in das Maingebiet vorangetrieben werden. Wallhausen hatte eine ideale Lage (alle Lagefaktoren konnte später Miltenberg übernehmen): Bis zum Spätmittelalter stieß hier eine Königsstraße vom Süden aus dem pfälzischen Neckarraum und von der Pfalz Wimpfen ausgehend zum Main. Von hier führte sie in zwei Strängen westlich und östlich des Mains weiter nach Gelnhausen und Frankfurt. Beim Brückenkopf Wallhausen mündete auch eine wichtige Salzstraße, der vom Salinenort Orb im Nordspessart kommende sogenannte Eselsweg, in die Straßen über den Odenwald und nach dem Südosten. Schließlich führte über Wallhausen (und dann Miltenberg) die große, immer wichtiger werdende Ost-West-Handelsstraße von Frankfurt nach Nürnberg und Regensburg. Aber auch der Main als Schiffahrtsstraße ist keineswegs zu vergessen.

Mit dieser Schlüsselstellung störte der Pfalzgraf die kurmainzischen Territorialinteressen ganz erheblich. Der Mainzer konnte und wollte dies nicht hinnehmen. Schon vor 1226 hatte er zwei Kilometer östlich von Wallhausen – dort wo der Steilhang des schon in der Vorgeschichte bewehrten Greinberges unmittelbar an den Main herantritt – eine eigene Burg erbaut, die er werbend »Miltenberg« nannte. *Milte* = Freigebigkeit galt als eine der Haupttugenden des ritterlichen Herrn im Hochmittelalter. Der östlich von Miltenberg an das südliche Mainviereck vorstoßende Bischof von Würzburg hatte schon um 1200 seine Grenzburg »Freudenberg« genannt (zehn Kilometer östlich von Miltenberg).

Als Ludwig der Kelheimer, Herr Wallhausens und lange Zeit enger Berater Kaiser Friedrichs II., vom Kaiser fallengelassen wurde, war für den Mainzer Erzbischof die Stunde gekommen, von der Verteidigung zum Angriff überzugehen. 1229 mußten Ludwig der Kelheimer und sein Sohn Otto der Erlauchte ihre Stadt Wallhausen um 400 Mark Kölner Währung an den Mainzer Erzbischof verpfänden. 1231 mußte sie erneut an Mainz zurückgegeben werden; offensichtlich hatten die Pfalzgrafen sie noch einmal zu erobern versucht. Der Konflikt war damit freilich noch nicht zu Ende, er nahm bisweilen

12 Die folgenden Ausführungen zu Miltenberg im 13./14. Jahrhundert sind weitgehend entnommen aus Wilhelm STÖRMER, 750 Jahre Miltenberg am Main. In: Schönere Heimat 76, H. 3 (1987), S. 143 ff. Wichtigste Quellen- und Literaturhinweise zum Folgenden siehe: DERS., Die Anfänge der Stadt Miltenberg. Politisches Ringen um Stützpunkte und Landesherrschaft am südlichen Mainviereck. In: 750 Jahre Miltenberg, hg. von der Stadt Miltenberg, Miltenberg 1987, S. 105–126. Ferner: Felix MADER/Hans KARLINGER, Die Kunstdenkmäler des Königreichs Bayern, Bd. III, H. XVIII, Bezirksamt Miltenberg, München 1917.

sehr kriegerische Formen an und schwelte weiter bis in die zweite Hälfte des 13. Jahrhunderts.

Mitten in diesem Ringen hatte der Mainzer Erzbischof unterhalb seiner Burg Miltenberg eine kleine Markt- und Stadtsiedlung erbaut. Man wird dafür die Zeit zwischen 1231 und 1237 ansetzen müssen. In einer Urkunde von 1237, also vor genau 750 Jahren, ist zum ersten Male von »Bürgern« in Miltenberg die Rede. Der Erzbischof hatte in diesem Jahr zur Stärkung der städtischen Wirtschaft den Zisterziensern des Klosters Bronnbach an der Tauber einen Wirtschaftshof unmittelbar am Miltenberger Hafen und an der Zollstelle geschenkt. Das vom Pfälzer immer noch beanspruchte nahe Wallhausen konnte jetzt regelrecht »ausgetrocknet« werden.

Die Mainzer Hebe-Rolle, das älteste Urbar des Erzstiftes aus der Mitte des 13. Jahrhunderts, nennt für Miltenberg nur Einkünfte aus Zoll und Fischerei. Die Fischerei *(piscatio)* kann noch grundherrschaftlich organisiert gewesen sein; *Theloneum* (Zoll) bedeutet offenbar zunächst die Mainzollstelle, die ebenfalls später von Gewicht war – nicht unmittelbar für die Stadt, wohl aber für den erzbischöflichen Landesherrn. *Theloneum* könnte aber bereits mehr bedeuten, denn *theloneum* und städtischer Markt stehen meist in einem inneren Zusammenhang: in dieser Zeit entwickelte sich allgemein der Marktzoll.

Die junge Stadt Miltenberg, 1285 und 1308 erstmals als *universitas civium*, das heißt als Stadt mit eigenem Rechtscharakter bezeugt, mußte sich offensichtlich in Rivalität zu zwei unmittelbar benachbarten Zentralorten durchsetzen, zu dem schon genannten Wallhausen, dessen Niedergang zweifellos vom erzbischöflichen Stadtherrn stark betrieben wurde, aber auch zum Cent- und Kammerforst-Vorort Bürgstadt (zwei Kilometer östlich von Miltenberg), der altmainzisch war. Vielleicht ist die 1351 erfolgte endgültige Abtretung der mächtigen Sendpfarrei Bürgstadt an das Mainzer Domstift durch Erzbischof Gerlach ein Zeichen dafür, daß dieser alte Zentralort spätestens um diese Zeit zugunsten Miltenbergs vom Erzbischof »aufgegeben« wurde.

Die überaus positive und rasche wirtschaftliche Entwicklung Miltenbergs läßt sich nicht nur aus wirtschaftlichem Quellenmaterial ablesen; sie ist gewissermaßen vorprogrammiert durch die Lage dieser Stadt am schiffbaren Main mit Zollstätte, durch den Mainübergang des Eselswegs unweit der Stadt und durch die Tatsache, daß in Miltenberg die wichtige Fernstraße Mainz – Frankfurt – Aschaffenburg – Miltenberg – Tauberbischofsheim – Nürnberg – Regensburg das Maintal verläßt.

Die Entwicklung Miltenbergs[13] profitierte erheblich vom Aufstieg der Reichsstädte und Wirtschaftszentren Frankfurt und Nürnberg. Marktzwang und das umfassende Stapelrecht, das Kaiser Karl IV. 1367/68 dem mainzischen Zentralort am südlichen Mainviereck verliehen hatte, machte Miltenberg zu einem der größten Konzentrationspunkte der Spedition am Untermain. Dieses Stapelrecht traf vor allem die Fernhändler der Reichsstadt Nürnberg hart: Sie mußten jetzt in Miltenberg vom Schiff auf das Miltenberger Fuhrwerk umladen. Erst in der Neuzeit versuchte Nürnberg, diese Zwangslage aufzuweichen. Der Nürnberger Handelskampf und die Öffnung der Miltenberger »Staffel« bildet im 16. und 17. Jahrhundert ein wichtiges Stück Nürnberger Handelspolitik.

13 Zum Folgenden s. den Beitrag von Wilhelm Otto Keller in diesem Band.

Damit Miltenberg für die Nürnberger seine Stapelzwänge abschwächte, mußte die Reichsstadt große Summen Geldes bezahlen.

Diese rasche wirtschaftliche Entwicklung Miltenbergs, die nicht nur der Stadt, sondern auch dem Stadtherrn zugute kam, schlägt sich nieder in der bereits im endenden 13. Jahrhundert bezeugten Judengemeinde, in der Miltenberger Münzstätte (seit Mitte des 14. Jahrhunderts), besonders aber in den umfangreichen Stadterweiterungen des Spätmittelalters. Während etwa im benachbarten Städtchen Amorbach der ohnehin bescheidene Vorstadtbereich trotz seiner wirtschaftlichen Rolle nie ummauert wurde, sind in Miltenberg alle Vorstädte ummauert und mit mächtigen Türmen versehen worden. Man muß sich vergegenwärtigen, daß innerhalb von 150 Jahren das ursprünglich etwa 100 Meter lange, aus einem Straßenmarkt und zwei Häuserreihen bestehende Mainstädtchen unterhalb der Miltenburg zu einer schmalen, aber enorm langen Stadt mit etwa 30 ha Fläche heranwuchs. Ihre noch heute imposanten äußeren Stadttore liegen annähernd zwei Kilometer auseinander.

Miltenberg hat sich also trotz höchst ungünstiger Grundgegebenheiten der topographischen Lage zwischen steilem Prallhang (mit Burg) und Fluß erstaunlich entwickeln können. Daß dies so war, hängt mit relativ idealen Verkehrsbedingungen zusammen, die wir kurz aufgezeigt haben. Miltenberg steht aber keineswegs allein mit seiner ungünstigen topographischen Lage. Diese Lage am Prallhang, der dicht an den Main herandrängt, eingezwängt zwischen Fluß und Burg und damit entsprechend raumbeengt, gleichzeitig auch stets hochwassergefährdet, ist geradezu typisch für die meisten Städte im Durchbruchstal des Mainvierecks[14]. Am extremsten finden wir diese Situation im Falle von Rothenfels, Stadtprozelten und Freudenberg, die mehr oder weniger nur aus einer Mainufer-Straße bestehen, welche bezeichnenderweise kaum eine Ausweitung in der Stadt für den Markt erfährt.

Nicht grundverschieden, aber gemäßigter ist die topographische Lage der Städtchen Klingenberg und Homburg, wobei letzteres aus einem älteren Dorf erwachsen ist. Zwei weitere Städte liegen, ebenfalls eingezwängt zwischen steilem Burgberg und Fluß, auf einem Mündungsdreieck zwischen zwei Flüssen: Gemünden und Wertheim. Nur die Städte Lohr, Wörth, Obernburg und Aschaffenburg haben beziehungsweise hätten natürliche Ausdehnungsmöglichkeiten besessen. Während sich Miltenberg durchgesetzt hat gegen eine benachbarte territorial-fremde Stadtsiedlung auf einem alten Römerkastell[15], ist die Stadt Obernburg selbst auf einem alten Römerkastell entstanden[16], ohne daß man Kontinuitätsstränge sehen könnte. Auch die Stadt Wörth liegt unmittelbar neben

14 WELTE (wie Anm. 2), S. 233–250.

15 Bernhard BECKMANN, Die Römer in Miltenberg. In: 750 Jahre Stadt Miltenberg. Miltenberg 1987, S. 35–74; DERS., Walehusen-Wallhausen, eine mittelalterliche Stadt auf römischen Ruinen. In: ebd., S. 75–100.

16 Miltenberg - Amorbach - Obernburg - Aschaffenburg - Seligenstadt (Führer zu vor- und frühgeschichtlichen Denkmälern 8), Mainz 1967, S. 149 ff. – Zum Gesamtproblem siehe jetzt den Tagungsbericht Mittelalterliche Städte auf römischer Grundlage im einstigen Dekumatenland. In: Zeitschrift für die Geschichte des Oberrheins 135 (1987), S. 1–66 (mit Beiträgen von Hagen Keller, Dieter Plank, Franz Quarthal, Meinrad Schaab, Berndmark Heukemes).

einem Römerkastell, das in keiner Weise der Stadtgründung nutzbar gemacht wurde[17]. Im übrigen ist bei Wörth auffallend, daß die Stadtanlage den Grundrissen von Städten entspricht, die zwischen Fluß und Prallhang eingezwängt sind, obgleich für Wörth aus geographischer Sicht Ausdehnungsmöglichkeiten vorhanden gewesen wären. Unter den Städten, die natürliche Ausdehnungsmöglichkeiten hatten, haben sich lediglich Aschaffenburg und Lohr stärker entwickelt. Eine der Ursachen für die in der Regel geringe Stadtentwicklung liegt sicherlich in den wenig ertragreichen Talböden der Umgebung dieser »zentralen« Siedlungen und in der Barriere des unmittelbar anschließenden, stark bewaldeten und wenig erschlossenen Mittelgebirges[18].

Andererseits fällt freilich auf, daß die Siedlungen im Maintal immerhin klimatisch begünstigt sind im Vergleich zu den Dörfern in den kleinen Seitentälern und auf den Hochflächen. Daher spielt hier der Weinbau seit alters her eine große Rolle. Für den Weinbau wirkt sich positiv aus, daß im Maintal die Niederschläge verhältnismäßig gering sind. Dies ist freilich wiederum ungünstig für einen ertragreichen Getreidebau, zumal auf so dürftigen Sandböden. Neben diesen sehr bescheidenen landwirtschaftlichen Möglichkeiten wirkten sich vor allem die schlechten zentralörtlichen Rahmenbedingungen infolge der territorialen Grenznähe dieser Städte negativ aus. In der Regel sind unsere »Grenzstädte« durchaus zu Zentren einer herrschaftlichen Behörde (Amt) geworden[19], was sich verständlicherweise nicht nur herrschaftlich, sondern auch wirtschaftlich auswirkte. Die Größe des Amts steht dabei oft in einer gewissen Relation zur Größe der Stadt. Homburg am Main mit nur zwei Amtsdörfern im Mittelalter[20] konnte sich bezeichnenderweise trotz der Fernstraßennähe kaum entwickeln, während dem vergleichsweise reichen Lohr acht Amtsorte unterstellt waren[21]. Der Kellereidistrikt Lohr umfaßte in der Neuzeit sogar drei Ämter, die weit in den Spessart reichten.

Man muß freilich noch etwas bedenken: Gerade im südlichen Mainviereck und am Unterlauf der Tauber wird sichtbar, daß mindestens schon im 14. Jahrhundert – wenn nicht früher – große Teile der Dorfbevölkerung, die weitgehend Weinbau betrieben, stark

17 Werner TROST, Die hessisch-bayerische Grenze zwischen Lützelbach und Wörth. In: Winfried WACKERFUSS (Hg.), 825 Jahre Lützelbach. Lützelbach 1988, S. 41–60.– Der Sachverhalt, daß die Wörther Pfarrkirche St. Martin außerhalb der Altstadt, aber unweit von Römerkastell und Römerstraße lag, erinnert an Straubing an der Donau. Vgl. Wilhelm STÖRMER, Straubing als präurbane Siedlung und zentraler Ort. In: Zeitschrift für bayerische Landesgeschichte 32 (1969), S. 24–37.

18 Helmut JÄGER, Kulturgeographie des südlichen Mainvierecks. In: Beiträge zur Geographie Frankens (Würzburger geographische Arbeiten 4/5), Würzburg 1957, S. 125–156; Helmut KAHLERT, Verbreitung und Rückgang des Weinbaues am Untermain. In: Aschaffenburger Jahrbuch 5 (1956), S. 157–179.

19 Siehe die einzelnen Bände des Historischen Atlas von Bayern (wie Anm. 2), hier besonders die Behördenstatistik.

20 Wilhelm STÖRMER, Marktheidenfeld (wie Anm. 2), S. 58 ff., 100 f.; DERS., Stadt und Amt Homburg/Main im politischen Kalkül der Wittelsbacher, der Luxemburger und der Wertheimer, in: Homburg am Main. 1200 Jahre Hohenburg I. Markt Triefenstein 1981, S. 35–46.

21 Günter CHRIST, Die kurmainzischen Behördenreformen des späteren 18. Jahrhunderts in ihren Auswirkungen auf Oberamt und Stadt Lohr. In: Lohr a. Main 1333–1983. 650 Jahre Stadtrecht. Lohr 1983, S. 45–67; DERS., Politisch-administrative und gesellschaftliche Strukturen des nordöstlichen Main-Spessart-Raumes in der Frühneuzeit. In: Glück und Glas. Zur Kulturgeschichte des Spessartglases, hg. von Claus GRIMM. München 1984, S. 180–226.

marktorientiert und damit auch wirtschaftlich anfällig waren[22]. Die frühen Unruhen im Taubergebiet sind deutliche Zeugnisse dafür[23]. Der Weinbau hat zudem der bäuerlichen Realteilung erheblich Vorschub geleistet, so daß in vielen Amtsdörfern des Main-Tauber-Gebiets eine relativ arme unterbäuerliche Schicht entstand, deren Vertreter als potentielle Käufer auf dem städtischen Markt wenig ins Gewicht fielen – zumindest wenn man in Geldsummen rechnet. Und dazu noch ein weiteres: Die marktorientierten Dörfer am Main wandelten sich schon im Spätmittelalter stark zu Handwerkerdörfern und wurden somit ihrerseits wieder in mancher Beziehung zu Konkurrenten der Amtsstadt[24].

Nicht alle Städtchen des Mainvierecks sind aus einem Behördensitz erwachsen; Wörth und Obernburg haben sich nicht beziehungsweise lange nicht zum herrschaftlichen Amtssitz entwickelt[25]. Im Falle Wörths wird die Situation verständlich aus der ursprünglichen Kleinherrschaft, die auch von Kurmainz immer wieder als Lehen ausgegeben wurde. Trotz des fehlenden administrativen Hinterlandes scheint Wörth sein Auskommen im wesentlichen durch seine Lage am Main erhalten zu haben. Der zweite Ort ist Obernburg; als diese Stadt 1317 nach dem Aufkauf durch Mainz entstand oder zur Stadt erhoben wurde, waren die Behördenstrukturen des Raumes bereits festgelegt. Das ländliche Großostheim war bis 1782 Behördensitz des Bachgaus. Erst im 16. Jahrhundert wurde Obernburg überhaupt aus der Cent Bachgau gelöst.

Wir dürfen nun nach der Wirtschaftsstruktur der Städte am Mainviereck fragen. Wenn wir von Aschaffenburg[26] absehen, konnten sich im Mainviereck nur drei Städte wirtschaftlich gut entfalten: Miltenberg, Wertheim und Lohr. Es wurde schon betont, daß Miltenberg durch sein Stapelrecht einer der wichtigsten Warenumschlags- und Speditionsorte im fränkischen Gebiet wurde. Die Folge war, daß Miltenberg im Rahmen des Neun-Städte-Bundes[27] des Mainzer Oberstifts nicht nur politisch, sondern auch wirtschaftlich führend werden konnte. Zwischen dem endenden 14. und dem beginnenden 16. Jahrhundert zahlte es mehr Steuern an den kurmainzischen Landesherrn als Aschaffenburg. Im bekannten Privileg von 1346 für alle neun Städte garantierte der Erzbischof, *auch ensollen wir den vorgenannten bürgern über ire rechten bede nicht heischen.* Das Nachbarstädtchen Amorbach hatte schon 1468 dieses Recht zu verteidigen, während

22 Wilhelm STÖRMER, Probleme der spätmittelalterlichen Grundherrschaft und Agrarstruktur in Franken. In: Zeitschrift für bayerische Landesgeschichte 30 (1967), S. 118–160; DERS., Grundherrschaften des höheren und niederen Adels im Main-Tauberraum. In: Hans PATZE (Hg.), Die Grundherrschaft im späteren Mittelalter II (Vorträge und Forschungen 27), Sigmaringen 1983, S. 25–45.

23 Klaus ARNOLD, Die Armlederbewegung in Franken 1336. In: Mainfränkisches Jahrbuch (1974), S. 35–62; Peter HERDE, Probleme der christlich-jüdischen Beziehungen in Mainfranken im Mittelalter. In: Würzburger Diözesangeschichtsblätter 40 (1978), S. 79–94.

24 Vgl. Anm. 22.

25 WOHNER, Obernburg (wie Anm. 2), S. 54f., 69ff., 89f., 94f., 141–143, 154, 163; CHRIST, Aschaffenburg (wie Anm. 2), S. 69f., 74, 80.

26 Günter CHRIST, Aschaffenburg, in: Erich KEYSER/Heinz STOOB (Hg.), Bayerisches Städtebuch I (Deutsches Städtebuch V), Stuttgart, Berlin, Köln, Mainz 1971, S. 59–73.

27 Zum Folgenden Norbert HÖBELHEINRICH, Die »neun Städte« des Mainzer Oberstifts, ihre verfassungsmäßige Entwicklung und ihre Beteiligung am Bauernkrieg (Heimatblätter des Bezirksmuseums Buchen 18), Buchen 1939; STÖRMER, Miltenberg (wie Anm. 2), S. 157f., 177f., 186ff., 198f.; Oberrheinische Stadtrechte I, 212, Art. 3.

Miltenberg trotz der Teilnahme am Bauernkrieg auch 1527 dieses Bederecht behalten konnte. Die Wirtschaftskraft der Stadt hatte also durchaus Folgen für städtische Freiheiten und Selbstverwaltung.

Noch ein weiterer Berufszweig spielte in Miltenberg wie in Wertheim eine Rolle: der Weinbau[28]. Der Weinhandel ließ sich auch vortrefflich in das Transportgeschäft integrieren. Bis zum Höhepunkt des Dreißigjährigen Krieges war Miltenbergs Wirtschaft stark vom Weinbau bestimmt. 1619 lebte ein Viertel der Gesamtbevölkerung als Weinberghäkker. Die meisten Bürger hatten irgendwie mit dem Wein zu tun, nicht nur die Häcker, Küfer und Transporteure. Das Gros der Weinberge lag in den Händen der Gastwirte und Bäcker. Vor allem erstere trieben intensiven Weinhandel bis in den Frankfurter Raum. Als Gegenfracht wurde meist wertvolles Getreide gebracht; mit beiden Produkten war in den häufigen Versorgungskrisen der Neuzeit viel zu verdienen. Jene, die sich nicht dem Wein- und Getreidefernhandel widmen konnten, verkauften den Wein an die vielen Transporteure, die durch die Stadt zogen. Miltenberger Wein gelangte nicht nur in das Rhein-Main-Gebiet, sondern auch nach Mittelfranken und Bayern; Regensburg und Landshut werden als Empfänger genannt. Mit dem Niedergang des Weinbaus und der Häcker stieg bezeichnenderweise die Zahl der Kleinstbauern in der Stadt. Noch zwei Berufe sind zu erwähnen: Schiffer und Fischer. Im 18. Jahrhundert ernährte die Schiffahrt[29] auf dem Main und Rhein rund 100 bürgerliche Familien. Auch die Fischer spielten eine nicht zu unterschätzende Rolle. Schiffer und Fischer gehörten gemeinsam zur ältesten und angesehensten Zunft Miltenbergs.

Der Wertheimer[30] Fernhandel konnte mit Miltenberg bald nicht mehr konkurrieren. Trotzdem war Wertheims Wirtschaft durch Markt und Kleinsthandwerk zunächst einmal wichtiger Mittelpunkt der Grafschaft, in der die Stadt faktisch konkurrenzlos war. Wie in Miltenberg spielten in Wertheim Weinbau, Weinhandel und Schiffahrt eine größere Rolle, die sich einigermaßen bis in die Zeit der Industrialisierung behaupten konnte. Wertheim scheint darüber hinaus der einzige bedeutsame Ort überregional absetzbarer Tucherzeugung in dem Gebiet gewesen zu sein. Im ältesten Bürgerbuch erscheinen Tucher, Tuchscherer, Wollenweber, Wollenschläger, Färber und Manger. Die Zunft hatte eine eigene Walkmühle und ein Färbhaus erbaut. Die Wertheimer Tuchhändler sind 1435 auf der Nördlinger Messe, 1452 auf der Frankfurter Messe bezeugt. Auch in der Neuzeit scheint sich diese Wirtschaftsstruktur Wertheims nicht grundsätzlich geändert zu haben[31].

28 Siehe den Beitrag von Wilhelm Otto Keller in diesem Band, ferner DERS., Untersuchungen zum Weinbau und Weinhandel in der Stadt Miltenberg und am südlichen Untermain bis zum Dreißigjährigen Krieg. In: 750 Jahre Stadt Miltenberg 1237–1987. Miltenberg 1987, S. 147–170.

29 Otto BERNINGER, Miltenberg und die Mainschiffahrt. In: ebd., S. 171–196; M. Joseph WIRTH, Chronik der Stadt Miltenberg. Miltenberg 1890 (Neudruck 1987), S. 34, 130.

30 Zum Folgenden besonders Kurt ZIMMERMANN, Obrigkeit, Bürgertum und Wirtschaftsformen im alten Wertheim (Mainfränkische Studien 11), Würzburg 1975; Erich LANGGUTH, Wertheims Geschichte in neuer Sicht. In: 100 Jahre Volksbank Wertheim. Wertheim 1968, S. 23f.

31 Vgl. J. Fr. NEIDHART, Topographisch-statistische Nachrichten von der Stadt Wertheim. Nürnberg 1793; Gustav ROMMEL, Wertheims Handel und Verkehr vor 100 Jahren. In: Jahrbuch des Historischen Vereins Wertheim 1921, S. 37–45.

Lohr[32], wie Wertheim Grafenresidenz – jedenfalls bis zum Aussterben der Grafen von Rieneck 1559 –, ist das am stärksten differenzierte Wirtschaftszentrum unter den rieneckischen Städten (Lohr, Rieneck, Gemünden), und dies obgleich der Nachbarort Sendelbach jenseits des Mains bereits würzburgisch war. Hier gibt es bereits im Mittelalter eine breite Palette von Handwerksberufen; dazu kommt eine ganze Reihe von Mühlen: vier Mehlmühlen, eine Schleifmühle, eine Bohrmühle, eine Walk- und Schlagmühle, eine Lohmühle sowie eine Papiermühle. Ihr Papier trägt als Wasserzeichen das rieneckische Wappen. Auch der Platz der Schiffbauer am Main war für die Lohrer Wirtschaft wichtig. Lohrer Getreidehändler und Bäcker spielten im 16. Jahrhundert im Rahmen der Mainschiffahrt eine beträchtliche Rolle. Als Kornaufkäufer in den würzburgischen Gäulandschaften waren sie berüchtigt und gefürchtet. In den Städten und Märkten des relativ unfruchtbaren und vom Weinbau beherrschten Mainvierecks saßen ihre Aufkäufer[33]. War Lohr schon im Mittelalter administratives Zentrum vieler Glashütten im Spessart, übrigens auch wichtiges Glasabsatzzentrum[34], so entstand hier im 18. Jahrhundert eine staatlich geförderte Spiegelmanufaktur nach französischem Vorbild, die den Glashüttenbetrieb ablöste[35].

Ganz anders steht es mit den übrigen – wesentlich kleineren – Städten des Mainvierecks. Bei den schon angedeuteten Verhältnissen ist in den landesherrlichen Klein- und Kleinststädten[36] keine allzu differenzierte Berufs- und Sozialstruktur zu erwarten. Fast überall spielte offensichtlich zunächst agrarische Nebentätigkeit eine große Rolle, zum Teil noch bis heute. Die Agrarstatistik der Städte um 1810 macht dies deutlich[37].

Wie in Miltenberg und Wertheim hat auch in den meisten anderen Städten des Mainvierecks zwischen Gemünden und Obernburg der Weinbau eine nicht zu unterschätzende Rolle gespielt[38]. In Klingenberg und Stadtprozelten hatte er wegen der

32 Zum Folgenden besonders Georg HÖFLING, Beschreibung der Stadt Lohr im Untermainkreis. Würzburg 1835; Friedrich STEIN, Geschichte der Stadt Lohr am Main, Lohr 1898; Lohr am Main 1333–1983. 650 Jahre Stadtrecht, Lohr 1983. Zur Residenz der Rienecker in Lohr siehe Theodor RUF, Das Inventar über die Fahrende Habe des Grafen Philipp III. von Rieneck in den Schlössern Schönrain, Rieneck, Wildenstein und Lohr (1559) (Mainfränkische Hefte 77) Würzburg 1982.

33 Wilhelm Otto KELLER, Sie furen jerlich vil tausent malter den Main hinab. In: Lohr a. Main 1333–1983 (wie Anm. 32), S. 271–280.

34 Stefan KRIMM, Die mittelalterlichen und frühneuzeitlichen Glashütten im Spessart (Veröffentlichungen des Geschichts- und Kunstvereins Aschaffenburg 18, 1), Aschaffenburg 1982, S. 69 ff., 78 ff., 165 ff.; Wilhelm Otto KELLER, Glastransporte auf dem Main von 1574 bis 1660. In: Claus GRIMM (Hg.), Glück und Glas (wie Anm. 21), S. 227–240.

35 Werner LOIBL, Die kurmainzische Spiegelmanufaktur Lohr am Main in der Zeit von Lothar Franz von Schönborn (1698–1729). In: Glück und Glas (wie Anm. 21), S. 257–288.

36 Zu diesen Städtetypen im südwestdeutschen Raum vgl. Meinrad SCHAAB, Städtlein, Burg-, Amts- und Marktflecken Südwestdeutschlands in Spätmittelalter und früher Neuzeit, in: Emil MEYNEN (Hg.), Zentralität als Problem der mittelalterlichen Stadtgeschichtsforschung. Köln, Wien 1979, S. 219–271.

37 Siehe Anhang.

38 Zum Folgenden KAHLERT, Verbreitung und Rückgang des Weinbaues am Untermain (wie Anm. 18); STÖRMER, Probleme der spätmittelalterlichen Grundherrschaft (wie Anm. 22), S. 118–160, hier bes. 137 ff.; J. Ph. BRONNER, Der Weinbau des Main- und Taubergrundes und der Würzburger Gegend. Heidelberg 1839; Norbert SCHMITT, Der Weinbau in Bürgstadt bis zum Ende des 19. Jahrhunderts. Bürgstadt 1985; zu Klingenberg siehe Heribert NICKLES, Geschichte

außerordentlich geringen Ackerfläche offensichtlich Monopolcharakter, wobei der »Klingenberger Rote« seit langem eine Berühmtheit war. Eindrucksvoll sind die Daten des Zins- und Gültbuchs der Deutschordenskommende Prozelten von 1379[39]: Es verzeichnet für Stadtprozelten fast nur Weinberge. Wie schon am Beispiel Miltenberg sichtbar wurde, brachte der Dreißigjährige Krieg allenthalben tiefgreifende Strukturfolgen. In Freudenberg und Rothenfels kam der Weinbau schon damals offenbar fast völlig zum Erliegen. Im Mittelalter und noch im 16. Jahrhundert konnten die Bürger ihren Wein mehr oder weniger direkt am Main absetzen. Jetzt erfaßte der Weinrückgang weite Wirtschaftsbereiche. Der arbeitsintensive Weinbau litt am Ende des großen Krieges erheblich unter dem akuten Mangel an Arbeitskräften.

Es ginge sicherlich zu weit, diese Kleinstädte schlechthin als Ackerbürgerstädte zu bezeichnen. Dazu fehlte in den meisten Fällen überhaupt die genügend große Agrarflur. In zwei Fällen (Wertheim-Bestenheid und Rothenfels-Bergrothenfels) wurde das unmittelbar benachbarte Dorf an die Stadt ökonomisch und administrativ angeschlossen. Gesellschaftlich blieb eine Trennung aber weitgehend erhalten. Wenn wir von Rieneck im Nordosten und Obernburg im Westen absehen[40], wird man in den seltensten Fällen die Bürger schlechthin als Ackerbürger bezeichnen dürfen, da die meisten nebenberuflich Ackerbau, Viehzucht und Weinbau betrieben, hauptberuflich aber Handwerker waren. Inwieweit nach dem Dreißigjährigen Krieg das Ackerbauareal auf Kosten der verödeten Weinberge ausgeweitet wurde, müßte im einzelnen noch untersucht werden.

Es wäre ein wesentlicher Beitrag zur Berufs- und Sozialstruktur der Städte, wenn einmal die frühen Urbare hinsichtlich dieser Siedlungen systematisch untersucht würden, weil sie Besitz, aber auch Berufsbezeichnungen enthalten. So ist die Aussage des Zins- und Gültregisters von 1379 für die Berufsstruktur der Stadt Prozelten sehr aufschlußreich. Wir finden hier folgende Berufsnamen[41]: *Messersmyde, Senttelsmyt* (Sensenschmied), *Zollnerin* (vgl. den Stadtprozeltener Mainzoll), *Buttener* (Büttner, vgl. den Stadtprozeltener Weinbau), *Meyster, Besener* (Besenmacher?), *Schuhman, Spytelmeyster* (vgl. Deutschordenshospital in der Stadt), *Hyrten* (Stadthirte?), *Schoffmann, Fere* (Mainfähre), *Smyt, Scheffer*. Daneben treten nur zwei Herkunftsnamen auf: *Nuwenbuch* (Ort

von Burg, Stadt und Markung Klingenberg a. Main. Wiss. Zulassungsarbeit Würzburg 1961, S. 58ff. Zu Miltenberg siehe WIRTH, Chronik der Stadt Miltenberg, S. 388ff.; KELLER, Untersuchungen zum Weinbau und Weinhandel (wie Anm. 28); zu Wertheim siehe Friedrich EMLEIN, Bilder aus Wertheims Vergangenheit. Wertheim 1932, S. 127ff.; ZIMMERMANN (wie Anm. 30), S. 98. Zum Weinbau des Spitals Rothenfels siehe Peter KOLB, Die Julius-Spital-Stiftung zu Rothenfels. Würzburg 1985, S. 95ff., 159, 188, 250f. Zu Homburg/Main siehe Lothar HULLER, Wein und Weinbau Homburgs in Geschichte und Gegenwart. In: Homburg am Main. 1200 Jahre Hohenburg, 880 Jahre Kallmuth-Weinbau, 550 Jahre Stadt Homburg, II. Markt Triefenstein 1981, S. 146–179. Huller macht deutlich, daß der Niedergang des Weinbaus durch den Dreißigjährigen Krieg rasch wieder aufgeholt werden konnte. Er verweist aber auch nachdrücklich auf die hohen Betriebskosten des Weinbaus schon im 18. Jahrhundert und auf die sehr intensive Weinbergsarbeit.

39 Karl H. LAMPE, Das Zins- und Gült-Register der Deutschordenskommende Prozelten von 1379 (Veröffentlichungen der Gesellschaft für fränkische Geschichte Reihe X, 6), Würzburg 1965, S. 78–82; vgl. hier ferner S. 46, 60–65, 88.

40 Siehe Statistik im Anhang.

41 LAMPE, Zins- und Gült-Register, S. 78ff.

unmittelbar bei Stadtprozelten) und *Beyer*. Ebenso aufschlußreich sind die Wertheimer Steuerverzeichnisse für Freudenberg in der zweiten Hälfte des 14. Jahrhunderts[42]. Hier finden sich die Berufsnamen *Czimmermann, Glockener* (Glöckner oder Glockengießer?), *Smit, Schuhmacher, Ver* (Mainfähre), *Pfister, Mulner, Visscherin, Bederin* (vgl. Badstube), *Zolner, Snyder*. Herkunftsnamen sind hier *Winterspecher, Ristenhusen* und *Boxolt,* alles Orte in der näheren Umgebung Freudenbergs. Für Freudenberg läßt sich aber auch die Höhe der Steuern mit den Nachbardörfern vergleichen. Hier gibt es keine wesentlichen Unterschiede, erwähnenswert ist jedoch, daß hohe Besteuerung über 250 Pfund zwar in einzelnen Dörfern der Grafschaft Wertheim vorkommt, nicht aber in der Stadt Freudenberg[43].

Wir sehen also, daß die Berufsstruktur zwar ein stärkeres Handwerkertum zeigt, städtische Spezialberufe aber fehlen. Die meisten dieser Handwerkerberufe lassen sich nämlich auch in den umliegenden Dörfern der Deutschordenskommende Prozelten und der Grafschaft Wertheim feststellen, freilich in wesentlich geringerer Zahl. Wahrscheinlich wird man für die meisten dieser kleinen Territorienstädte sagen können, daß sich die Zünfte nicht vor dem 16. Jahrhundert festsetzen konnten[44]. Das gilt selbst für manche lebhafte Kleinzentrale am Main. Gut erforscht ist in dieser Hinsicht lediglich das Städtchen Homburg/Main[45]. Hier beginnt die Zunftentwicklung noch später, zudem sind die Zünfte häufig für den ganzen territorialen Amtsbereich zuständig: 1701 Steinhauer und Maurer, 1703 Leineweber und Tuchmacher (auch für das Amt Remlingen), 1704 Müller und Bäcker, Büttner, Schiffer und Fischer, 1717 Schneider, Schuster, gemischte Zunft der Schreiner, Schmiede, Schlosser und Glaser, immerhin insgesamt acht Zünfte. Leonhard Scherg konnte für Homburg um diese Zeit (1700) aufgrund der günstigen Quellenlage nicht nur die Berufsstruktur des Städtchens (drei Händler, acht Mühlen, drei Schneider, drei Bäcker, drei Häfner, ein Glaser, ein Schmied, ein Leineweber, ein *Dubackhspinner,* kurz darauf auch ein Metzger) feststellen, sondern auch die Vermögensklassen. Nach seiner statistischen Berechnung der Quelle 1700–1703 stehen der kleinen Gruppe der fünf Vermögendsten zwei etwa gleich starke Gruppen von 0 bis 100 fl. mit etwa 48% und 100 bis 500 fl. ebenfalls mit 48% der Steuerpflichtigen gegenüber. Besonders stark konzentrieren sich die Vermögen auf die drei untersten Vermögensklassen (0–300 fl.). Bei den fünf wohlhabendsten Homburgern handelt es sich um Toot, Kauth und Simon (500–600 fl.), Kauth (700–800 fl.) und Haun (900–1 000 fl.); vier davon sind Müller. Noch deutlicher wird die sozial führende Stellung der Müller, nimmt man

42 Alfred FRIESE, Die ältesten Steuerverzeichnisse der Grafschaft Wertheim. In: Wertheimer Jahrbuch 1954, 61.

43 Ebd., passim; STÖRMER, Probleme der spätmittelalterlichen Grundherrschaft (wie Anm. 22), S. 157 ff.

44 Vgl. die Angaben in KEYSER/STOOB, Bayerisches Städtebuch I (wie Anm. 2). Präzise Angaben für das 16. Jahrhundert bei Kurt ZIMMERMANN, Obrigkeit, Bürgertum und Wirtschaftsformen im alten Wertheim, Würzburg 1975, S. 79–102.

45 Zu Homburg siehe Leonhard SCHERG, Ein Jahrhundert Homburger Geschichte. In: Homburg am Main. 1200 Jahre Hohenburg, 880 Jahre Kallmuth-Weinbau, 550 Jahre Stadt Homburg I, Markt Triefenstein 1981, S. 74–83; DERS., Gewerbe und Zünfte. In: ebd. II, S. 130–137.

die nächste Vermögensklasse (400–500 fl.) hinzu, der zwei weitere Müller angehören[46]. Auch in Homburg fällt auf, daß ausgesprochen städtische Spezialstrukturen kaum anzutreffen sind.

Die kleinhandwerkliche und unterbäuerliche Berufsstruktur, die Kleinheit der Territorialstadt, die geringen Entwicklungsmöglichkeiten in territorialen Grenzräumen, aber auch der harte Zugriff des Landesherrn machen deutlich, daß sich hier in den seltensten Fällen eine städtische Führungsschicht bilden konnte. Jahrmarkt und Wochenmarkt sind normalerweise in diesen Gründungsstädten vorhanden, wenigstens seit der Mitte des 14. Jahrhunderts, aber wir hören kaum etwas von bedeutenderen Händlern, so daß – auch angesichts der geringen wirtschaftlichen Zentralfunktion dieser Kleinstädte – angenommen werden darf, daß es hier im wesentlichen nur Kleinhandel gab[47].

Die Entwicklung der Jahrmärkte im Mainviereck ist symptomatisch. Miltenberg, Wertheim und Lohr waren bald führend, während die meist dreimal abgehaltenen Jahrmärkte der übrigen Städte wohl mehr dahinvegetierten. Im Städtchen Wörth ist von Märkten bislang gar nicht die Rede, ob mangels Erforschung oder Bedeutungslosigkeit, mag dahingestellt bleiben. Aufschlußreich sind die Quellenaussagen zu den Klingenberger Marktverhältnissen. Ein Bittschreiben der Stadt an den Kurfürsten 1575 betont[48], daß der Markt bis 1424 bei der Klingenberger Pfarrkirche in Grübingen (Wüstung) stattgefunden habe, 1424 aber zerstört und nach Miltenberg verlegt worden sei, worauf die Stadt 1595 zwei andere Märkte erhielt. Erstaunlich ist aber, daß sich der alte Michaelsmarkt nicht in Klingenberg, sondern mehrere Kilometer mainaufwärts bei der Pfarrkirche im älteren Grübingen befand.

Eine Petition der Klingenberger Bürger an den Mainzer Kurfürsten von 1574 ist für die Marktverhältnisse im 16. Jahrhundert sehr aufschlußreich: *Nachdem es bej uns in Clingenberger Marckung gahr ein geringe Fruchtwachs und wenig Felung hat und wir sampt unsern weib und kleinen Kindern das liebe tecklich Brodt nit andrathen ... und derweill aber bej uns in der Nehe keine Jahr- oder WuchenMarck gehalten werden, dan*

46 Scherg (wie Anm. 45), S. 81. Hier seine Berechnung in 10 Vermögensklassen (S. 81):

0 fl. bis 100 fl.	55 Steuerpflichtige	etwa 48 %
100 fl. bis 200 fl.	30 Steuerpflichtige	etwa 26 %
200 fl. bis 300 fl.	11 Steuerpflichtige	etwa 9 %
300 fl. bis 400 fl.	9 Steuerpflichtige	etwa 8 %
400 fl. bis 500 fl.	6 Steuerpflichtige	etwa 5 %
500 fl. bis 600 fl.	3 Steuerpflichtige	etwa 2 %
600 fl. bis 700 fl.	- Steuerpflichtige	
700 fl. bis 800 fl.	1 Steuerpflichtige	etwa 1 %
800 fl. bis 900 fl.	- Steuerpflichtige	
900 fl. bis 1000 fl.	1 Steuerpflichtige	etwa 1 %

47 Ausnahmen bilden Miltenberg (vgl. Wilhelm Otto Keller, Wirtschaftliche Beziehungen der Abtei Amorbach zur Stadt Miltenberg. In: Friedrich Oswald, Wilhelm Störmer [Hg.], Die Abtei Amorbach im Odenwald. Sigmaringen 1984, S. 229–244), und Wertheim (Zimmermann, Obrigkeit, Bürgertum und Wirtschaftsformen im alten Wertheim, S. 68 ff., 79 ff., 114 ff.). Bezüglich Stadtprozelten, das zumindest im 16. Jahrhundert zwei Jahrmärkte besitzt, siehe Staatsarchiv Würzburg: Mainzer Güterbeschreibungen 69 (1546), 70 (1553); hier auch die Hinweise für Land- und Wasserzoll in Stadtprozelten.

48 Nickles (wie Anm. 38), S. 54 ff. Für die Einsichtnahme in die Arbeit danke ich Herrn Dr. Nickles herzlich.

zu Aschaffenburg – obgleich wohl zu Miltenberg alle Wuchen zween Tag Marck gehalten wurdt, doch keine Zufuhr mit Korn, Brodt und Anderm als Aschaffenburg – und dieweil das durch verordtnete Marckmeister zu Aschaffenburg gantz und gahr nit gestatt oder zugelassen worden … zum andern, dieweill dan unsere Nahrung also schmall und gering, auch wir bej uns kein HandtwercksVolck haben … doch der arme Mann allerHandt Notturfft zu Hauss bedürfftig … und dieweill dan etwan unsern VorEltern zwen JahrMarck bej uns uffzurichten verwilligt worden … doch solches etwan durch Kriegslauff … verhindert worden, bitten wir, … gemelte zwen JahrMärckh gnediglich vergünstigen und erlauben zu wollen: Nämlich einen uff Sant Bonifacij, welcher ohnedas unser Patron in unser altten Kapellen ist, und den andern uff Nicolaj Im Winther gelegen, welche zwen JahrMärck Andern woll ohnnachteillig gehaltten werden können …[49].

Auch wenn hier die Verhältnisse sicher drastischer geschildert wurden, als es der Wirklichkeit entsprach, so hat das Schreiben doch einen relativen Realitätscharakter. Die Jahrmärkte, die schließlich 1595 verliehen wurden, fanden übrigens wiederum *ausser hiesigen Stadtmauern* in der Nähe des Maintorturms ihren Platz. Im 18. Jahrhundert hatte Klingenberg auch Wochenmärkte, zu denen *Verkäufer mit allerhand Eßwaren aus benachbarten Orten zum feilhalten hierher gekommen*, aber sie stagnierten schon im ersten Jahrzehnt des 19. Jahrhunderts. Die amtliche Begründung[50] dafür ist aufschlußreich:

1. *weil der grösste Theil der dahiesigen Einwohner arm ist, mithin keine grosse Bedürfniss hat und sich das benötigte selbst zu verschaffen sucht;*
2. *weil die anderen des Städtgen Klingenberg umgebenden Ortschaften eben auch keine Einrichtung der Art haben, wie jene um eine grosse Stadt, wo der Absatz dann sicher ist;*
3. *weil derlei Produkten in Miltenberg und Kleinheubach theurer* (= besser) *und geschwinder als dahier angebracht werden.*

Bezüglich der Behördenstruktur[51] und der sogenannten städtischen Freiheit mögen einige Hinweise genügen: Es wurde schon davon gesprochen, daß die meisten unserer Klein- und Grenzstädtchen auch Amtsstädtchen waren, also mit einem Amtssitz des Territorialherrn verbunden waren. Dieser Amtssitz wanderte freilich erst in nachmittelalterlicher Zeit von der Burg in die Stadt herunter.

Zwar bildete sich auch in fast allen landesherrlichen Städten ein eigenes Stadtgericht[52] aus, zu dem zwölf Schöffen von den Bürgern gewählt wurden, doch mußten diese nicht nur vom Stadtherrn bestätigt werden, der Amtmann des Stadtherrn war in der Regel auch Vorsitzender des Stadtgerichts. Im Unterschied zu den stauferzeitlichen, meist großzügigen Stadtanlagen sind die späteren Territorialstadtgebilde oft sparsam klein. Sie besitzen zwar häufig ein Spital, das nicht selten vom Stadtherrn unterhalten wird, doch sind die Rathäuser[53] meist nicht viel älter als benachbarte Dorfrathäuser.

49 Ebd., S. 54 (Original: Staatsarchiv Würzburg, L.G. 5380).
50 Ebd., S. 57.
51 Siehe die Statistiken der einzelnen Bände des Historischen Atlas von Bayern, Teil Franken.
52 Siehe die jeweiligen Artikel bei Keyser/Stoob (Hg.), Bayerisches Städtebuch (wie Anm. 2).
53 Eine größere Arbeit über diese wichtigen städtischen Bauten fehlt bislang noch. Siehe zunächst die Bände Lohr, Marktheidenfeld, Miltenberg, Obernburg der Reihe Kunstdenkmäler von Bayern-Unterfranken. Die Entstehungszeit der Rathäuser unserer Städte am Mainviereck läßt sich wie folgt datieren: Lohr 1599, Rothenfels seit 1597, Homburg/Main Ende 17. Jahrhundert,

Zu erörtern ist auch die Frage nach den territorialstaatlichen Zollstätten[54] in diesen kleinurbanen Siedlungen: Von Gemünden bis Aschaffenburg gab es nicht weniger als elf Zollstellen am Main, lediglich Wörth und Obernburg hatten keinen Mainzoll. Der Transport auf dem Main erreichte besonders im März und September während der Frankfurter Frühjahrs- und Herbstmesse eine besondere Steigerung. Erhebung und Verwaltung der Zölle lagen freilich beim jeweiligen Landesherrn, nicht bei der Stadt. Er setzte auch den Zolltarif fest und gab Weisung, wer vom Zoll befreit war. Sieht man von den jeweiligen Zollbeamten ab (Zollschreiber, Beseher, den Zollknechten, die oft Bürger der Stadt waren), lief der Transitzoll ohnehin an der Stadt vorbei. Bestenfalls die Wirte konnten noch an dem Faktum Zoll verdienen.

Trotzdem sollte man die positive Beeinflussung dieser Städtchen am Mainviereck durch die Territorialbehörden nicht unterschätzen. Wiederum darf hier das Beispiel Homburg/Main angeführt werden[55]. Das Amt Homburg, das ursprünglich nur die Orte Homburg und Trennfeld umfaßte, durch die Reformation auch die Orte der Kanonie Triefenstein erhielt, wurde 1612/18 bezüglich seines Amtmannes in Personalunion mit dem Amt Remlingen verbunden. 1687 wurde die Verwaltungseinheit erst perfekt, was sich in der gemeinsamen Rechnung zeigt. Im folgenden Jahr fiel auch noch das Amt Neubrunn an Homburg. Kurz darauf wurde nicht nur das wohl erste Rathaus (mit Schule im gleichen Gebäude) erbaut, sondern auch eine ständige Gaststätte mit Schankgerechtigkeit errichtet – neben den bisherigen vierteljährlich alternierenden Wirtshäusern. Um 1700 entstehen – wohl erstmals – Homburger Zünfte. Am erstaunlichsten aber ist seither der kontinuierliche Anstieg der Bevölkerung in diesem Städtchen.

Die Homburger Bevölkerungsentwicklung nach dem Dreißigjährigen Krieg ist keineswegs ein einmaliger Fall; sie kann in den Städten des mainzischen Oberstifts allgemein – wenn auch nur mit Hilfe von zwei Eckdaten – festgestellt werden: Das ›Verzeichnis aller Stätt, Dörfer und Underthanen sambt dem Schatzungs-Ertrag im Erzstift Mainz anno 1698‹ gibt Personenzahlangaben und Schatzungserträge des endenden 17. Jahrhun-

Wertheim 1565, Stadtprozelten 1520, Freudenberg gotischer Unterbau 1499, Fachwerkgeschoß 1605, Miltenberg spätes 14. Jahrhundert, Klingenberg 1561, Wörth um 1600.

54 Folgende Flußzollstellen befinden sich am Main: Gemünden, Lohr, Kloster Neustadt, Rothenfels, Homburg, Wertheim, Stadtprozelten, Freudenberg, Miltenberg, Klingenberg, Aschaffenburg. Zu den von Wertheim beanspruchten Zollstätten siehe Staatsarchiv Wertheim: Revisions-Libell in Sachen Löwenstein-Wertheim contra Würzburg. 1769, S. 35 (Freudenberg, Hartheim, Wüstenzell, Remlingen, Wertheim). Ansonsten siehe Behördenstatistiken in der Reihe Historischer Atlas von Bayern, Teil Franken: KEYSER/STOOB (Hg.), Bayerisches Städtebuch I (wie Anm. 2), jeweils P. 13c. Zu den Zöllen und den Zollregistern vgl. besonders die verschiedenen Aufsätze von Wilhelm Otto Keller. Zum Verhältnis Territorialstaat – Stadt siehe jetzt Günter CHRIST, Frühneuzeitliche Staatlichkeit im Erzstift Mainz und im Hochstift Würzburg. Ein Vergleich. In: Ferdinand SEIBT (Hg.), Gesellschaftsgeschichte. Festschrift für Karl Bosl zum 80. Geburtstag. Bd. II. München 1988, S. 373–392. Dazu siehe die Einzelstudie von Hatto KALLFELZ, Die Bevölkerung der Kurmainzer Amtsstadt Klingenberg am Main zwischen Mittelalter und Moderne. In: ebd., Bd. I, S. 330–343.

55 Zum Folgenden SCHERG (wie Anm. 45), S. 74 ff.; DERS., Homburg zur Echterzeit (1573–1617). In: 1200 Jahre Homburg am Main (wie Anm. 45), I, S. 58–73; DERS., Noch einmal – Amtleute und Amt Homburg. In: 1200 Jahre Homburg am Main (wie Anm. 45), S. 82–85.

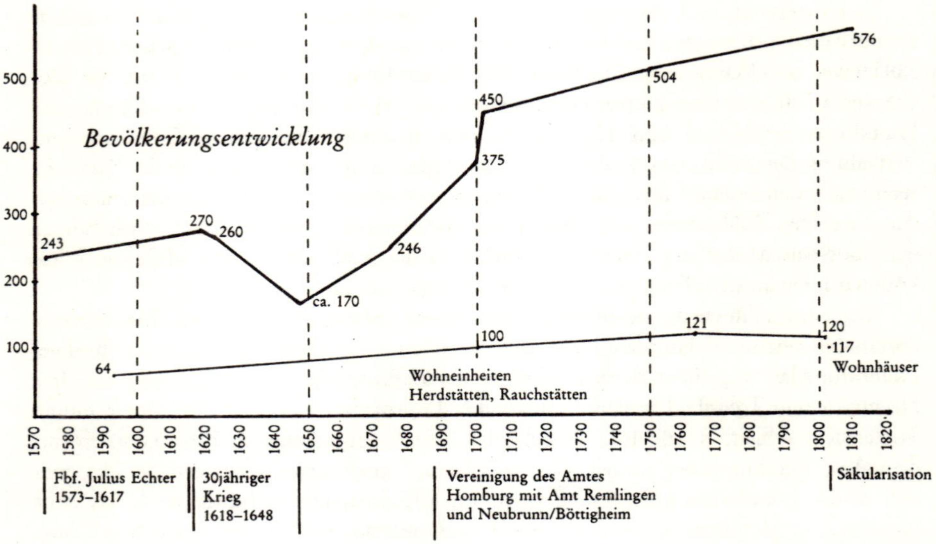

Entwicklung der Bevölkerung und der Wohneinheiten in Homburg/Main von 1570 bis 1803 (aus SCHERG [wie Anm. 55], S. 71).

derts[56]. Sie sollen verglichen werden mit den Statistiken des Dalberg-Staats um 1808/10[57]. Um eine Vorstellung von den Geldmengen zu erhalten, die der Staat 1698 von den einzelnen Städten per Schatzung bekam, wurden die Städte nach der Schatzungshöhe gereiht und sinnvollerweise auch der Vorort des Mainzer Oberstifts, Aschaffenburg, einbezogen. So zweifelhaft es im einzelnen auch sein mag, aus den Schatzungshöhen für die Städte einen Schatzungsdurchschnitt pro Einwohner zu errechnen, wurde dies doch versucht – gewissermaßen als Herausforderung, um nach einer Erklärung zu drängen, weshalb die Einwohner der kleinsten Städte Stadtprozelten und Klingenberg pro Einwohner ebensoviel Schatzung bezahlen mußten wie diejenigen Aschaffenburgs.

Die Städte im Mainviereck nach dem Schatzungsertrag des kurmainzischen »Hebregisters« im Jahre 1698:

Aschaffenburg	491 fl. (bei 1665 Einw. ca. 18 kr pro Einw.)
Miltenberg	308 fl. (bei 1743 Einw. ca. 11 kr pro Einw.)
Lohr am Main	260 fl. (bei 1345 Einw. ca. 12 kr pro Einw.)
Amorbach	145 fl. (bei 1096 Einw. ca. 8 kr pro Einw.)
Klingenberg	134 fl. (bei 419 Einw. ca. 19 kr pro Einw.)
Obernburg	127 fl. (bei 474 Einw. ca. 16 kr pro Einw.)
Wörth	67 fl. (keine Angabe über Einw.)
Stadtprozelten	64 fl. (bei 217 Einw. ca. 18 kr pro Einw.)

56 Ediert bei Alfred SCHRÖCKER, Kurmainzer Finanzen 1698. In: Geschichtliche Landeskunde 9, Wiesbaden 1973, S. 147–189, hier S. 153 ff.
57 Siehe Anhang.

Bei dieser Statistik fallen nicht nur die großen Schatzungs-, sondern auch die beträchtlichen Einwohnerunterschiede auf. Vor allem Stadtprozelten scheint sich nach 50 Jahren noch kaum vom Dreißigjährigen Krieg erholt zu haben, während die Stadt Amorbach[58] im Odenwald mit 1096 Einwohnern bereits an dritter Stelle der Liste steht. Es fällt weiter auf, daß Miltenberg eine größere Einwohnerzahl als Aschaffenburg besitzt, daß aber insgesamt die Städte Aschaffenburg, Miltenberg und Lohr eine annähernd gleich große Einwohnerzahl haben. Nichtsdestoweniger unterscheiden sich die Schatzungssummen der drei Städte beachtlich. Aschaffenburg erbringt annähernd 200 fl. mehr als die größte Stadt Miltenberg, und Lohr erbringt etwa 50 fl. weniger als Miltenberg. Die dahinter stehenden Wirtschaftsfaktoren wären durchaus untersuchenswert.

Die obigen Einwohnerzahlen von 1698 gestatten uns aber im Vergleich mit jenen des beginnenden 19. Jahrhunderts[59] auch gesicherte Angaben über das Bevölkerungswachstum im 18. Jahrhundert. Die folgenden Zahlen geben die Einwohner um 1800 wieder, ebenso die Bevölkerungszunahme in Prozent:

Aschaffenburg	6853 Einw.	Zunahme von 300 %
Miltenberg	2464 Einw.	Zunahme von 45 %
Lohr am Main	2730 Einw.	Zunahme von 110 %
Amorbach	1611 Einw.	Zunahme von 46 %
Klingenberg	614 Einw.	Zunahme von 53 %
Obernburg	1267 Einw.	Zunahme von 150 %
Wörth	752 Einw.	
Stadtprozelten	626 Einw.	Zunahme von 210 %

Die Ergebnisse sind ganz unerwartet und unterschiedlich. Miltenberg, jene Stadt, die bisher eine Vorreiterrolle gespielt hatte, hat nun das geringste Bevölkerungswachstum von nur 45 %. Selbst Amorbach kann eine Einwohnerzunahme von 46 % verzeichnen, Klingenberg schon 53 %, während die Städtchen Obernburg 150 % und Stadtprozelten gar 210 % registrieren – ein beachtlicher Aufschwung. Daß Lohr eine Bevölkerungszunahme von 110 % hat, erscheint angesichts der vielfältigen Handwerksstruktur und der Zentrierung der Glasherstellung und -manufaktur eher als schwaches Wachstum. Die Bevölkerungs›explosion‹ Aschaffenburgs versteht sich aus Verkehrslage und Residenzfunktion.

Das Abschlußbild unserer Städtebetrachtung ist etwa mit dem Ende des Alten Reiches zeitlich zu umschreiben. Der Dalberg-Staat Aschaffenburg hat in wenigen Jahren sehr sorgfältige statistische Erhebungen durchgeführt, die uns außerordentlich nützlich sind, weil sie strukturelle Daten reflektieren lassen. Da der Main weitgehend Grenze dieses neuen Territoriengebildes wurde, ist bedauerlicherweise eine Reihe von Städten nicht aufgenommen, mit denen wir uns bislang befaßt haben: Homburg, Wertheim, Freudenberg, Miltenberg und Wörth; für Homburg und Miltenberg wurden immerhin noch geeignete »Ersatzdaten« gefunden. Um einen »Ausgleich« und weiteren

58 Zu Amorbach in der Neuzeit vgl. Diethard SCHMID, Stadt und Kloster Amorbach in der frühen Neuzeit. In: Friedrich OSWALD/Wilhelm STÖRMER (Hg.), Die Abtei Amorbach im Odenwald. Sigmaringen 1984.

59 Siehe Anhang, ferner die Statistik der betreffenden Bände des Historischen Atlas von Bayern.

Vergleich zu gewinnen, haben wir die Stadt Rieneck an der Sinn, wenige Kilometer nördlich des östlichen Mainviereck-Knies bei Gemünden, aufgenommen[60].

Einwohnerstärkster Ort der Städtegruppe im Dalberg-Staat ist Lohr mit 495 Bürgern und insgesamt 2950 Einwohnern. Lohr ist die Stadt mit dem größten Gemeindegrund und den größten Waldungen im Spessart. Es verwundert nicht, daß diese Stadt auch die meisten Handwerker und Gewerbetreibenden aufzuweisen hat. An Einwohnerzahlen folgt ihr Obernburg mit 1359 Bewohnern, dann Rieneck mit 1112 Einwohnern. Die übrigen Städte Klingenberg, Stadtprozelten und Rothenfels besitzen je rund 650 Einwohner.

Die Statistik 2 von 1810 gibt bereits wichtige demographische Hinweise. Man erkennt, daß die Bevölkerung vergleichsweise jung ist. Durchschnittlich jeder dritte Einwohner ist jünger als 16 Jahre. Die Stadtbevölkerung wächst fast allenthalben. Nur in der Stadt Klingenberg kann die hohe Sterberate nicht ausgeglichen werden – trotz der vielen Geburten. Der Frauenanteil ist etwas höher als der Männeranteil. Bürger, das heißt männliche »Hausväter«, stellen jeweils weniger als ein Fünftel der Gesamtbevölkerung. Auffallend sind auch die Aussagen der Statistik über das Gesinde. Nur in Lohr und Obernburg ist es überhaupt nennenswert. Man wird annehmen dürfen, daß die große Zahl der jungen Ledigen beiderlei Geschlechts wie auch der Kinder ein hinreichendes Arbeitskräftereservoir bietet. Sicherlich fehlen auch jene gesellschaftlichen Gruppen, für die ein eigenes Gesinde verpflichtend ist.

Daß man in würzburgischen und mainzischen Amtsstädten der Neuzeit kaum mehr Juden findet, versteht sich, da sie seit dem Spätmittelalter kaum mehr zugelassen wurden. Trotzdem sitzen um 1800 Juden in einigen Städten, in Rieneck allein 77, in Klingenberg 26 und in Rothenfels 27, die aber allesamt nicht in der Altstadt wohnen, sondern in dem Dorf Burgrothenfels oberhalb der Burg. Vermutlich gehen die Juden in Rieneck noch auf die gräflich rieneckische Zeit und diejenigen in Rothenfels auf die lange Zeit der rothenfelsischen Verpfändungen zurück. Über die Berufe dieser Juden wird nichts gesagt, doch geht man kaum fehl, wenn man die Klingenberger Juden in Zusammenhang mit dem Weinexport bringt.

Auffallend ist die recht unterschiedliche Palette des Handwerks in den verschiedenen Orten. Lohr hat immerhin 214 Handwerksgesellen und Lehrlinge, darunter 40 aus dem sogenannten Ausland. Rund 50 Lehrlinge und Handwerksgesellen haben drei weitere Städte: Obernburg, Rothenfels und Stadtprozelten, während Rieneck und Klingenberg mit nicht mehr als fünf aufwarten können. Versuchen wir zunächst die kleineren Städte unter die Lupe zu nehmen: In Rieneck leben zwar knapp 41 % der Bürger in 18 Berufen des Handwerks und des Handels, die Art der vorherrschenden Berufssparten Maurer, Zimmerer, Weber, Schneider und Schuster verweist jedoch eher auf Wander- beziehungsweise Kleinhandwerker. Rieneck ist noch stark agrarisch bestimmt. Der Weinbau ist mit 15 % der Gesamtanbaufläche bedeutend, doch nicht ausschlaggebend. Schwerpunkt der Wirtschaft ist vielmehr die Viehzucht (vor allem Rinder, Schweine, Schafe). Rothenfels ist dagegen eine ausgesprochene Handwerkerstadt: Handwerk und Handel, von denen 31

60 Siehe Anhang 1–10. Bei der Auswertung der Statistik des Dalberg-Staates hat Herr Christian Lankes M. A., München, wesentlich mitgeholfen.

verschiedene Berufe verzeichnet sind, ernähren 84% der Bürger. Auffällig sind die 23 Büttner, die ein gutes Fünftel der Gewerbetreibenden stellen. Nicht weniger bemerkenswert sind die Spezialhändler für Wein, Mehl, Baustoffe und Glas, die nur hier anzutreffen sind. Weinbau ist nicht mehr vorhanden, auch die Landwirtschaft ist unbedeutend. Im »Burgdorf« Bergrothenfels dagegen leben nur knapp 15% der Bürger von acht Handwerksberufen; die Hälfte davon ist wiederum als Maurer, Steinhauer oder Tüncher tätig. Auch der Weinbau und die Großviehzucht spielen keine Rolle. Ein Indiz für eher ärmliche agrarische Verhältnisse ist die unverhältnismäßig große Zahl von Schafen. Bergrothenfels, das keinen Wald besitzt, muß eine große Menge an Korn (Roggen) einführen. Stadtprozelten ist charakterisiert durch 22 verschiedene Handwerkssparten; 75% der Bürger sind hier in Handwerk, Handel und Transport tätig. Hervorzuheben ist die Mainschiffahrt, in der mit 28 Schiffern, drei Fischern und zwei Schiffbauern beinahe jeder vierte Bürger seinen Lebensunterhalt findet. Die Agrarkomponente verschwindet hier – abgesehen vom Weinbau (9,5% der Gesamtanbaufläche) und der Bienenzucht (27,6% aller Bienenkörbe in den erwähnten Dalbergschen Städten) – fast völlig. Nur wenige Bürger haben neben ihren wichtigen Gärten noch Ackerfläche für einen Zubau.

Noch höher ist der Gewerbeanteil in Klingenberg: Fast 88% der Bürger haben einen Beruf in Handel und Gewerbe. Zugleich ist die Stadt ein Zentrum für den Weinbau mit fast 33% der Gesamtanbaufläche und einem Ertrag von 52%, der auf überdurchschnittliche Lagen hindeutet. Beim Weinexport stellt Klingenberg 60% der Gesamtmenge. Bei der Bedeutung des Weinbaus als Intensivkultur, die alle Pflege und Arbeitszeit benötigt, versteht es sich, daß die gewöhnliche Landwirtschaft (Ackerbau usw.) völlig unbedeutend in dieser Stadt ist. Die Existenz von zwei Bierbrauern zeigt wohl, daß der Wein als ständiger Haustrunk zu kostbar war. Ausdruck eines gewissen Wohlstandes sind zahlreiche Bäcker und Metzger, insgesamt fast 14% der Bürger! Weitere 14% der Bürgerschaft stellen die Schuhmacher, 9% die Fischer.

Relativ ausgeglichen ist die Erwerbsstruktur in Obernburg mit 19 verschiedenen Berufen, in denen fast 39% der Bürger tätig sind. Beachtlich ist auch hier der Weinbau mit immerhin knapp 29% Gesamtanbaufläche der genannten Dalberg-Städte. Vom Weinbau (und Obstbau) leben letztlich auch die elf Küfer unter den Ortshandwerkern. In Obernburg ist auch die normale Landwirtschaft ansehnlich; der Ort ist führend in der Milchviehhaltung, hat aber zudem Schafzucht vorzuweisen.

Wir dürfen nun noch die beiden größten Städte des Untersuchungsgebiets vorführen. In Lohr nehmen Schiffahrt beziehungsweise Flußfischerei und die Handwerkssparten für den Schiffbau einen hohen Stellenwert ein: 22 Schiffer, 55 Fischer, zwölf Schiffbauer, vier sonstige Zimmerleute, drei Seiler und ein Windenmacher bilden zusammen ein Fünftel der Bürgerschaft. Bezeichnenderweise ist in Lohr auch ein »Holländerholzhändler« wohnhaft, der offensichtlich wie die bekannten Frammersbacher Fuhrleute[61] der Umgebung niederländische Werften mit Spessarteichen belieferte. In einem gewissen Zusammenhang mit den Schiffern steht wohl auch das rege Gastge-

61 Vgl. Jakob STRIEDER, Die Frachtfuhrleute aus Frammersbach in Antwerpen. In: Festgabe G. Seeliger zum 60. Geburtstag, dargebracht von R. BEUMANN u. a. Leipzig 1920, S. 160–166; Wolfgang HERBORN, Frammersbacher auf den Antwerpener Messen. In: Helmut JÄGER, Franz

werbe – immerhin fast 9% der Bürger sind Wirte, Branntweiner oder Brauer. Lohr weist eine ganze Reihe von Spezialberufen auf, die nur in diesem Ort vorhanden sind, vor allem Spiegelhersteller (4,2% der Bürger), zwei *Glazierfabrikanten*[62], zwei *Razierhändlr*, einen Uhrmacher, einen Vergolder, einen Knopfmacher, einen Silberschmied, einen Zinngießer und einen Konditor. Insgesamt verfügt Lohr über 63 verschiedene Berufe, die 93% der Bürger ernähren. Entsprechend nimmt die Landwirtschaft einen relativ bescheidenen Platz ein, ist aber quantitativ nicht unbedeutend. Beachtlich ist die Bienenzucht (41,85% aller Körbe), so daß hier ein »Lichterzieher« und zwei Wachszieher leben. Die Imkerei steht wohl in direkter Beziehung zu den großen Waldflächen der Stadt: Nur in Lohr treten Gärtner und »Baumschneider« als Beruf auf. Die Weinbaufläche beträgt fast 14% der Gesamtanbaufläche.

Nur in einer anders gearteten Statistik erfaßbar ist Miltenberg[63], das man daher quantitativ mit den übrigen Städten nicht ganz vergleichen kann. Während Lohr 63 verschiedene Berufe aufweist, verzeichnet die Statistik der Fürsten Leiningen für Miltenberg 49, also etwas weniger, und nennt Handel und Gewerbe als Haupterwerb der Einwohner. Es fällt auf, daß auf der Liste Schiffer und Transporteure fehlen, die doch bislang eine große Rolle im Miltenberger Geschäftsleben spielten. Vielleicht rangieren sie unter den Kauf- und Handelsleuten sowie Holzhändlern und Gastwirten. Miltenberg besaß einen außerordentlich wertvollen und großen Stadtwald (Holländerholz!). Beachtlich ist immerhin noch der Weinbau, der mit 553 Morgen nicht weniger als 86% der Gesamtanbaufläche der bisher untersuchten Städte umfaßt.

Fassen wir die Gewerbestruktur dieser Städte um 1800 noch einmal zusammen, so sind zunächst zwei relativ potente Gewerbestädte festzustellen: Lohr und Miltenberg, wobei letzteres wohl schon im Absinken begriffen ist. Aber auch die übrigen Städte kann man nicht als handwerksarm bezeichnen. Freilich sind nur vier Gewerbe überall präsent: der Schmied als unentbehrlicher Spezialist für vielerlei Metallarbeiten, der Maurer, der immer wieder im Baubereich gebraucht wird, ferner Schneider und Schuhmacher, zwei Handwerke, die auch auf der Stör ausgeübt werden können. Spezialisierung zeigt sich in Lohr (Glas), im Bereich der Schiffahrt (Miltenberg, Stadtprozelten, Lohr) und in der Küferei oder Büttnerei (Stadtrothenfels, Obernburg).

Sehr wichtig erscheint die Statistik der Anbauprodukte[64] in den einzelnen Städten, denn sie zeigt sowohl den Anbau der verschiedenartigen Agrarprodukte als auch den jeweiligen Bedarf. Sie gibt wertvolle Hinweise zur agrarischen Struktur der Stadtgemarkungen und zeigt bisweilen sogar agrarische Absatzmöglichkeiten. Diese detaillierte Statistik ist aber auch deshalb außerordentlich wertvoll, weil sie einerseits Hinweise auf Speise- und Trinkgewohnheiten gibt und andererseits das Einfuhrvolumen erahnen läßt. Sie gibt gemeinsam mit der Viehbestandsstatistik den besten Überblick über den

PETRI, Heinz QUIRIN (Hg.), Civitatum Communitas. Studien zum europäischen Städtewesen. Festschrift Heinz Stoob II, Köln, Wien 1984, S. 832–843.

62 Vgl. Werner LOIBL, Die Kurmainzische Spiegelmanufaktur Lohr am Main. In: Schönere Heimat 75, H. 2 (1986), S. 363–366. Zum Folgenden vgl. auch Dagmar HAAS, Lohrer Handwerk im 16. Jahrhundert. Aufgezeigt am Beispiel der Häfner. In: Ebd., S. 353–356.

63 Anhang 1.

64 Anhang 8.

agrarischen Neben- oder gar Haupterwerb. Am stärksten ausgeprägt ist dieser offensichtlich in Rieneck, das auch den größten Bestand an Ochsen und Kühen hat, dazu noch über 1800 Schafe. Aber auch Obernburg ist stark agrarisch orientiert. In einer Reihe von agrarischen Produkten vermag es sogar den eigenen Bedarf zu decken.

Eine Sonderform bilden die Weinbaustädte, zumindest Klingenberg und Stadtprozelten, in denen die Viehzucht eine geringe Rolle spielt; nur Obernburg vermag beides zu verbinden. Alle drei Städte können immerhin noch Wein exportieren. Aufschlußreich ist auch die Aussage der Statistik über Kapitalien und Schulden der Städte[65]. Schuldenfrei ist lediglich Rieneck, während Klingenberg die höchsten Schulden hat. Geldvorrat haben überhaupt nur Obernburg, Lohr und Stadtprozelten. Überall sind die Schulden höher als die angelegten Kapitalien (Ausnahme: Rieneck). Um diese Statistik sachgemäß zu deuten, müßten freilich weitere Untersuchungen einsetzen, die für diesen Beitrag nicht geleistet werden können. Da die Stadtkammerrechnungen dieser Städte sicherlich weitgehend vorhanden sind, müßten die Ursachen der Schulden, vielleicht auch einer gewissen Schuldenpolitik, zu erhellen sein. Zumindest darf man vermuten, daß die Kriegskosten der napoleonischen Zeit in dieser Kapitalien- und Schuldenstatistik eine erhebliche Rolle spielten.

Noch ein Wort zu den Schulverhältnissen[66]. Jede Stadt hat eine Elementarschule und einen Lehrer, lediglich Lohr verfügt über vier Schulen und Lehrer. Man wird sich diese Schulverhältnisse nicht allzu positiv vorstellen dürfen: nur in einer der Städte existiert ein Gymnasium, nämlich in Miltenberg. Aber dieses Gymnasium wird nicht von der Stadt, sondern von der Kirche getragen. Die Anfänge des Franziskaner-Gymnasiums[67] sind genau festlegbar auf das Jahr 1701; ihm dürfte aber sehr wahrscheinlich eine alte Lateinschule in der Stadt vorausgegangen sein. 1817 wurde das Miltenberger Gymnasium von der Bayerischen Regierung des Untermainkreises aufgelöst, erst 1824 begann wieder eine Kgl. bayerische Lateinschule als lateinische Vorbereitungsschule, und erst 1902 wurde daraus ein Progymnasium.

Wir stehen am Ende unseres Städtevergleichs am Mainviereck. Es scheint, daß sich eine Zusammenfassung erübrigt. Die abschließende Betrachtung der Städte am Ende des Alten Reiches hat gezeigt, daß nach dem Dreißigjährigen Krieg offenbar doch positive Entwicklungen für diese Städte einsetzten. Dabei scheint sich die politische Bereinigung des vielfältigen territorialen Bildes während der frühen Neuzeit fördernd auf die wirtschaftliche Entwicklung der Mainviereckstädte ausgewirkt zu haben. Das 19. Jahrhundert mit seinen neuen Verkehrslinien und -möglichkeiten brachte freilich keinerlei Verbesserung der Wirtschaftslage, eher eine negative Tendenz.

65 Anhang 9.
66 Anhang 1, 4.
67 WIRTH, Chronik der Stadt Miltenberg, S. 234 ff.

Anhang

Nr. 1 Miltenberg 1800

(Fürstlich Leiningensches Archiv Amorbach: Zur Hebung des Landes)

Bevölkerungsstatistik

	Männer	Weiber	Wwen	Söhne	Töchter	Summa
Christen	605	540	53	610	624	2432
Juden	9	8	1	14	18	50
insges.	614	548	54	624	642	2482

Bürgerliche Wohnhäuser: 484
ansässige Familien: 537
Judenschaft: 10 Familien, eine Synagoge

Berufe:

Kauf- und Handelsleute, Frucht- und Holzhändler, Gastwirte, Metzger, Bäcker, Gerber, Schuhmacher, Tuchmacher, Leineweber, Schneider, Maurer, Steinhauer, Zimmerleute, Tüncher, Maler, Schreiner, Schlosser, Schmiede, Wagner, Küfer, Seifensieder, Glaser, Hutmacher, Kürschner, Säckler, Zinngießer, Gürtler, Büttner und Bierbrauer, Spengler, Buchbinder, Häfner, Ziegler, Wachszieher, Schönfärber, Conditor, Sattler, Strumpfweber, Branntweinbrenner, Friseur, Schieferdecker (?), Pumpenmacher, Drechsler, Uhrmacher.

Zünfte:

Krämer-, Schiffer-, Fischer-, Metzger-, Bäcker-, Bauhandwerker-, Bender-, Schneider-, Schuhmacher-, Häcker-, Tuchmacher-, Strumpfmacher-, Balbiererzunft.
Ein Arzt, vier Chirurgici, eine Apotheke.

Schulen:

Zwei Schulhäuser a) für männliche, b) für weibliche Jugend.
Zum Kirchspiel Miltenberg: ein Gymnasium. Das Gymnasium wird von den Professoren im Franziskanerkloster besorgt.

Hospital- und Armenstiftung

Stadtrat: vier Personen.
Sämtliche Einwohner Miltenbergs sind leibesfrei. Die Bürgerschaft ist nur zu allgemeinen Landesfrohnden verpflichtet.

Die Stadt hat eigenes Gewicht, Elle und Maß.

In der Stadt jährlich vier Krämer-, zur Zeit aber noch keine Viehmärkte. Wöchentlich zwei Wochenmärkte (Mittwoch, Samstag).

Miltenberger Gemarkung:

Äcker 488 Morgen
Wiesen 220 Morgen
Gärten 34 Morgen
Weinberge 553 Morgen

Viehbestand:

Rindzugvieh	50 Stück
Pferde	34 Stück

Der Stadt privativ zuständige städtische Waldungen: 6714 Morgen.

In der Stadt und auf deren Gemarkung drei Mahlmühlen, eine Ölmühle, zwei Gipsmühlen, eine Lohmühle.

In Miltenberg ist eine Land- und Wasserzollstelle, deren Ertrag der Herrschaft gehört.

In Miltenberg ernährt sich, außer dem nicht so bedeutenden Acker- und Weinbau, bei weitem der größte Teil der Einwohner durch Handel, *Profession* und andere Gewerbe. Die vorzüglichsten Erzeugnisse in der Gemarkung sind Wein und Holz.

Die Stadt Miltenberg hat noch 5504 fl. an Activ-Capitalien ausstehend. Die von der Stadt wegen des Kriegs contrahierten Gemeindeschulden belaufen sich auf 103 162 fl.

Nr. 2: *Bevölkerung*
HStAM, Abt. II: MA 75021 (1808)

Orte	Zahl der Bürger	Zahl der Weiber	Zahl der Wittiben	Zahl der Ledigen männlich von 1–16 Jahren	Zahl der Ledigen männlich v. 16 bis weiter	Zahl der Ledigen weiblich von 1–16 Jahren	Zahl der Ledigen weiblich v. 16 bis weiter	Anzahl des Gesindes männlich	Anzahl des Gesindes weiblich	Summe aller Summen
Obernburg	269	248	75	180	120	210	175	23	38	1338
Stadtprozelten	136	132	15	106	56	114	67	5	10	641
Stadt Lohr	495	443	120	452	284	463	464	109	111	2941
Rieneck	197	176	39	226	105	227	124	9	9	1112
Rothenfels:										
Stadtrothenfels	126	116	19	130	60	95	92	4	8	650
Bergrothenfels	122	115	18	141	69	89	88	–	–	642
Klingenberg	116	109	14	108	86	112	86	5	15	651

Nr. 3: *Juden*
HStAM, Abt. II: MA 76021 (1808)

Orte	Zahl der Bürger	Zahl der Weiber	Zahl der Wittiben	Zahl der Ledigen männlich von 1–16 Jahren	Zahl der Ledigen männlich v. 16 bis weiter	Zahl der Ledigen weiblich von 1–16 Jahren	Zahl der Ledigen weiblich v. 16 bis weiter	Anzahl des Gesindes männlich	Anzahl des Gesindes weiblich	Summe aller Summen
Obernburg	–	–	–	–	–	–	–	–	–	–
Klingenberg	5	5	1	5	2	6	–	1	1	26
Stadtprozelten	–	–	–	–	–	–	–	–	–	–
Rothenfels:										
Stadtrothenfels	–	–	–	–	–	–	–	–	–	–
Bergrothenfels	3	2	1	5	5	4	6	1	–	27
Stadt Lohr	–	–	–	–	–	–	–	–	–	–
Rieneck	14	13	2	14	10	8	8	4	4	77

Nr. 4:

HStAM, Abt. II: MA 75021 (1808)

Orte	Zahl der kopulierten Ehepaare	Zahl der Getauften			Zahl der Schulkinder		Gehalt der Schullehrer		hat einen eigenen Lehrer
		männl.	weibl.	Summe	männl.	weibl.	fl.	Kr.	
Obernburg	10	30	32	62	119	95	319	15	1
Stadtprozelten	4	13	17	30	72	66	240	–	1
Stadt Lohr	16	44	51	95	204	192	907	5	4
Rieneck	10	25	25	50	80	80	340	15	1
Rothenfels:									
Stadtrothenfels	5	13	15	28	44	41	126	15	1
Bergrothenfels	4	15	9	24	36	25	130	–	1
Klingenberg	5	12	10	22	60	52	250	–	1

Orte	Zahl der Verstorbenen									Summe der Verstorbenen
	Männer	Weiber	Witt-weiber	männlich		weiblich		Gesinde		
				v. 1–16 J.	ab 16 J.	v. 1–16 J.	ab 16 J.	männl.	weibl.	
Obernburg	7	4	4	8	2	5	2	–	–	32
Stadtprozelten	3	2	3	2	1	2	2	–	–	15
Stadt Lohr	16	12	7	18	5	14	6	–	–	78
Rieneck	13	7	4	9	–	10	3	–	–	46
Rothenfels:										
Stadtrothenfels	4	2	–	4	–	5	3	–	–	18
Bergrothenfels	3	2	1	6	1	2	1	–	–	16
Klingenberg	8	5	3	5	3	4	4	–	–	32

Nr. 5 Handwerksgesellen und Gesinde
HStAM Ab. II: MA 75022 (1811)

Orte	Bürger, Beisassen und Permissionisten	Officianten, Handlungscommis und Lehrlinge		Handwerksgesellen und Lehrlinge		Gesinde männlich		Gesinde weiblich		Summe der Gesamt-bevölkerung
		Inländer	Ausländer	Inländer	Ausländer	Inländer	Ausländer	Inländer	Ausländer	
Obernburg	284	–	–	48	8	18	6	40	6	1345
Stadtprozelten	146	–	–	43	3	–	–	57	5	703
Stadt Lohr	508	–	–	174	40	1	9	38	31	2982
Rieneck	219	–	–	–	2	2	2	6	7	1229
Rothenfels:										
Stadtrothenfels	140	–	–	36	18	2	9	18	4	719
Bergrothenfels	92	1	1	5	5	5	1	–	5	550
Klingenberg	113	–	1	1	4	–	3	22	2	684

*Nr. 6: Statistik der Gewerbe**

HStAM, Abt. II: MA 75021 (1808)

* Abkürzungen: g = gut, m = mittel, s = schlecht, Su = Summe

	Obernburg				Klingenberg				Stadtprozelten				Rothenfels: Stadtrothenfels				Rothenfels: Bergrothenfels				Lohr				Rieneck			
	g.	m.	s.	Su.	g.	m.	s.	Su.	g.	m.	s.	Su.	g.	m.	s.	Su.	g.	m.	s.	Su.	g.	m.	s.	Su.	g.	m.	s.	Su.
Bäcker	5	4	2	11	4	4	1	9	4	1	2	7	–	4	3	7	–	–	–	–	7	9	5	21	–	7	–	7
Bender	–	–	–	–	3	1	2	6	1	1	3	5	–	–	–	–	–	–	–	–	–	–	–	–	–	–	–	–
Leinenweber	4	2	2	8	2	–	–	2	1	3	1	5	–	–	2	2	–	–	1	1	–	6	12	18	–	–	–	–
Maurer, Steinhauer, Tüncher	2	5	–	7	4	2	–	6	2	3	4	9	–	9	8	17	–	–	9	9	–	3	10	13	–	7	–	7
Müller	2	–	–	2	–	–	–	–	–	–	–	–	–	1	–	1	–	–	–	–	4	–	–	4	–	5	–	5
Nagelschmiede	2	2	–	4	–	–	–	–	–	1	1	2	–	–	2	2	–	–	–	–	2	–	3	5	–	3	–	3
Schiffer	–	–	–	–	1	–	–	1	12	8	8	28	–	–	–	–	–	–	–	–	9	10	3	22	–	–	–	–
Schmiede	2	–	1	3	2	–	–	2	1	–	–	1	–	–	1	1	–	–	1	1	3	1	4	8	–	4	–	4
Schneider	3	2	2	7	5	1	–	6	–	1	3	4	–	–	3	3	–	–	1	1	–	–	15	15	–	7	–	7
Schreiner	2	1	1	4	5	–	–	5	1	2	1	4	–	–	3	3	–	–	–	–	1	4	6	11	–	3	–	3
Schuhmacher	4	4	2	14	9	7	1	17	2	4	3	9	–	2	5	7	–	–	1	1	2	24	22	48	–	–	–	–
Wagner	2	–	–	2	–	–	–	–	–	–	–	–	–	–	–	–	–	–	2	2	3	–	2	5	–	–	–	–
Ziegler	–	–	–	–	–	–	–	–	–	–	–	–	–	–	1	1	–	–	–	–	2	1	–	3	–	–	–	–
Krämer	–	–	–	–	4	–	–	4	2	3	1	6	1	2	–	3	–	–	–	–	10	–	3	13	–	4	–	4
Fischer und Schiffleute	–	–	–	–	10	–	–	10	–	–	3	3	–	3	3	6	–	–	–	–	6	6	42	55	–	–	–	–
Metzger	3	2	–	5	7	–	–	7	3	–	–	3	–	1	2	3	–	–	–	–	6	7	15	28	–	–	–	–
Küfer	5	4	2	11	–	–	–	–	–	–	–	–	–	–	–	–	–	–	–	–	–	–	–	–	–	–	–	–
Schlosser	1	2	–	3	2	–	–	2	1	1	–	2	–	–	4	4	–	–	–	–	1	2	3	6	–	–	1	1
Hutmacher	1	–	1	2	2	–	1	3	–	–	–	–	–	–	2	2	–	–	–	–	2	1	–	3	–	–	–	–
Gerber	–	–	–	–	–	–	–	–	–	–	–	–	1	–	–	1	–	–	–	–	–	–	–	–	–	–	–	–
Sattler	4	–	–	4	–	–	–	–	–	–	–	–	–	–	1	1	–	–	–	–	–	2	–	2	–	–	–	–

* Abkürzungen: g = gut, m = mittel, s = schlecht, Su = Summe

	Obernburg				Klingenberg				Stadtprozelten				Rothenfels: Stadtrothenfels				Rothenfels: Bergrothenfels				Lohr				Rieneck			
	g.	m.	s.	Su.	g.	m.	s.	Su.	g.	m.	s.	Su.	g.	m.	s.	Su.	g.	m.	s.	Su.	g.	m.	s.	Su.	g.	m.	s.	Su.
Weber	–	–	–	–	–	–	–	–	–	–	–	–	–	–	–	–	–	–	–	–	–	–	–	–	–	–	11	11
Töpfer	–	–	–	–	–	–	–	–	–	–	–	–	–	–	–	–	–	–	–	–	–	–	–	–	–	2	–	2
Apotheker	–	–	–	–	–	–	–	–	–	–	–	–	–	–	1	1	–	–	–	–	1	–	–	1	–	–	–	–
Häfner	–	–	–	–	–	–	–	–	1	–	1	2	–	–	4	4	–	–	–	–	1	4	–	5	–	–	–	–
Gürtler	–	–	–	–	–	–	–	–	–	–	–	–	–	–	1	1	–	–	–	–	–	–	–	–	–	–	–	–
Weinhändler	–	–	–	–	–	–	–	–	–	–	–	–	–	–	2	2	–	–	–	–	–	–	–	–	–	–	–	–
Bretter-, Eisen- u. Holzhändler	–	–	–	–	–	–	–	–	–	–	–	–	–	1	–	1	–	–	–	–	–	–	–	–	–	–	–	–
Melber	–	–	–	–	–	–	–	–	–	–	–	–	–	1	–	1	–	–	–	–	–	–	–	–	–	–	–	–
Glashändler	–	–	–	–	–	–	–	–	–	–	–	–	–	–	1	1	–	–	–	–	–	–	–	–	–	–	–	–
Spiegel-manufakturen	–	–	–	–	–	–	–	–	–	–	–	–	–	–	–	–	–	–	–	–	–	–	21	21	–	–	–	–
Glazier-fabrikanten	–	–	–	–	–	–	–	–	–	–	–	–	–	–	–	–	–	–	–	–	2	–	–	2	–	–	–	–
Chirurgen	–	–	–	–	–	–	–	–	–	–	–	–	–	–	–	–	–	–	–	–	1	–	1	2	–	–	–	–
Holländerholz-händler	–	–	–	–	–	–	–	–	–	–	–	–	–	–	–	–	–	–	–	–	1	–	–	1	–	–	–	–
Razierhändler	–	–	–	–	–	–	–	–	–	–	–	–	–	–	–	–	–	–	–	–	1	–	1	2	–	–	–	–
Conditor	–	–	–	–	–	–	–	–	–	–	–	–	–	–	–	–	–	–	–	–	1	–	–	1	–	–	–	–
Windenmacher	–	–	–	–	–	–	–	–	–	–	–	–	–	–	–	–	–	–	–	–	–	1	–	1	–	–	–	–
Uhrmacher	–	–	–	–	–	–	–	–	–	–	–	–	–	–	–	–	–	–	–	–	–	1	–	1	–	–	–	–
Vergoldner	–	–	–	–	–	–	–	–	–	–	–	–	–	–	–	–	–	–	–	–	1	–	–	1	–	–	–	–
Knopfmacher	–	–	–	–	–	–	–	–	–	–	–	–	–	–	–	–	–	–	–	–	–	1	–	1	–	–	–	–

* Abkürzungen: g = gut, m = mittel, s = schlecht, Su = Summe

	Obernburg				Klingenberg				Stadtprozelten				Rothenfels: Stadtrothenfels				Rothenfels: Bergrothenfels				Lohr				Rieneck			
	g.	m.	s.	Su.	g.	m.	s.	Su.	g.	m.	s.	Su.	g.	m.	s.	Su.	g.	m.	s.	Su.	g.	m.	s.	Su.	g.	m.	s.	Su.
Sailer	2	1	1	4	–	–	–	–	–	–	–	–	–	–	2	2	–	–	–	–	1	–	2	3	–	1	–	1
Spengler	–	1	–	1	–	–	–	–	–	–	–	–	–	–	1	1	–	–	–	–	–	1	–	1	–	–	–	–
Schiffbauer	–	1	–	1	–	–	–	–	–	2	–	2	–	–	–	–	–	–	–	–	3	5	4	12	–	–	–	–
Zimmerleute	2	1	1	4	–	–	–	–	1	–	–	1	–	–	1	1	–	–	1	1	–	–	4	4	–	9	–	9
Seifensieder	–	1	–	1	–	–	–	–	–	–	–	–	–	–	–	–	–	–	–	–	–	–	–	–	–	2	–	2
Wollenweber	1	1	–	2	1	–	–	1	1	2	–	3	–	–	–	–	–	–	–	–	–	3	–	3	–	–	–	–
Glaser	–	–	1	1	3	–	–	3	1	2	–	3	–	–	2	2	–	–	–	–	–	4	3	7	–	2	–	2
Steinhauer	–	2	–	2	–	–	–	–	–	–	1	1	–	–	–	–	–	–	–	–	–	–	–	–	–	–	–	–
Strumpfweber	–	–	–	–	–	–	–	–	–	–	–	–	–	–	–	–	–	–	–	–	–	–	3	3	–	1	–	1
Dreher	2	–	–	2	–	–	–	–	1	–	–	1	–	–	–	–	–	–	–	–	–	–	1	1	–	–	–	–
Säckler	–	–	–	–	–	–	–	–	–	–	–	–	–	–	–	–	–	–	–	–	1	–	2	3	–	–	–	–
Bierbrauer	–	–	–	–	1	1	–	2	–	1	–	1	–	–	1	1	–	–	–	–	3	1	1	5	–	–	–	–
Buchbinder	–	–	–	–	1	–	–	1	–	–	–	–	–	–	–	–	–	–	–	–	–	1	–	1	–	–	–	–
Hanfner	–	–	–	–	–	2	–	2	–	–	–	–	–	–	–	–	–	–	–	–	–	–	–	–	–	–	–	–
Rothgerber	–	–	–	–	4	–	–	4	–	–	–	–	–	–	–	–	–	–	–	–	5	3	2	10	–	–	–	–
Schellger	–	–	–	–	8	–	–	8	–	–	–	–	–	–	–	–	–	–	–	–	–	–	–	–	–	–	–	–
Färber, Manger	–	–	–	–	–	–	–	–	–	–	–	–	–	–	1	1	–	–	–	–	1	–	–	1	–	–	–	–
Tüncher	–	–	–	–	–	1	–	1	–	–	–	–	–	–	–	–	–	–	–	–	–	–	–	–	–	–	–	–
Schuster	–	–	–	–	–	–	–	–	–	–	–	–	–	–	–	–	–	–	–	–	–	–	–	–	–	9	–	9
Büttner	–	–	–	–	–	–	–	–	–	–	–	–	1	10	12	23	–	–	2	2	–	4	7	11	–	2	–	2

* Abkürzungen: g = gut, m = mittel, s = schlecht, Su = Summe

	Obernburg				Klingenberg				Stadtprozelten				Rothenfels: Stadtrothenfels				Rothenfels: Bergrothenfels				Lohr				Rieneck			
	g.	m.	s.	Su.	g.	m.	s.	Su.	g.	m.	s.	Su.	g.	m.	s.	Su.	g.	m.	s.	Su.	g.	m.	s.	Su.	g.	m.	s.	Su.
Zinngießer	–	–	–	–	–	–	–	–	–	–	–	–	–	–	–	–	–	–	–	–	–	–	1	1	–	–	–	–
Lichterzieher	–	–	–	–	–	–	–	–	–	–	–	–	–	–	–	–	–	–	–	–	–	–	1	1	–	–	–	–
Weißgerber	–	–	–	–	–	–	–	–	–	–	–	–	–	–	–	–	–	–	–	–	2	3	3	8	–	–	–	–
Lohmüller	–	–	–	–	–	–	–	–	–	–	–	–	–	–	–	–	–	–	–	–	4	–	–	4	–	–	–	–
Oehlmüller	–	–	–	–	–	–	–	–	–	–	–	–	–	–	–	–	–	–	–	–	1	1	–	2	–	–	–	–
Pförtner	–	–	–	–	–	–	–	–	–	–	–	–	–	–	–	–	–	–	–	–	–	2	–	2	–	–	–	–
Gärtner	–	–	–	–	–	–	–	–	–	–	–	–	–	–	–	–	–	–	–	–	–	–	1	1	–	–	–	–
Wachszieher	–	–	–	–	–	–	–	–	–	–	–	–	–	–	–	–	–	–	–	–	1	–	1	2	–	–	–	–
Baumschneider	–	–	–	–	–	–	–	–	–	–	–	–	–	–	–	–	–	–	–	–	–	–	6	6	–	–	–	–
Gärtler	–	–	–	–	–	–	–	–	–	–	–	–	–	–	–	–	–	–	–	–	–	1	–	1	–	–	–	–
Silberschmied	–	–	–	–	–	–	–	–	–	–	–	–	–	–	–	–	–	–	–	–	–	1	–	1	–	–	–	–
Leinreiter	–	–	–	–	–	–	–	–	–	–	–	–	–	–	–	–	–	–	–	–	–	4	–	4	–	–	–	–
Kaminfeger	–	–	–	–	–	–	–	–	–	–	–	–	–	–	–	–	–	–	–	–	–	1	–	1	–	–	–	–
Scherenschleifer	–	–	–	–	–	–	–	–	–	–	–	–	–	–	–	–	–	–	–	–	–	–	1	1	–	–	–	–
Gastwirt	–	–	–	–	–	–	–	–	–	–	–	–	–	–	–	–	–	–	–	–	8	–	1	9	–	–	–	–
Heckenwirt	–	–	–	–	–	–	–	–	–	–	–	–	–	–	–	–	–	–	–	–	8	7	4	19	–	–	–	–
Branntweinbrenner	–	–	–	–	–	–	–	–	–	–	–	–	–	–	–	–	–	–	–	–	8	3	–	11	–	–	–	–
Glasmacher	–	–	–	–	–	–	–	–	–	–	–	–	–	–	–	–	–	–	–	–	–	–	–	–	–	–	–	–
Eisenschmied	–	–	–	–	–	–	–	–	–	–	–	–	–	–	–	–	–	–	–	–	2	–	–	2	–	–	–	–

Nr. 7 Agrar- und Viehbesitz
HStAM Abt. II: MA 75021 (1808)

Orte	Gärten und Acker			Weinberge			Weiden			Waldungen			Weiher		
	Morgen	Viertel	Ruten	Morgen	Viertel	Ruten	Morgen	Viertel	Ruten	Morgen	Viertel	Ruten	Morgen	Viertel	Ruten
Obernburg	1768	–	–	185	–	30	165	–	30	1854	–	28	–	–	–
Stadtprozelten	59	–	23	60	3	9	25	1	27	1047	2	26	–	–	–
Stadt Lohr	1451	–	1½	88	3	17	1073	1	14½	10061	3	2	1	3	–
Rieneck	757	–	–	96	–	–	319	–	–	4791	–	–	–	–	–
Rothenfels:															
Stadtrothenfels	174	2	9	–	1	–	33	3	–	2600	–	–	–	–	–
Bergrothenfels	600	–	–	1	2	–	250	–	–	–	–	–	–	–	–
Klingenberg	1	2	15	209	1	24	3	–	34	604	–	26	–	–	–

Orte	Pferde Stück	Ochsen Stück	Kühe Stück	Rinder Stück	Schweine Stück	Schafe Stück	Ziegen Stück	Mastvieh Stück	Bienen Körbe
Obernburg	36	91	344	4	223	545	29	19	7
Stadtprozelten	–	5	95	–	87	–	82	5	94
Stadt Lohr	55	74	231	10	253	–	158	3	142
Rieneck	5	123	272	111	264	1872	45	3	44
Rothenfels:									
Stadtrothenfels	–	3	22	4	140	–	39	–	16
Bergrothenfels	–	60	40	15	125	500	30	–	18
Klingenberg	5	–	43	–	35	–	6	–	22

Nr. 8 Anbauprodukte

Anbauprodukte MA 75021 (= 1808)

Orte	Weizen				Korn			
	ist gewachsen	Nothdurft	entbehrlich	erforderlich	ist gewachsen	Nothdurft	entbehrlich	erforderlich
Obernburg	30	30	–	–	470	2448	–	1978
Klingenberg	–	–	–	–	8	968	–	960
Stadtprozelten	18	30	–	12	115	440	–	325
Rothenfels:								
Stadtrothenfels	–	60	–	60	4	1174	–	1700
Bergrothenfels	5	50	–	45	150	890	–	740
Stadt Lohr	21	650	–	629	394	5000	–	4606
Rieneck	3	230	–	227	700	1400	–	700

Orte	Spelz				Gerste			
	ist gewachsen	Nothdurft	entbehrlich	erforderlich	ist gewachsen	Nothdurft	entbehrlich	erforderlich
Obernburg	1700	1000	700	–	450	450	–	–
Klingenberg	7	183	–	176	–	36	–	36
Stadtprozelten	2	10	–	8	3	3	–	–
Rothenfels:								
Stadtrothenfels	–	40	–	40	–	12	–	12
Bergrothenfels	50	62	–	12	1	1	–	–
Stadt Lohr	–	–	–	–	63	800	–	737
Rieneck	–	–	–	–	10	15	–	5

Orte	Hafer				Wicken			
	ist gewachsen	Nothdurft	entbehrlich	erforderlich	ist gewachsen	Nothdurft	entbehrlich	erforderlich
Obernburg	300	320	–	20	20	20	–	–
Klingenberg	–	30½	–	30½	–	–	–	–
Stadtprozelten	1	6	–	5	–	4	–	4
Rothenfels:								
Stadtrothenfels	3	5	–	2	–	–	–	–
Bergrothenfels	50	41	9	2	1	1	–	–
Stadt Lohr	63	600	–	537	12	100	–	88
Rieneck	50	150	–	100	–	10	–	10

Orte	Heidekorn				Erbsen			
	ist gewachsen	Nothdurft	entbehrlich	erforderlich	ist gewachsen	Nothdurft	entbehrlich	erforderlich
Obernburg	–	–	–	–	10	10	–	–
Klingenberg	–	–	–	–	–	30½	–	30½
Stadtprozelten	–	–	–	–	–	6	–	6
Rothenfels:								
Stadtrothenfels	–	–	–	–	–	7	–	7
Bergrothenfels	–	–	–	–	1	1	–	–
Stadt Lohr	–	–	–	–	10	50	–	40
Rieneck	–	50	–	50	–	12	–	12

Orte	Linsen				Bohnen			
	ist gewachsen	Nothdurft	entbehrlich	erforderlich	ist gewachsen	Nothdurft	entbehrlich	erforderlich
Obernburg	10	10	–	–	8	8	–	–
Klingenberg	–	15	–	15	3	45	–	42
Stadtprozelten	–	4	–	4	5	25	–	19
Rothenfels:								
Stadtrothenfels	–	8	–	8	7	7	–	–
Bergrothenfels	2	3	–	1	–	–	–	–
Stadt Lohr	4	50	–	46	–	–	–	–
Rieneck	–	6	–	6	24	24	–	–

Orte	Hirsen				Welschkorn			
	ist gewachsen	Nothdurft	entbehrlich	erforderlich	ist gewachsen	Nothdurft	entbehrlich	erforderlich
Obernburg	–	–	–	–	12	12	–	–
Klingenberg	–	15	–	15	5	117	–	112
Stadtprozelten	–	–	–	–	½	3	–	2½
Rothenfels:								
Stadtrothenfels	–	1	–	1	–	–	–	–
Bergrothenfels	–	–	–	–	–	–	–	–
Stadt Lohr	–	–	–	–	–	–	–	–
Rieneck	–	9	–	9	–	–	–	–

Orte	Langstroh (in Fuder)				Futterstroh (in Fuder)			
	ist gewachsen	Nothdurft	entbehrlich	erforderlich	ist gewachsen	Nothdurft	entbehrlich	erforderlich
Obernburg	225	350	–	125	400	400	–	–
Klingenberg	2½	80	–	77½	1	3	–	2
Stadtprozelten	35	60	–	25	10	20	–	10
Rothenfels:								
Stadtrothenfels	2	34	–	32	2	2	–	–
Bergrothenfels	116	121	–	5	16	25	–	9
Stadt Lohr	172	300	–	128	23	50	–	27
Rieneck	230	260	–	30	30	36	–	6

Orte	Grundbirn (in Malter)*)				Heu (in Zentner)			
	ist gewachsen	Nothdurft	entbehrlich	erforderlich	ist gewachsen	Nothdurft	entbehrlich	erforderlich
Obernburg	10125	8000	2125	–	350	350	–	–
Klingenberg	542	253	292	–	230	158	172	–
Stadtprozelten	120	120	–	–	400	800	–	400
Rothenfels:								
Stadtrothenfels	1300	1660	–	360	150	210	–	60
Bergrothenfels	2540	2540	–	–	700	990	–	290
Stadt Lohr	1518	6000	–	3482	3111	1400	1711	–
Rieneck	5000	4000	1000	–	5000	4650	350	–

*) Grundbirne: = Kartoffel

Orte	Ohmet (in Zentner)				Dörrklee (in Zentner)			
	ist gewachsen	Nothdurft	entbehrlich	erforderlich	ist gewachsen	Nothdurft	entbehrlich	erforderlich
Obernburg	170	170	–	–	1550	1200	350	–
Klingenberg	36	80	–	44	15	30	–	15
Stadtprozelten	50	230	–	180	25	25	–	–
Rothenfels:								
Stadtrothenfels	30	55	–	25	–	–	–	–
Bergrothenfels	290	290	–	–	10	10	–	–
Stadt Lohr	1015	1015	–	–	52	52	–	–
Rieneck	2000	2000	–	–	100	100	–	–

Orte	Sprung (in Malter)				Nüsse (in Malter)			
	ist gewachsen	Nothdurft	entbehrlich	erforderlich	ist gewachsen	Nothdurft	entbehrlich	erforderlich
Obernburg	30	30	–	–	50	25	25	–
Klingenberg	½	½	–	–	5	7	–	–
Stadtprozelten	1	4	–	3	4	3	1	–
Rothenfels:								
Stadtrothenfels	–	–	–	–	–	–	–	–
Bergrothenfels	–	–	–	–	–	–	–	–
Stadt Lohr	–	–	–	–	–	–	–	–
Rieneck	–	–	–	–	–	–	–	–

Orte	Leinsamen (in Malter)				Hanf (in Zentner)			
	ist gewachsen	Nothdurft	entbehrlich	erforderlich	ist gewachsen	Nothdurft	entbehrlich	erforderlich
Obernburg	–	–	–	–	2	12	–	10
Klingenberg	–	–	–	–	–	3	–	3
Stadtprozelten	–	–	–	–	–	10	–	10
Rothenfels:								
Stadtrothenfels	–	–	–	–	–	4	–	4
Bergrothenfels	1	1	–	–	–	–	–	–
Stadt Lohr	4	6	–	2	2	12	–	10
Rieneck	7	7	–	–	10	40	–	30

Orte	Flachs (in Zentner)				Taback (in Zentner)			
	ist gewachsen	Nothdurft	entbehrlich	erforderlich	ist gewachsen	Nothdurft	entbehrlich	erforderlich
Obernburg	–	7	–	7	–	5	–	5
Klingenberg	–	30	–	30	–	1	–	1
Stadtprozelten	–	20	–	20	–	6	–	6
Rothenfels:								
Stadtrothenfels	–	6	–	6	–	4	–	4
Bergrothenfels	–	4	–	4	–	1	–	1
Stadt Lohr	2	15	–	13	–	–	–	–
Rieneck	15	50	–	35	–	16	–	16

Orte	Wein (in Stück) ist gewachsen	Nothdurft	entbehrlich	erforderlich	Obstwein (in Stück) ist gewachsen	Nothdurft	entbehrlich	erforderlich
Obernburg	70	21	49	–	20	10	10	–
Klingenberg	128	18	110	–	9	9	–	–
Stadtprozelten	40	16	24	–	3	3	–	–
Rothenfels:								
Stadtrothenfels	–	25	–	25	5	–	–	2
Bergrothenfels	–	3	–	3	1	1	–	–
Stadt Lohr	2	2	–	–	½	½	–	–
Rieneck	6	48	–	42	1	1	–	–

Nr. 9 *Kapitalien und Schulden*
HStAM Abt. II: MA 75021 (1808)

Orte	Summe d. Geldvorrats			Summe der angelegten Kapitalien			Summe der Gemeindeschulden		
	Gulden	Kr.	Pfennig	Gulden	Kr.	Pfennig	Gulden	Kr.	Pfennig
Obernburg	1403	36	–	3479	48	–	28532	24	–
Stadtprozelten	300	–	–	162	38	–	6010	–	–
Stadt Lohr	437	15	–	8295	35	–	18700	–	–
Rieneck	–	–	–	830	–	–	–	–	–
Rothenfels:									
Stadtrothenfels	–	–	–	2585	–	–	11964	34	–
Bergrothenfels	–	–	–	–	–	–	–	–	–
Klingenberg	–	–	–	67	–	–	28329	13	2

Nr. 10 Homburg/Main

Homburg/Main 1815
(Bayer. Staatsbibliothek München: Sign. 6844 Bd. 23 = Tabelle über die sämtlichen Orte und darin befindlichen Gebäude im Bezirk des kgl. baier. Commissariats Homburg)

Haus-nummern	Kirchen	Wohn-häuser	Scheunen	Gebäudezahl	mit Ziegeln gedeckt
153	1	149	35	185	185

Homburg/Main 1816
(Bayer. Staatsbibliothek München: Sign. 6845 Bd. 23 = Würzburg. Special-Tabellen Bevölkerung)

Familienzahl	Einwohner	kath.	luth.	Juden
147	504(?)	438(?) wohl fälschlich 584 angegeben	3	63

Homburg/Main 1833
(aus: Leonhard SCHERG, Gewerbe und Zünfte. In: 1200 Jahre Homburg am Main, II, S. 133)

Gesamtbevölkerung	Familien	160
	Seelen	695
rein landwirtschaftliche Bevölkerung	Familien	82
	Seelen	324
landwirtschaftliche Bevölkerung mit		
sekundärem Gewerbebetrieb	Familien	20
	Seelen	99
vorherrschendem Gewerbebetrieb	Familien	49
	Seelen	222
Gesellen und Lehrlinge	Familien	–
	Seelen	5
rein gewerbliche Bevölkerung	Familien	7
	Seelen	30
Gesellen und Lehrlinge		–

Gewerbe in Homburg/Main 1813 und 1823
(aus: Scherg, ebd., S. 133)

	1813	1823
Bäcker	2	3
Branntweinbrenner	–	3
Buchbinder	1	–
Büttner	4	4
Fischer	5	–
Schiffer	1	8
Häfner	6	5
Kaufleute und Warenhändler	4	2 Spezereihändler
Viehhändler	4	–
Schmuser	6	–
Kartenmacher	5	–
Korn- und Salzmesser	1	–
Leinweber	7	3
Maurer	8	10
Metzger	1	1
Müller	11	10
Näherin u. Sticker	1	–
Salpetersieder	1	–
Sattler	–	1
Papiermacher	1	–
Schmied		
Hufschmied	2	2
Nagelschmied	1	1
Schneider	3	3
Schreiner	3	3
Schuster	4	4
Wirte	2	2
Ziegler	1	1
Gesamt	85	66
Einwohnerzahl	576	661

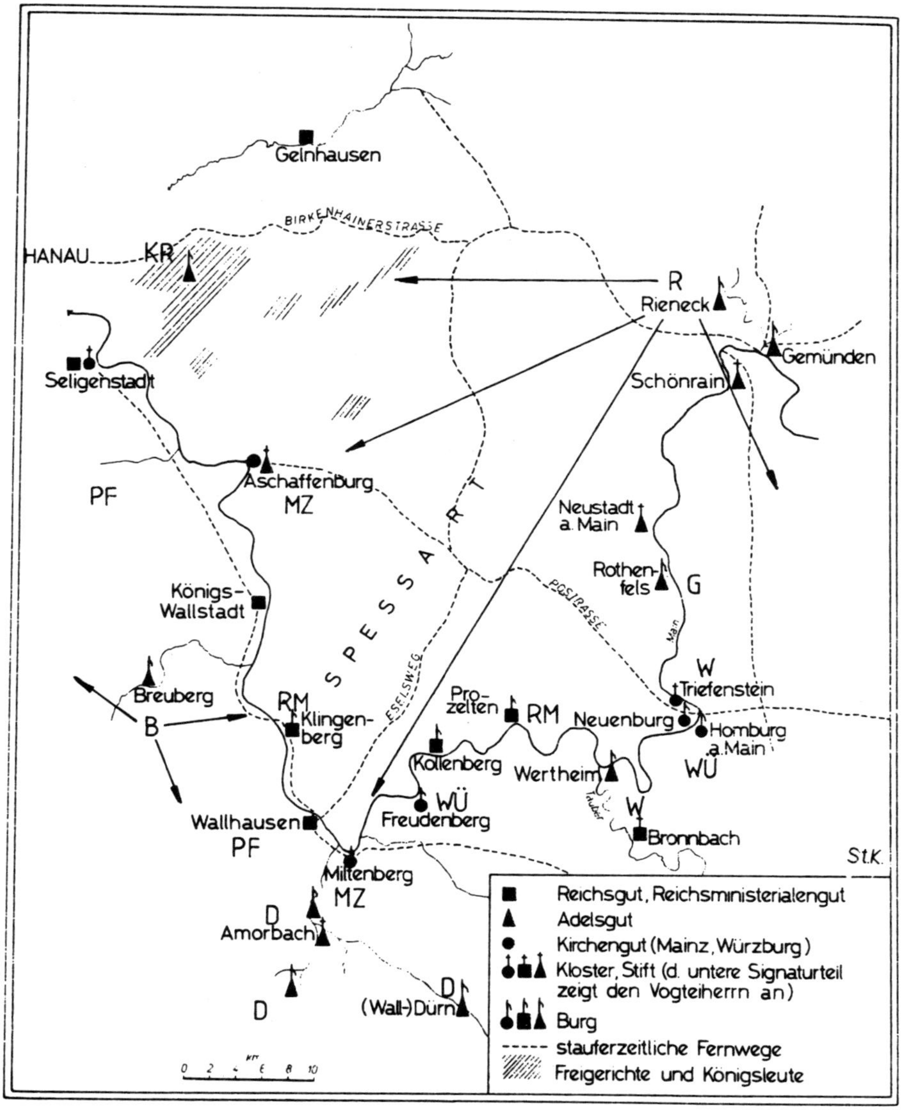

Abb. 1 Die politischen Kräfte im stauferzeitlichen Mainviereck (um 1200)

B = Herren v. Breuberg
D = Herren v. Durne (Dürn)
G = Herren v. Grumbach
KR = Herren v. Kälberau-Rannenberg
MZ = Kurmainz
PF = Pfalzgraf bei Rhein
R = Grafen v. Rieneck
RM = Reichsmin. v. Klingenberg–Schüpf–Prozelten
W = Grafen v. Wertheim
WÜ = Hochstift Würzburg

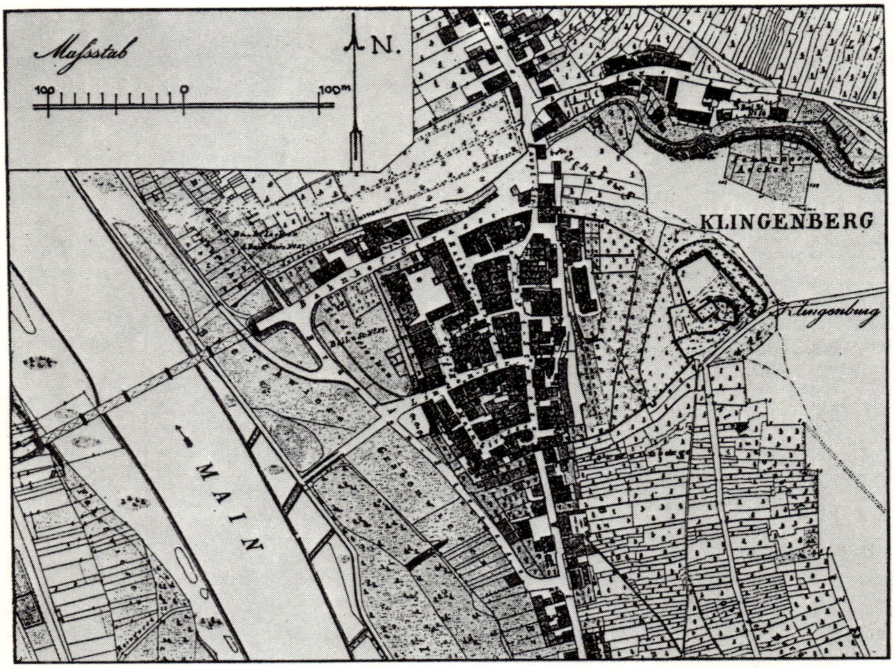

Abb. 2 Klingenberg, Katasterblatt

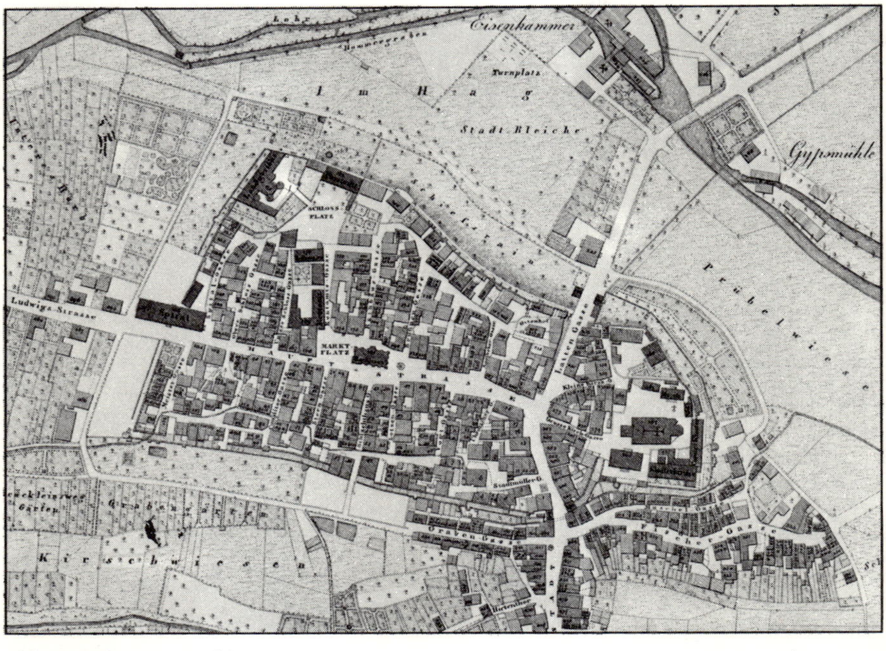

Abb. 3 Lohr, Katasterblatt

Abb. 4 Obernburg, Katasterblatt

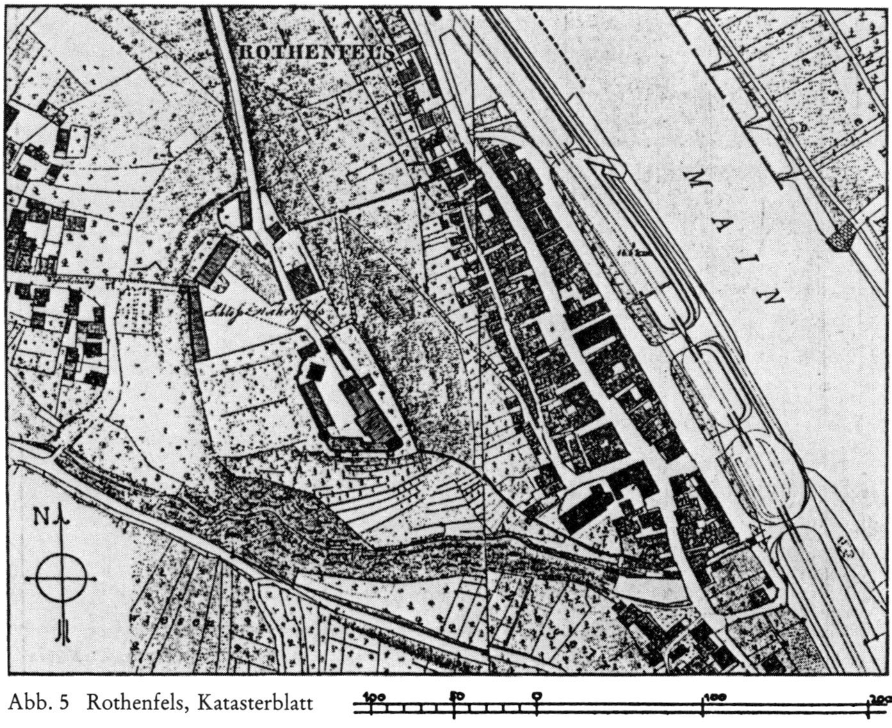

Abb. 5 Rothenfels, Katasterblatt

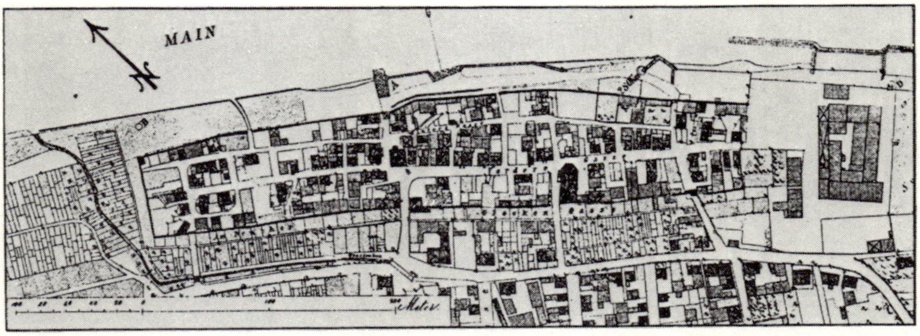

Abb. 6 Wörth, Katasterblatt

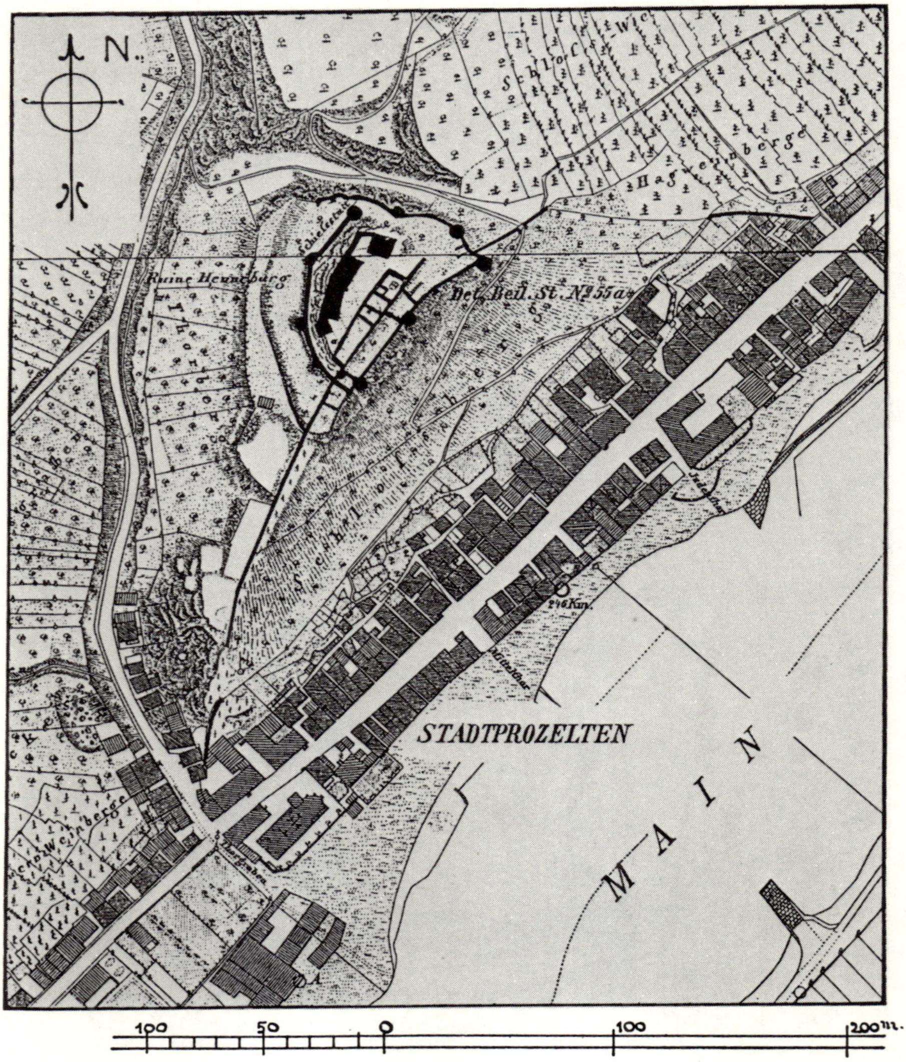

Abb. 7 Stadtprozelten, Katasterblatt

Abb. 8 Homburg/Mainz, Katasterblatt

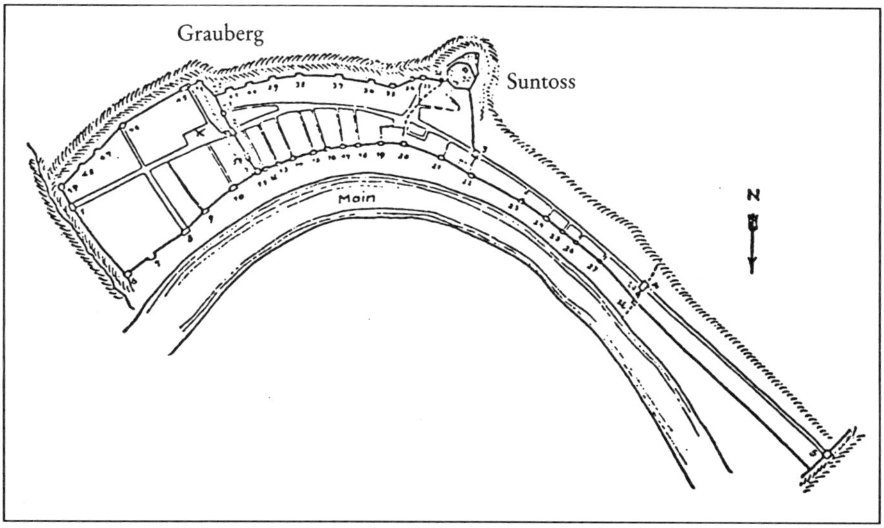

Abb. 9 Stadtgrundriß Miltenberg. Würzburger – Mainzer Tor 1700 Meter. Straßenentfernung 2000 Meter

Lindau und Bregenz

von Karl Heinz Burmeister

Städte, die wie Bregenz und Lindau nur wenige Kilometer voneinander getrennt, beide am Bodensee liegen, zudem etwa gleich groß sind, die gleiche schwäbisch-alemannische Bevölkerung aufweisen, möchte man auf den ersten Blick als Schwesterstädte betrachten. In Wirklichkeit sind sie es nicht, ja zwischen ihnen besteht alles andere als ein »schwesterliches« Verhältnis. Eine zwischen ihnen durch viele Jahrhunderte bestehende Grenze ließ beide Städte nicht nur getrennte Wege gehen, vielmehr noch standen sie häufig bis hin zu Gewaltakten gegeneinander, mag auch dieser Gegensatz zu keiner Zeit zu größeren kriegerischen Auseinandersetzungen eskaliert sein.

Schon in der Römerzeit hatte Bregenz eine Grenz- und Randlage aufzuweisen, die es bis heute behalten hat. Die Grenze zu Lindau hat sich allerdings erst im Laufe des Mittelalters, etwa seit dem 12. Jahrhundert, ausgebildet. Seither wurde sie für die geschichtliche sowie auch für die gegenwärtige Prägung beider Orte von einer ganz wesentlichen Bedeutung, so daß man sich nicht recht vorstellen kann, was aus beiden Orten geworden wäre oder werden würde, wenn diese Grenze einmal weggefallen wäre oder wegfallen sollte. Wiederholt hat es vorübergehend derartige Situationen gegeben: 1803/05, als Lindau österreichisch geworden war, 1806/14, als Lindau und Bregenz gemeinsam bayerisch waren, und zuletzt 1938/45. Diese Zeiten ohne Grenzen waren aber wohl zu kurz, um nachhaltige Änderungen für die eine oder andere Stadt ins Werk zu setzen. Zudem waren die neuen Herren stets darauf bedacht, daß mehr oder weniger starke Verwaltungsgrenzen bestehen blieben, so daß die – offenbar lebensnotwendige – Grenze als solche als Voraussetzung für die getrennte Entwicklung bestehen blieb.

Brigantium war bereits vor der Eroberung durch die Römer im Jahre 15. v. Chr. der politische, wirtschaftliche und kultische Hauptort des keltischen Stammes der Brigantier, deren Siedlungsgebiet auch den heutigen Stadt- und Landkreis Lindau umfaßte. Die Römer entwickelten Bregenz zu einer blühenden Stadt, nach der der Bodensee *Lacus Brigantinus* benannt wurde. Den kulturellen Hochstand unterstreicht eine Inschrift aus Vergils Aeneis aus dem 1./2. Jahrhundert[1]. Lindau dagegen blieb zur Römerzeit eine unbewohnte, bewaldete Insel; römische Funde wurden nur in Aeschach, das heißt auf dem Festland, gemacht, wo wichtige Fernstraßen zusammentrafen.

Im 10. Jahrhundert suchten die Linzgau- und Argengaugrafen in den Ruinen des

1 Johannes Jacobs, Ein Vergilzitat aus Bregenz. In: Jahrbuch des Vorarlberger Landesmuseumsvereins 47 (1910/11), S. 79–81.

Römerkastells in der Bregenzer Oberstadt Schutz vor den Ungarn. Die Burg wurde zur Residenz der Grafen von Bregenz, die schon im 9. Jahrhundert in Lindau das Damenstift begründet und zu ihrem Hauskloster und Erbbegräbnis ausgebaut hatten. Als das Kloster St. Gallen, der einzige Konkurrent im Streben um die Herrschaft über den oberen Bodenseeraum, 946 in Rorschach einen Markt gründete »im Interesse der Rompilger und nach Italien fahrenden Kaufleute«[2], gründeten auch die Grafen von Bregenz einen solchen Markt auf dem anderen Bodenseeufer, und zwar in Aeschach. Die Funktionen eines Hauptortes waren demnach aufgeteilt: die Burg (der politische Mittelpunkt) in Bregenz, der Markt (das wirtschaftliche Zentrum) in Aeschach, das Kloster (das geistliche Herzstück) in Lindau. Im Investiturstreit zerstörte der Abt von St. Gallen 1079 als Anhänger König Heinrichs IV. die Burg und den Markt der päpstlich gesinnten Grafen von Bregenz. Im Zuge des Wiederaufbaus wurde der Markt auf die Insel nach Lindau verlegt. Damit begann der Aufstieg der Stadt, der insbesondere auch durch die wachsende Bedeutung der Paßstraßen nach Italien gefördert wurde. 1092 wird erstmals der Hafen in Fussach erwähnt[3]. Lindau entwickelte sich rasch zu einer blühenden Handelsstadt. Im Vergleich zur Römerzeit hatten sich die Verhältnisse nun vollkommen gewandelt: Bregenz lag abseits der Handelsstraße. Der um 1170 begonnene Ausbau von Bregenz zu einem Markt und einer Stadt im Rechtssinne durch den Pfalzgrafen Hugo von Tübingen erwies sich als ein völliger Fehlschlag, besonders nachdem die Söhne des Pfalzgrafen ihr Herrschaftszentrum von Bregenz nach Feldkirch verlegt und dort eine weitere Stadt gegründet hatten. Der Grund dafür war, daß nach dem Aussterben der Grafen von Bregenz deren Erbe in stark verkleinertem Umfang an die später so genannten Grafen von Montfort gefallen war. Insbesondere war bei diesem Erbstreit Lindau um 1170 in die Hand des Reiches gelangt. Diese Vorgänge führten nicht nur dazu, daß zwischen Lindau und Bregenz erstmals eine Grenze entstand, sondern daß Bregenz zugleich seiner zentralen Funktionen entkleidet wurde und völlig in den Windschatten des Verkehrs geriet, während Lindau und Feldkirch mächtige Handelsstädte wurden. Die Stadt, die ursprünglich einmal dem See den Namen gegeben hatte, versank in völlige Bedeutungslosigkeit. Erst hundert Jahre später führten die Teilungen der Grafen von Montfort dazu, daß Bregenz wieder der Sitz einer kleinen Herrschaft wurde. Wirtschaftlich konnte es sich vor allem durch den Holzhandel über Wasser halten. Die Bedeutung von Bregenz stieg erst wieder, als die Habsburger 1451 die halbe Stadt und Herrschaft an sich gebracht hatten, und ganz besonders, als dann die zweite Hälfte 1523 folgte. Jetzt waren es nicht mehr nur die kleinen Grafen von Montfort-Bregenz oder Montfort-Tettnang, die mit der Reichsstadt Lindau beim Ausbau von deren Territorium in Konflikte gerieten, sondern das mächtige Haus Habsburg. Erst jetzt vermochte Bregenz gegenüber Lindau wieder aufzuholen und sich als Stadt zu profilieren, schließlich sogar als Landeshauptstadt Lindau in vieler Hinsicht zu überflügeln.

Der wunde Punkt im Verhältnis zwischen Bregenz und Lindau war der Markt. Schon die Marktgründung der Grafen von Bregenz war gezielt in Aeschach an einer

2 F. Willi, Geschichte der Stadt Rorschach und das Rorschacher Amtes. Rorschach 1947, S. 66.

3 Adolf Helbok, Regesten von Vorarlberg und Liechtenstein bis zum Jahre 1260. Innsbruck 1920/25, S. 90f. Nr. 195.

Straßenkreuzung erfolgt und nicht auf dem steilen Burgberg in Bregenz, wohin sich bereits die Anlieferung der Waren höchst schwierig gestaltete. Auch nach 1079 entschied man sich für Lindau, obwohl man mit dem Wiederaufbau der Bregenzer Burg auch dort einen Marktplatz hätte errichten können. Schließlich gingen die Söhne des Pfalzgrafen Hugo von Tübingen mit ihrer Neugründung nach Feldkirch. 1330 erteilte Kaiser Ludwig IV. Bregenz ein Privileg für den montäglichen Wochenmarkt[4]. Dieses Privileg war – aus Bregenzer Sicht – zweifellos gegen Lindau gerichtet. Der Lindauer Markt fand am Samstag statt; man suchte offenbar durch die Vorteile eines Nachmarktes den Bregenzer Markt zu beleben[5]. Das Bregenzer Getreidemaß setzte sich um die Mitte des 14. Jahrhunderts in Hofrieden und im Bregenzerwald durch. 1363 finden wir die Landestelle am Bäumle in Lochau mit einem Bregenzer Bürger besetzt[6]: Von hier aus hat Bregenz in den folgenden Jahrhunderten immer wieder versucht, die Vorherrschaft Lindaus auf dem See zu brechen. Somit zeichnen sich im 14. Jahrhundert bereits erste Erfolge einer offensiven Politik der Bregenzer gegenüber Lindau ab.

Im Laufe des 15. Jahrhunderts steigerte sich der Gegensatz zwischen Österreich und den Eidgenossen; wiederholt fielen die Eidgenossen in Vorarlberg ein (1445, 1460). 1458 hatte Lindau *ainen haimlichen verstand* mit den Schweizern gemacht[7], also ein Bündnis geschlossen. Der Versuch des Bregenzers Batt von Schönstein, Lindau 1462 mit 80 Knechten, die heimlich in die Stadt eingeschleust waren, zu nehmen, scheiterte; Schönstein entkam in das Asyl des Damenstiftes. Die anhaltenden Spannungen entluden sich in der Lindauer Mordnacht vom 10. Oktober 1468. Etwa zehn Leute des Herzogs Sigismund, unter ihnen der Bregenzer Büchsenmeister, hatten ein Lindauer Wirtshaus besucht, wo es zu einem Streit kam. Die aufgebrachten Lindauer unter der Führung eines Altbürgermeisters töteten die ganze Gesellschaft[8]. Herzog Sigismund antwortete darauf mit Repressalien. Er ließ den Lindauer Markt für die österreichischen Untertanen sperren. Diese Reaktion läßt deutlich erkennen, wie stark die Ereignisse hier von den wirtschaftlichen Interessen der Stadt Bregenz getragen waren. Der Kaiser stellte sich jedoch auf die Seite der Lindauer und verbot die Behinderung des Marktes. Durch die Vermittlung der Bodenseestädte wurde schließlich der Streit beigelegt. Bereits 1478 schloß Lindau einen Schutzvertrag mit Herzog Sigmund von Tirol, wodurch der Einfluß Österreichs gestärkt wurde[9].

Ungeachtet des Bündnisses mit Österreich hatte Lindau am Ende des Mittelalters den Höhepunkt seiner Entwicklung erreicht. Der Lindauer Reichstag von 1496/97

4 Alois NIEDERSTÄTTER, Quellen zur Geschichte der Stadt Bregenz 1330–1663 (= Fontes rerum Austriacarum, 2. Abt.: Diplomata et acta, 85). Wien 1985, S. 64 f., Nr. 1.

5 Benedikt BILGERI, Bregenz. Geschichte der Stadt. Politik - Verfassung - Wirtschaft. Wien/München 1980, S. 61.

6 BILGERI (wie Anm. 5), S. 61.

7 K. WOLFART (Hg.), Geschichte der Stadt Lindau im Bodensee. Bd. 1/1. Lindau 1909, S. 163.

8 WOLFART (wie Anm. 7), S. 164. Man beachte die zurückhaltende Formulierung dieser Mordtat: »Böhmische Arbeiter, die zu Bregenz im Dienste Siegmunds beschäftigt waren ... wurden von den mißtrauischen Bürgern derart zugerichtet, daß zehn von ihnen nicht mehr aufkamen.«

9 Alois NIEDERSTÄTTER, Kaiser Friedrich III. und Lindau. Untersuchungen zum Beziehungsgeflecht zwischen Reichsstadt und Herrscher in der zweiten Hälfte des 15. Jahrhunderts. Sigmaringen 1986, S. 103.

erscheint als ein äußeres Zeichen dieser Hochblüte der Stadt, die etwa 2300 Einwohner zählte[10] (mit dem festländischen Territorium etwa 5000). Die Kosmographie des Sebastian Münster von 1550 gibt einen guten Eindruck von der Stadt auf dem Höhepunkt ihrer Macht: *In diesr Statt ist ein solche Niderlag von allerley Gewerbehändeln auß allen Landen / daß gemeinlich alle Sambstag auff dem Wochenmarckt mehr dann auß 28. Stätten und Stättlein von 7. 8. 9. und mehr grosser Meil wegs her gewißlich ohn underlaß Leut dahin fahren / darzu auff gemelten Wochenmarckt ob 140. Karzn und Wägen zu dem Thor auß und eyn gehn. Auß Schwaben und Beyern kompt ein mächtig Getrynd / Salz / Kupffer und Eysen dar / das von dannen in das Oberlande und Eydegnoßschafft verführt wirdt. Ab den Andersee / Thurgöw und Hegöw / gehet wöchentlich auff dem Wasser zu Schiff / ohn Habern und Korn / ein grosse Anzahl Wein / die von Stund an danach in das Algöw / Schwaben und auch Beyerland / hinwider verkauft wird. Auß dem Bregenzer Wald/Muntafun/Appenzell/Turthal und Oberland / bringt man trefflich viel Käß und Butter dahin. Ab dem Landt tragen die Nachbawren Obs / Garn und Gespunst zu Marckt / u. ausgenommen andere viel und grosse Kauffmansgüter / auch tägliche Krämeren / so daselbst nicht mit kleinem der Statt Seckel eynkommen von mitnächtigen Landen und Oesterreich/durch Danzig/Leipzig/ Nürmberg/Augsburg/München/in Lombarden / gen Genua / ganz Welschlande / und auch gen Genff und in Franckreich durchgeführt werden / daß es nicht unbillich das Teutsch / oder auch das Schwäbisch Venedig genannt kan seyn. Ihre Grenzen zu Land stossen gegen Morgen an die Herrschaft Bregenz / den Herren von Oesterreich zugehörig / und gegen Mitnacht an die Herrschafften Tetnang und Argen/den Graffen von Montfort zu versprechen / mit welchem sie viel Unruh und Spän von wegen des Forsts / Landmarcken und bevor deß Spittals / so sehr mächtig an Gut und leibeygen Leuten ist / langezeit her gehabt und noch haben*[11]. Demgegenüber hatte Bregenz etwa 1000 Einwohner[12], die selbst großenteils Leibeigene waren. Lindau fehlte damals eigentlich nur eines, nämlich die Geschichte, die mit Bregenz nicht zu vergleichen war. Und so machten sich die Humanisten an grobe Fälschungen, die bis heute für das Lindauer Geschichtsbild maßgeblich sind.

Nicht ohne Neid beobachteten die Lindauer, wie man in Bregenz dem Boden archäologische Funde entriß[13], so beispielsweise um 1517 einen Merkuraltar, der bis nach Augsburg Aufsehen erregt hat. Dieser Stein wanderte, wie manche andere auch, nach Lindau, um dort für die römische Vergangenheit der Stadt Zeugnis zu geben. Der Lindauer Arzt, Historiker und Humanist Achilles Pirmin Gasser schuf eine römische Tradition für Lindau. Seine Argumentation war einfach: Da ist zum ersten die Beobachtung, daß die Wehrtürme die einzigen Zeugnisse antiker Vergangenheit im

10 K. WOLFART (wie Anm. 7), Bd. 1/1, S. 247.

11 Sebastian MÜNSTER, Kosmographey, Basel 1550. Zitiert nach der Ausgabe Basel 1628, S. 941.

12 Kurt KLEIN, Die Bevölkerung Vorarlbergs vom Beginn des 16. bis zur Mitte des 18. Jahrhunderts. In: Montfort 21 (1969), S. 59–90 (hier S. 71).

13 Karl Heinz BURMEISTER, Die Erforschung der Römerzeit am Bodensee bei den Humanisten. In: Brigantium im Spiegel Roms. Hg. v. Karl Heinz BURMEISTER und Emmerich GMEINER. Dornbirn 1987, S. 150–162 (hier S. 152f.).

Bodenseeraum sind. Da ist zweitens der berühmte Heidenturm in Lindau. *Die Römer,* schreibt Gasser, *haben diese Insel umb Kaysers Augusti Zeiten, nachdem sie die Rhetos bezwungen, wider die Vindelicos und Bojos als ein Bollwerk und Fluchthauß eingenommen, bewohnt und besetzt. Denn es steht noch ein mächtiger starker alter Thurm von eytel Kißlingquadraten auffgeführt zuförderst beim Byrgthor, da man allein zu Fuß in die Stadt kommen mag, die Heydenmauer genannt, welche Anzeigung gibt, daß ein solches ein römischer Oberster, ohn zweyfel Tyberius Nero, und nicht das Landvolk damalen gebawen haben*[14].

Gasser zögert nicht, in Tiberius den Erbauer der Heidenmauer zu sehen. Denn natürlich hat Gasser seinen Strabo gelesen, der über den Bodensee schreibt: »Es hat auch eine Insel, welche Tiberius im Seekampf gegen die Vindeliker als Stützpunkt benutzte«[15]. Für den Lokalhistoriker Gasser konnte mit dieser Insel nur Lindau gemeint sein, nicht etwa die Mainau oder die Reichenau, die keine »Heidenmauer« aufwiesen. Konnte es für ihn überhaupt einen schöneren Beleg als die Heidenmauer geben, um nachzuweisen, daß Strabo auf Lindau anspielt? Gasser griff aber noch zu plumperen Fälschungen. Er überlieferte die Inschrift eines Lindauer Römersteins, eines Altars *Diis Maximis Bacho et Somno, humanae vitae svavissimis conservatoribus sacrum*[16]. Der Stein war also den obersten Göttern Bachus und Somnus, den Göttern des Weins und des Schlafes, gewidmet, den angenehmsten Erhaltern des menschlichen Lebens. Jeder, der Gasser kennt, vermag auf Anhieb die Fälschung zu erkennen. Noch in unserem Jahrhundert aber diskutierte man ernsthaft die Echtheit dieser Inschrift, und die Heidenmauer wird immer noch durch eine Inschrift als Römerturm ausgewiesen. Es fällt den Lindauern bis heute schwer, in der Frage der römischen Vergangenheit hinter Bregenz zurückzustehen[17].

Zum Zeitpunkt des endgültigen Übergangs von Bregenz an Österreich 1523 begann in Lindau die Reformation, für die sich die Bürgerschaft 1525 entschied. Auch in Vorarlberg hatte die Reformation damals viele Anhänger, besonders in Bludenz und Feldkirch, nicht aber in Bregenz[18]. Die Glaubensfrage wurde in Hinkunft zu einem weiteren starken Element der Abgrenzung zwischen Bregenz und Lindau. Die These läßt sich nicht von der Hand weisen, daß Bregenz mit voller Absicht am alten Glauben festhielt, um einmal in der Gunst des Landesfürsten zu steigen, zum andern sich auch gegenüber Lindau stärker abzugrenzen. Zwei Bregenzer Geistliche, Sigmund Rötlin und Johannes Mock, mußten schon 1525 ins Exil nach Lindau gehen, wo sie als Pfarrhelfer tätig blieben. Geradezu herausfordernd hielt man in Bregenz an der traditionellen Bittprozession am Tage vor Himmelfahrt fest, die von Bregenz in die Lindauer Stiftskirche führte. Lindau verbot 1527 diese Prozession. Um so größer war

14 Achilles Pirmin GASSER in: Sebastian MÜNSTER, Kosmographey. Basel 1628, S. 941.
15 Ernst HOWALD und Ernst MEYER, Die Römische Schweiz. Zürich 1940, S. 59.
16 WOLFART (wie Anm. 7), Bd. 2, S. 195.
17 Zuletzt wurde die These vom römischen Lindau von Norbert JACQUES in Merian 2 (1950), 8. Heft, S. 67 f., vertreten.
18 Karl Heinz BURMEISTER, Reformation in Vorarlberg – eine Fehlanzeige? In: Evangelisch in Vorarlberg. Festschrift zum Gemeindejubiläum. Bregenz 1987, S. 11–15 (besonders S. 15).

die Herausforderung, als die Bregenzer im Schmalkaldischen Krieg diese Prozession wieder aufnahmen[19].

Hatte schon 1525 Zwingli eine Allianz der Eidgenossen mit Lindau gegen Österreich ins Auge gefaßt, so kam es während des Schmalkaldischen Krieges fast zu einer militärischen Konfrontation. Im Sommer 1546 sammelten sich die katholischen Landsknechte an der Bregenzer Klause[20], die protestantischen in Lindau, unter anderem auch viele Schweizer[21]. In Lindau suchten sich Bregenzer Landsknechte schon 1546 die Häuser aus, in denen sie als »Besatzer« von Lindau residieren wollten[22]. In den Gasthäusern kam es wieder zu Reibereien. Der direkte militärische Zusammenstoß blieb jedoch aus. Lindau unterwarf sich am 7. Februar 1547 und entging damit dem Schicksal von Konstanz, das seine Reichsfreiheit verlor und rekatholisiert wurde.

Bregenz nützte die Lage, um sich 1548 neuerlich ein Marktprivileg zu verschaffen[23]. Der Markt wurde vom Montag auf den Freitag verlegt. Zugleich erging der Befehl an die Einwohner der Gerichte Dornbirn, Höchst-Fußach, Ems und Lustenau, ausländische Märkte zu meiden und Garn, Flachs sowie Kaufmannswaren nur in Bregenz anzubieten. Die Grenze wird hier ganz in den Dienst der Bregenzer Handelspolitik gestellt. Die Auswirkungen für Bregenz entsprachen aber wohl doch nicht den Erwartungen. Denn schon 1568 verlegte man den Bregenzer Markt wieder vom Freitag auf den Montag.

Wenige Jahre später unternahm Bregenz einen neuen Vorstoß gegen Lindau, ohne damit aber zunächst wieder erfolgreich zu sein. Österreich hatte 1572 den Salzhandel reorganisiert. Auf Kosten des Saumverkehrs über den Arlberg wurde das Salz in Fässern und Wagen von Hall in Tirol über den Fernpaß nach Lindau geführt; Lindau wurde der Hauptstapelplatz. Dagegen traten die Bregenzer 1573 mit der Forderung auf, die Wagen über Weiler und Kennelbach nach Bregenz zu führen und somit von Lindau ganz abzulenken[24]. Auch ein anderer Plan, nämlich der Ausbau der Arlbergstraße, wurde vorerst nicht verwirklicht. Es bürgerte sich die Praxis ein, daß das Salz, das vor allem in die Schweiz weitertransportiert wurde, zwischen Bregenz und Lindau so aufgeteilt wurde, daß Lindauer Schiffe in die protestantischen Kantone, Bregenzer Schiffe in die katholischen Kantone lieferten[25]. Eine gegen Lindau gerichtete Resolution der Vorarlberger Landstände, in deren Direktorium Bregenz saß, verlangte 1651, daß österreichisches Salz nur auf österreichischen Straßen geführt werde[26]. Wir kommen auf diese Straßenpolitik später noch einmal zurück.

Hatten die Bregenzer in der Frage des Salzhandels zunächst nur mäßigen Erfolg, so gelang ihnen 1649 mit der Errichtung des Kornmarktes ein durchschlagender Erfolg

19 Benedikt Bilgeri, Geschichte Vorarlbergs, Bd. 3, Wien/Köln/Graz 1977, S. 31.
20 Bilgeri (wie Anm. 19), Bd. 3, S. 85.
21 Wolfart (wie Anm. 7), Bd. 1/1, S. 355.
22 Karl Heinz Burmeister, Geschichte Vorarlbergs, 2. Aufl., Wien 1983, S. 115.
23 Bilgeri (wie Anm. 19), Bd. 3, S. 302.
24 Bilgeri (wie Anm. 19), Bd. 3, S. 303.
25 Karl Heinz Burmeister, Geschichte der Bodenseeschiffahrt bis zum Beginn des 19. Jahrhunderts. In: Schriften des Vereins für Geschichte des Bodensees 99/100 (1981/82), S. 165–188 (hier S. 169).
26 Bilgeri (wie Anm. 19), Bd. 3, S. 332.

gegen Lindau[27]. Oberschwaben war seit jeher die Kornkammer der Alpenländer. Bregenz errichtete nun 1649 einen Kornmarkt, um die Lindauer Konkurrenz zu meistern. Die Kornmarktordnung von 1650 verbot den Bregenzer Kornhändlern, Korn in Lindau einzukaufen. Das Korn wurde jetzt nur mehr aus dem Hafen Überlingen bezogen; es stammte aus Waldsee, der Landvogtei Schwaben, der Grafschaft Tettnang, den österreichischen Donaustädten, Biberach und Memmingen. Abnehmer waren vor allem das Schweizer Rheintal, Graubünden und Glarus. Für den Transport werden vier große Schiffe angeschafft und der Hafendamm wiederhergestellt. 1652 wurde die Kornmarktordnung dahingehend ergänzt, daß die Bregenzer Kornhändler in Lindau auch kein Korn mehr verkaufen durften, weil dadurch der Bregenzer Kornmarkt geschwächt würde[28]. Zu einer Reihe weiterer Maßnahmen gegen den Lindauer Wochenmarkt gehörte auch die Tatsache, daß Bregenz 1654 die Durchfuhr von Heu, Stroh und Wein nach Lindau mit einem neuen Zoll belegte.

Das merkantilistische Denken führte immer mehr zu Überlegungen, den Lindauer Markt »abzustricken«. Ein behördliches Gutachten, das 1749 in Bregenz verfaßt wurde, beschwert sich, daß die österreichischen Untertanen, die vor der Bregenzer Klause wohnen, ausnahmslos ihre Holzwaren (Bretter, Dielen, Latten) *in die benachbahrte Reichs Statt Lindau verführen, allda auf den marckt stellen, folglichen vor allem Schweizer und Reichsuntertanen, die nur deswegen den Lindauer Markt besuchen, die Waren an sich ziehen und diesen dadurch zum Schaden von Bregenz fördern.* Dazu komme, daß die österreichischen Verkäufer nicht nur in Lindau *ihr gelt bey denen würthen, beckhen und Weinschenkhen verzöhren,* sondern sich dort auch noch mit Früchten, Wein, Handwerksarbeiten und anderem eindecken, womit sie *dem aigenen vaterlandt das lehre nachsehen zurücklassen, ohnerachten in diesem solche handelschafften eben so leicht, wo nicht leichter getrieben werden könnten*[29].

Im 18. Jahrhundert gelangten mehr und mehr auch die Forderungen der Bregenzer im Straßenbau zum Durchbruch. So wurde 1694/1712 die Straße von Wangen über Wigratz nach Bregenz gebaut. 1733 griff man den Plan der Arlbergstraße wieder auf; sie wurde 1792 eröffnet. 1766 erbaute man die Straße von Weiler nach Bregenz[30]. Bregenz sollte zu einer Drehscheibe des Verkehrs werden. In allen diesen Projekten ging es darum, Lindau zu *praeteriren,* also zu umgehen. Das gesamte *Negotium deren von Holland, Niederland und Elsaß kommenden Kaufmannwaren* über Radolfzell und Konstanz »zum Bäumle«, der österreichischen Landestelle in Lochau, sollte über Weiler nach Tirol geleitet werden. Dazu sollte das Lindauer Speditionsgeschäft ganz nach Bregenz verlegt werden. Man hoffte, heißt es 1766, *Lindau sehr stark zu beseitigen.* Vor allem hoffte man jetzt, den Salztransport weitgehend nach Bregenz verlagern zu können. Die Lindauer reagierten, indem sie die neue Straße als lebensgefährlich verschrien.

Bregenz war seit 1750 Sitz eines Oberamtes für ganz Vorarlberg und damit

27 Bilgeri (wie Anm. 19), Bd. 3, S. 196.
28 Bilgeri (wie Anm. 5), S. 310f.
29 Vorarlberger Landesarchiv, Kreis- und Oberamt Bregenz 210, Punkt 21.
30 Michael Raich, Bregenz Straßenpolitik im 17. und 18. Jahrhundert. In: Schriften des Vereins für Geschichte des Bodensees 58 (1930), S. 43–77.

Hauptstadt geworden. Die Beamten unterstützten die Politik der Stadt Bregenz, während man in Feldkirch und in den Gerichten des Rheintals traditionsgemäß auf Lindauer Seite stand. Wo käme man hin, äußerte 1766 ein Schreiben des Bregenzer Oberamtes, *wenn jedes kleine, in seinen Ringmauern eingeschränkte Reichsstädtle dem kgl. Erzhaus Gesetze vorschreiben will, wie und wo allerhöchst selbes in seinen Erblanden die Straßen anlegen und das Commercium leiten solle*[31]. Lindau hatte gedroht, künftig Waren aus Genua und Mailand durch die Schweiz zu befördern. *Bei solcher Widersetzlichkeit und Gehässigkeit gegen Bregenz wäre es am Platz, daß von allen aus Lindau kommenden oder dahin gehenden Gütern bei den österreichischen Zollstätten der doppelte Zoll bezogen würde. Das aber würde Lindau ohnausweichlich alle Spedition nehmen und auf Bregenz leiten ...*[32]. Zunehmend wurde Lindau von österreichischen Zollstätten eingekreist. 1755 war Wasserburg österreichisch geworden, 1780 wurden auch Langenargen und Tettnang österreichisch.

Umstritten waren die Rechtsverhältnisse auf dem See. Gegenüber der österreichischen Theorie einer Oberherrschaft über den See hatte Lindau frühzeitig die Kondominiumstheorie vertreten.

Die damalige Diskussion über die Straßen ließ im Oberamt Bregenz auch den Plan reifen, den Mailänder Boten nach Bregenz zu verlegen. Der seit etwa 1530 bezeugte Mailänder Bote, in Mailand *messagiero di Lindó* genannt, hatte seinen Sitz seit jeher in Fussach[33]. Er brachte, in den Lindauer Stadtfarben gekleidet, Briefe und Pakete sowie Reisende in etwa 5½ Tagen von Lindau nach Mailand. Die Route führte mit dem Schiff von Lindau nach Fussach, dann auf dem Landwege weiter über die Luzisteig nach Chur, von dort über die Via mala und den Splügen zum Comersee und nach Mailand. Österreich forderte 1771, daß der Mailänder Bote künftig seinen Sitz in Bregenz nehmen sollte und nur in Bregenz Verbürgerte zu Boten bestellt werden sollten[34]. Ein Bregenzer Jagschiff lauerte dem Boten bei Fußach auf, so daß die Lindauer gezwungen waren, ihn nach Rheineck umzuleiten und durch ein Jagschiff beschützen zu lassen. Einmal mehr geriet man an den Rand einer militärischen Konfrontation, da die Jagschiffe bewaffnet waren. Durch Vermittlung Mailands, das damals österreichisch war, fand man 1774 einen Kompromiß. Der Lindauer Bote wurde dem Oberpostamt Mailand unterstellt und auch in Bregenz vereidigt. Er durfte wieder über Fussach gehen, von dort mußte er jedoch die neue Straße nach Bregenz und Feldkirch benutzen; die alte Straße entlang des Rheins wurde aufgegeben. Zunehmend gingen Lindauer dazu über, Waren durch die Schweiz nach Süden zu transportieren. 1780 wurde auf Grund einer Vereinbarung mit Lindau eine neue Straße durch das Ried gebaut.

In den gegenseitigen Vorwürfen kommt seit dem frühen 16. Jahrhundert immer wieder der Begriff *sich nachbarlich zu verhalten* vor[35]. So verspricht Lindau 1534, als die Vorgänge um Philipp von Hessen eine Kriegsgefahr heraufbeschwören, es wolle sich nachbarlich halten. Es fehlt denn auch nicht an Belegen für die gute Nachbarschaft.

31 Raich (wie Anm. 30), S. 70.
32 Raich (wie Anm. 30), S. 71.
33 Bilgeri (wie Anm. 19), Bd. 3, S. 139.
34 Benedikt Bilgeri, Geschichte Vorarlbergs, Bd. 4, Wien/Köln/Graz 1982, S. 255.
35 Bilgeri (wie Anm. 19), Bd. 3, S. 325.

1688 stand Lindau sogar in der sogenannten Mutuell-Defension in einem Verteidigungsbündnis mit Österreich[36].

Nachbarschaftshilfe gab es immer wieder bei Großbränden, so etwa bei dem Brand von Bregenz 1581: *Ihnen* (den Bregenzern) *zu stattlicher Hilf hat man in der Nacht im Jagd- und Botenschiff Feuerleitern, Feuerhacken, Feuerkübel mit stattlicher Menge der Bürgerschaft hinüber zu großen Lucken* (Hafenausfahrt) *hinausgelassen. Auch ist ihnen eine große Anzahl unseres und ander Landvolk zu helfen zu Fuß hinübergelaufen. Auch hat man ihnen von allen unseren Brotbecken, so viel man Brot gehabt, mögen hinüber geschickt. Und haben meine Herren solches alles bezahlt, hat gemeiner Stadt Kosten und Schaden bracht so vermerkt worden bei 200 Gulden. Montags den 24. Juli, als man Rat gehalten, sind teils Gesandte auf unserm Rathaus erschienen im Namen F. Dht.* (fürstlicher Durchlaucht) *und Stadt Bregenz und haben meinen Herren gedankt wegen stattlicher bewiesener nachbarlicher Hilf und hat man sie zu der »güldnen Gans«* (Gasthof) *verehrt mit sechs Kanten Wein*[37].

Auch die Bregenzer halfen den Lindauern häufig in Feuersnot, so 1603 oder 1608, als sie mit drei Schiffen zum Löschen anrückten. Es ist aber kennzeichnend für die fortwährende Spannung, daß der Bregenzer Stadtschreiber in seine Annalen nicht nur die geleistete Nachbarschaftshilfe eingetragen hat, sondern zugleich den Lindauer Brand als *poena Dei et Lutheranismi* bezeichnet[38]: Man hilft zwar beim Löschen, aber eigentlich geschieht den Lindauern ganz recht. Die Nachbarschaftshilfe war im übrigen in allen Bregenzer Feuerordnungen seit 1697 gesetzlich verankert. Als 1720 in Lindau 41 Familien obdachlos wurden, spendeten die Bregenzer *vier Schiffe harter Bausteine*[39].

Lindau verlor 1803 seine Reichsfreiheit, ja es wurde am 14. März 1804 österreichisch. Am Vorabend rückte Militär mit Musik aus Bregenz ein[40]. Unter Kanonendonner und Glockengeläute wurde das Übernahmepatent an den öffentlichen Gebäuden angeschlagen. Das Wochenblatt begrüßte diese staatliche Veränderung, und auch die Bevölkerung zeigte große Freude. Ein Architekt war für den Festschmuck verantwortlich. Ganz Lindau war illuminiert. Überall feierten Transparente mit Sinnbildern und Inschriften die neue österreichische Herrschaft. Am 4. Oktober 1804 feierte man in ähnlicher Weise das Namensfest des Kaisers. Lindau wurde ausdrücklich Schwäbisch-Österreich, nicht aber Vorarlberg zugewiesen. Die Leiblachgrenze blieb also bestehen, aber das Hinterland Lindaus hatte jetzt einen Herrn, so daß sich der Stadt positive Zukunftsaussichten eröffneten. Die Zugehörigkeit zu Österreich nahm der bisherigen Bregenzer Politik in der Frage des Salzhandels die Argumentation gegen Lindau. Es wurden sogar Pläne erwogen, Lindau nicht nur zum Sitz der vorderösterreichischen Regierung im ehemaligen Stiftsgebäude zu machen, sondern auch zum Bischofssitz[41].

36 Bilgeri (wie Anm. 19), Bd. 3, S. 335.
37 Emmerich Gmeiner, Flackernd steigt die Feuersäule. In: Das Bregenzer Feuerwehrbuch. Bregenz 1986, S. 21–47 (hier S. 45 f.).
38 Viktor Kleiner, Die Bregenzer Stadtchronik des Dr. Christoph Schalck. 1609–1613. In: Archiv für Geschichte und Landeskunde Vorarlbergs 12 (1916), S. 39–60 (hier S. 42).
39 Gmeiner (wie Anm. 37), S. 46.
40 Wolfart (wie Anm. 7), Bd. 1/2, S. 220 f.
41 Wolfart (wie Anm. 7), Bd. 1/2, S. 222.

Lindau beherbergte außerdem eine österreichische Garnison; bereits im Sommer 1804 wurde mit dem Bau einer Kaserne begonnen.

Nur wenig später, am 13. März 1806, ging Lindau an Bayern über[42]. Die Huldigung vollzog sich in ähnlichen Formen wie 1804. Doch ignorierte der französische General Villemancy in seiner Rede Österreich und appellierte an die stolze Vergangenheit Lindaus: »Unter allen Städten Europas habe Lindau die glücklichste Lage, um die Einbildungskraft des Menschen von frühester Jugend an zu beschäftigen und große, edle Ideen zur Reife zu bringen. Gleichsam zu den Füßen dieser Stadt nehmen die großen Flüsse, welche Frankreich, Deutschland und Italien beleben, ihren Ursprung. Sie dürfen nur ihren Lauf verfolgen, um in kürzester Zeit die durch Handel und Privatfleiß so berühmten Städte Genua, Marseille, Lyon, Amsterdam, Hamburg, Venedig kennenzulernen, mit ihnen zu wetteifern und mit ihnen an den Vorteilen der gewerbsamen Nationen teilzunehmen«[43]. Für unsere Fragestellung blieb jedoch wesentlich, daß Lindau denselben Herrn erhielt wie Bregenz, das mit Vorarlberg und Tirol ebenfalls an Bayern überging. Denn für Lindau waren die Probleme der letzten Jahrzehnte und Jahrhunderte vor allem deshalb entstanden, weil – als Folge der Grenze – der Landesherr einseitig Bregenz als einen inländischen Ort gefördert hatte.

Der Wegfall der Grenze wirkte sich aber auf das Verhältnis der beiden Städte kaum aus; sie blieben einander fremd. Lindau zählte 1807 2150 Einwohner[44], Bregenz 1808 1950 Einwohner[45]. Seit 1500 hatte Lindau sich demzufolge kaum verändert, Bregenz aber war um das Doppelte gewachsen. Die führenden Lindauer Familien arrangierten sich sehr schnell mit den bayerischen Beamten und fremden Offizieren; man sprach Französisch und vermied schon damals den heimischen Dialekt[46], der heute in Lindau bei weitem nicht die Rolle spielt wie in Bregenz. In Bregenz dagegen kommt damals die Dialektdichtung auf[47]. Der Dialekt gewinnt in Bregenz eine Vorherrschaft im Vergleich zur Schriftsprache, so daß auch der sprachliche Unterschied zu Lindau ein bedeutendes Unterscheidungsmerkmal geworden ist. Auch das ist letztlich eine Folge der Grenze, die 1815 wiedererstanden ist. Der Krieg gegen die Franzosen und der Aufstand gegen die Bayern hatte seit etwa 1800 in Vorarlberg ein Landesbewußtsein erzeugt, an dem Lindau keinen Anteil hatte. Im Gegenteil: Lindau war als bayerische Garnisonsstadt ein Ausgangspunkt der Unterdrückung[48]. Zwar weigerte sich die Bregenzer Bürgergarde 1809, an der geplanten Eroberung Lindaus mitzuwirken, aber nicht weil man gegenüber Lindau freundschaftliche Gefühle gehegt hätte. Die von Bayern verfügte Aufhebung des Klosters Mehrerau, der Abbruch der Kirche und die Verwendung der Steine zum Bau des Lindauer Hafens[49] ist ein Ereignis, das man bis heute nicht verziehen hat, auch wenn es Bregenzer Bürger waren, die diese Steine über den See verkauft haben.

42 Wolfart (wie Anm. 7), Bd. 1/2, S. 229ff.
43 Wolfart (wie Anm. 7), Bd. 1/2, S. 229–230.
44 Wolfart (wie Anm. 7), Bd. 1/2, S. 231.
45 Kurt Klein, Die Bevölkerung Vorarlbergs 1754 bis 1869. In: Montfort 20 (1968), S. 154–173 (hier S. 167).
46 Wolfart (wie Anm. 7), Bd. 1/2, S. 233.
47 Burmeister (wie Anm. 22), S. 163.
48 Bilgeri (wie Anm. 34), Bd. 4, S. 220f.
49 Bilgeri (wie Anm. 34), Bd. 4, S. 220f.

Unvergessen blieb auch, daß man für das Vorarlberger Unterland einen reformierten Kirchenadministrator mit Sitz in Lindau einsetzte, der die Vorarlberger Geistlichen *wie Buben* behandelt hat[50]. Die Bayern verstanden es, alte Gegensätze wieder aufleben zu lassen, so daß die Grenze in Wirklichkeit fortbestanden hat.

Im 19. Jahrhundert festigte sich die Grenze. Im wirtschaftlichen Bereich traten grundlegende Änderungen ein, indem etwa die Schweiz nicht länger auf das Haller Salz angewiesen war. Der Bodensee war nach dem Verlust von Konstanz, Langenargen, Wasserburg, dem Hegau und dem Nellenbergischen kein österreichisches Gewässer mehr. Die Donaumonarchie orientierte sich nach Osten. An der seit 1824 sich ausbreitenden Dampfschiffahrt nahm Österreich erst 1884 Anteil, wodurch die Bregenzer Schiffahrt schwere Einbußen erlitt. Auch für die Entstehung der Eisenbahnlinien blieb Vorarlberg ein Randgebiet. Lindau fand zwei Jahrzehnte früher den Anschluß an das deutsche und schweizerische Eisenbahnnetz. Ein Trajektverkehr von Lindau nach Rorschach und Romanshorn brachte Lindau erneut gegenüber Bregenz in Vorteil. Auf der anderen Seite zog Bregenz aus der Grenze große wirtschaftliche Vorteile dadurch, daß zahlreiche ausländische Betriebe Zweigniederlassungen in Bregenz errichteten, um für ihre Produkte die Zollbestimmungen zu umgehen.

Das 19. Jahrhundert förderte andererseits die verschiedensten Bestrebungen, die Grenzen zu überwinden, etwa die des liberalen Bürgertums um die demokratischen Rechte, wie sie sich in der Revolution von 1848 auf beiden Seiten der Grenze entluden. Ein Besuch des Lindauer Liederkranzes in Bregenz 1845[51] gehört in diesen Zusammenhang ebenso wie die Gründung des Arbeiterbildungsvereins in Bregenz 1869 nach dem Vorbild Lindaus[52] sowie die Maifeiern 1874 in Feldkirch unter Beteiligung von Lindau und Bregenz. Die Bregenzer feierten seither den 1. Mai traditionell mit den Lindauern[53]. Am 1. Mai 1920, um ein Beispiel zu nennen, trafen morgens 56 Genossen aus Lindau mit dem Schiff im Bregenzer Hafen ein, wo sie von den Bregenzer Sozialdemokraten mit Musik und Fahnen abgeholt wurden. Im Bregenzer Arbeiterviertel Vorkloster fand im Hotel Neustadt eine Festversammlung statt. Am Nachmittag marschierten die Bregenzer nach Lindau-Reutin, wo im Gasthof Steig mit den Lindauern gefeiert wurde. Die Arbeiterjugend führte ein Schauspiel auf.

Es kann hier nicht im einzelnen auf die Zwischenkriegszeit näher eingegangen werden, obwohl sie viele Einzelheiten zum Thema beitragen könnte. Ein Beispiel ist etwa der Bau der Pfänderbahn 1927, an der sich Lindau finanziell beteiligt[54]. So gelten die Lindauer in den Tarifen der Pfänderbahn heute noch als Einheimische. Mit dem Anschluß Österreichs an das Deutsche Reich wurde 1938/45 abermals die Grenze beseitigt[55]. Bei der Volksabstimmung vom 10. April 1938 stimmten in Lindau 98,6 %

50 BILGERI (wie Anm. 34), Bd. 4, S. 210.
51 BILGERI (wie Anm. 34), Bd. 4, S. 290.
52 BILGERI (wie Anm. 34), Bd. 4, S. 373.
53 Werner DREIER, Zwischen Kaiser und Führer. Vorarlberg im Umbruch 1918–1938 (= Beiträge zur Geschichte und Gesellschaft Vorarlbergs, 6), Bregenz 1986, S. 56 f.
54 Werner DOBRAS, Der Pfänder im Spiegel der Lindauer Presse. In: Montfort 39 (1987), S. 286–290.
55 Zum Folgenden vgl. Margit SCHÖNHERR, Vorarlberg 1938 (= Forschungen zur Geschichte Vorarlbergs, 3.), Dornbirn 1981, besonders S. 132 ff.

für den Anschluß, in Bregenz »nur« 96,7% (im Vergleich zu dem gesamtösterreichischen Abstimmungsergebnis von 99,7%). Man führt dies zum Teil darauf zurück, daß in Bregenz eine Mißstimmung darüber entstanden war, daß viele Lindauer nach dem Anschluß zu einem günstigen Umrechnungskurs die Läden in Bregenz leergekauft hatten. Der verwaltungsmäßige Zusammenschluß von Vorarlberg mit Tirol ließ jedoch die alte Grenze wieder aufleben, indem man versuchte, Bregenz nach Innsbruck auszurichten. Während vor 1938 die Vorarlberger Fußballer in einer Liga mit Lindau und anderen Bodenseestädten spielten, mußten sie jetzt ihre Turniere in Tirol bestreiten. Vor dem Anschluß schätzten es die Lindauer, das Theater in Bregenz zu besuchen; ebenso kamen die Bregenzer gerne zu kulturellen Veranstaltungen nach Lindau. Jetzt aber – nach dem Anschluß – wurde es dem Vorarlberger Tagblatt in Bregenz verboten, Inserate von Lindauer Theateraufführungen aufzunehmen. In Bregenz durften auch keine Lindauer Theaterplakate mehr angeschlagen werden. Gastspiele der Bayerischen Vereinsbühne und der Württembergischen Landesbühne wurden in Bregenz untersagt. In Innsbruck wurde 1938 eine Gauwanderbühne errichtet, die für Vorarlberg ein Aufführungsmonopol erhielt; das Niveau dieser Bühne war allerdings ausgesprochen miserabel und gab zu sehr viel Kritik Anlaß. Auch schwäbische Dichterlesungen wurden verboten, und in Vorarlberg durfte nur noch das Innsbrucker Orchester Konzerte geben. Nicht zuletzt suchte man auch die Fahrpläne der Reichsbahn zwischen Bregenz und Lindau so zu gestalten, daß der Verkehr zwischen beiden Städten eingeschränkt wurde. So blieb auch die Grenze im Großdeutschen Reich durchaus existent, ganz abgesehen davon, daß in Österreich das österreichische Recht teilweise fortbestand, insbesondere das ABGB und nicht das BGB galt, ebenso das österreichische Grundbuchrecht.

Heute zählt Bregenz 26000, Lindau 25000 Einwohner. Die Grenze ist zwar wie eh und je durchlässig und offen, sie verbindet zwei Staaten mit einem gleichartigen Gesellschaftssystem miteinander und trennt sie nicht. Aber es wäre falsch, wollte man nicht zur Kenntnis nehmen, daß die Menschen in Lindau und Bregenz einander fremd geworden sind. Man lebt weitgehend aneinander vorbei. Bregenz konnte nach dem Zweiten Weltkrieg durch die Festspiele sowie neuerdings auch durch Kongresse neue Akzente setzen und damit zu einem kulturellen Schaufenster Österreichs gegenüber dem benachbarten Ausland werden. Die wirtschaftliche Bedeutung dieser neuen Einrichtungen ist enorm. Es ist aber charakteristisch für die gegenseitige Entfremdung, daß deutsche Besucher der Festspiele oder Kongresse in der Regel immer in Lindau oder Umgebung, nicht aber in Bregenz übernachten[56].

Auf ein aktuelles wirtschaftliches Problem sei noch hingewiesen: die Kaufkraftabwanderung von Bregenz nach Lindau[57], die in der umgekehrten Richtung von Lindau nach Bregenz nicht besteht, also höchst einseitig ist. Nach Zahlen aus dem Jahr 1973 flossen 1,5% der Bregenzer Kaufkraft nach Deutschland, vor allem nach Lindau; 5,5% der Bregenzer Kaufkraft gingen in die Schweiz. Gründe für die Kaufkraftabwanderung sind in erster Linie Preisunterschiede, gezielte Werbung, günstige Lage von Supermärk-

56 Armin Paul, Bregenz. Stadt an der Grenze. Bregenz 1987, S. 150.
57 Paul (wie Anm. 56), S. 206ff.

ten im Grenzbereich, abweichende Öffnungszeiten (26. Oktober, 8. Dezember), Möglichkeit der Verbindung von Einkaufsfahrten mit Tankfahrten und die Mehrwertsteuerrückvergütung. Gekauft werden in erster Linie Sportartikel und Fotobedarf, dann Textilien, schließlich Lebensmittel (Obst, Gemüse, Milchprodukte, Wein). Im Lindauer Supermarkt »Neukauf« stellen die Vorarlberger Einkäufer zeitweise 80 %, in einigen Tankstellen 50 % der Kunden. Eine Lottoannahmestelle an der Grenze zählte damals sogar 90 % Vorarlberger Kunden. Eingedämmt wird die Kaufkraftabwanderung durch die Zollbestimmungen für den sogenannten Kleinen Grenzverkehr, der nur eine Ausfuhr von kleinen Warenmengen zuläßt.

Vielleicht ist diese Darstellung etwas zu negativ ausgefallen und zu sehr aus dem Bregenzer Blickwinkel gesehen. Dennoch dürfte das Ergebnis doch einigermaßen zutreffend sein und vor allem sich dann noch mehr bestätigen, wenn man parallel einen historischen Vergleich zwischen Lindau und Feldkirch oder Lindau und Hohenems durchführt, also mit zwei Vorarlberger Städten, die nicht an der Grenze liegen. Beide Städte – Feldkirch und Hohenems[58] – hatten Lindauer Stadtrecht, kannten vielfach genealogische Verbindungen und unterhielten einen regen wirtschaftlichen Austausch. Hier überwiegen weitaus die positiven Aspekte in den Beziehungen der Städte zueinander, eben das, was man bei dem Vergleich zwischen Lindau und Bregenz vermißt. Noch deutlichere Konturen gewänne das Bild durch die Einbeziehung eines Vergleichs von Bregenz mit Konstanz oder Überlingen, der sehr viel positiver ausfiele als der Vergleich mit Lindau. Es ist eben die Grenze, die das Verhältnis von Bregenz und Lindau über Jahrhunderte hinweg belastet hat.

58 Karl Heinz BURMEISTER, Die Emser Handfeste von 1333 und ihre Folgen. Die Entwicklung von Hohenems zur Stadt. In: Österreich in Geschichte und Literatur 26 (1982), S. 2–11.

Deutsche und französische Kultur in Straßburg im 18. Jahrhundert

VON BERNARD VOGLER

Nachdem im Jahr 1681 die freie Reichsstadt Straßburg eine freie königliche Stadt wurde, kommt ihr im 18. Jahrhundert eine eigenartige Stellung zu. Sie liegt an der Schnittstelle von zwei Kulturen: Zum einen die herkömmliche deutsche Kultur, deren wesentliche Merkmale die Sprache, die lutherische Kirche, die lutherische Universität und die Gegenwart zahlreicher Gesellen sind. Seit 1681 verbreitet sich auch die französische Kultur durch das Personal der königlichen Verwaltung, die katholische Kirche, die Einwanderer, die Garnison und nicht zuletzt durch Mode, Architektur und Kunst.

I. Aspekte der deutschen Kultur

Die deutsche Kultur erscheint zuerst in der Umgangssprache: Es handelt sich um eine alemannische Sprache, verbreitet zwischen Vogesen und Bayern, die im täglichen Leben der einheimischen Bevölkerung als Umgangssprache gilt. Die deutsche Sprache ist allgemeine Schriftsprache: Sie allein wird benutzt in den Gemeindeschulen, sowohl in den katholischen als auch in den evangelischen, die alle als »deutsche Schulen« bezeichnet werden. Auch sonst findet sie allgemein Verwendung: 90% der Notariatsakten sind in deutscher Sprache verfaßt, ebenso die evangelischen Kirchenbücher und die Protokolle der Stadträte und der ländlichen Schöffen.

Die deutsche Sprache bleibt ein Bestandteil der Kirche Augsburgischer Konfession: Sie ist sowohl die liturgische Sprache des Gottesdienstes als auch die Sprache der individuellen Frömmigkeit, des Gebets, der Bibel und des Kirchenliedes. Die Ausbildung der Pfarrer geschieht in Latein und Deutsch: Ein Drittel der elsässischen Theologiestudenten vervollständigt nach Abschluß der Studien in Straßburg seine Ausbildung durch einen Aufenthalt an einer deutschen Universität[1]. Dies ermöglicht den Kontakt mit den neuen geistlichen Strömungen, die sie nachher in den elsässischen evangelischen Kreisen verbreiten, besonders den Pietismus zwischen 1700 und 1750 und die Aufklärung nach 1760[2].

1 Bernard VOGLER, Le presbytère protestant en Alsace, Goethe et l'Alsace, Strasbourg 1973, S. 54–65.
2 Über die evangelische Kirche vgl. die Histoire des protestants en France, Toulouse 1977, S. 172–184.

Die evangelische Universität Straßburg entspricht dem deutschen Modell, obwohl die lateinische Sprache weiterhin als Lehrsprache gilt, wenigstens für die öffentlichen Vorlesungen. Zwischen 1720 und 1789 übt sie eine starke Anziehungskraft auf die deutschen Studenten aus, die 48 % der Gesamtzahl aller Studierenden darstellen. Die berühmtesten unter ihnen sind Metternich, der spätere österreichische Kanzler, und Goethe, der die französische Sprache in einer deutschsprachigen Umwelt lernen wollte (1770). Hinzu kommen noch die alemannischen Schweizer (15 %), während die französisch sprechenden Studenten, hauptsächlich Lothringer, nur 3 % der Studentenschaft ausmachen. Die Attraktivität der Stadt Straßburg wird öfters erwähnt, zum Beispiel vom Fürstbischof von Hildesheim, der die außergewöhnliche Lage der Stadt bewundert (1782). Nach 1750 unterhält die Mehrzahl der Straßburger Professoren enge Beziehungen mit Göttingen, der bedeutendsten deutschen Universität: Ein Teil hat dort seine Studien ergänzt, andere erhielten einen Ruf dorthin, den sie aus Treue zu ihrer Vaterstadt verweigert haben[3].

Die bedeutendste Person der Universität ist ohne Zweifel Johann-Daniel Schöpflin, Mitglied der »République des Lettres« und mehrerer Akademien, darunter der Royal Society in London, der Académie des Inscriptions et Belles-Lettres in Paris, der Akademien von Besançon und Sankt Petersburg. Er ist der Gründer der Akademie von Mannheim und unterhält Beziehungen mit vielen seiner früheren adligen Studenten, die Fürsten im rheinischen Gebiet und in Süddeutschland geworden sind; jeden Sommer macht er eine Rundreise zu etlichen von ihnen. Er hat ebenfalls regelmäßige Beziehungen zu Wien und Versailles, wo er einen Teil der politischen Persönlichkeiten kennt. Als Anhänger der Aufklärung bleibt er zurückhaltend gegenüber dem »Esprit des Lumières«, dessen antiklerikale Haltung er ablehnt. Schließlich ist er der erste Vermittler zwischen der deutschen und der französischen Historiographie.

Trotz der Angliederung an Frankreich bleibt Straßburg bis 1789 ein wichtiger Aufenthaltsort auf den Wanderwegen der deutschen Gesellen. Sie kommen in großer Zahl nach Straßburg wegen der Bedeutung des Handwerks in der oberrheinischen Metropole. Ein Teil der Gesellen heiratet hier sogar und läßt sich in der Stadt nieder.

II. Aufschwung der französischen Kultur

Seit 1681 nimmt aber der französische Einfluß auf verschiedene Weise einen bedeutenden Aufschwung in der Stadt; Straßburg ist hinfort der Sitz der französischen Verwaltung in der elsässischen Provinz, also Residenz eines »Intendant«, umgeben von einem zahlreichen Personal, das in der Mehrzahl aus dem Innern Frankreichs stammt.

Seit 1704 sitzt ein Mitglied der Familie Rohan, einer großen aristokratischen Familie, auf dem Bischofssitz. Die Bischöfe sind von Würdenträgern aus Innerfrankreich umgeben, so stammt zum Beispiel der Generalvikar aus einer bedeutenden Pariser Amtsadelfamilie. Sie wandeln die Bistumsstrukturen im Sinne des französischen Modells um. Übrigens ist das Diözesanritual von 1742 stark durch das Ritual von

3 Jürgen Voss, Universität, Geschichtswissenschaft und Diplomatie im Zeitalter der Aufklärung: Johann Daniel Schöpflin (1694–1771), München 1979.

Rouen beeinflußt. Die Kapitulare des Domkapitels und mehrerer Kollegiatkapitel rekrutieren sich, besonders zwischen 1690 und 1720, aus Kreisen der französischsprechenden Kleriker, besonders bei den Lothringern. Im Jahr 1683 wird das Elsaß der Jesuitenprovinz Champagne angegliedert: Bis gegen 1730 besteht die Mehrzahl der Jesuiten, die eine bedeutende Rolle im Unterricht, in der Seelsorge und der antiprotestantischen Polemik spielen, aus Franzosen, die aus Nordostfrankreich stammen[4].

Das Symbol der französischen Macht ist die Garnison, die seit der Angliederung Straßburgs an Frankreich gegenwärtig ist. Neben dem Generalstab und den Offizieren, welche beständig in der Stadt leben, besteht sie aus 6000 bis 8000 Mann, in einer sehr unbeständigen Zusammensetzung, zum Teil in einem abgesonderten Viertel – der Zitadelle – einquartiert, wo sie in einer französischsprechenden Umwelt von Wirten und eingewanderten Handwerkern leben. Ein Teil der Regimenter setzt sich aber aus Schweizern und Deutschen zusammen.

Der Gouverneur der Garnison protegiert das französische Theater. Er gebietet den Offizieren ein jährliches Abonnement für jede Saison, um den Saal zu füllen. Um das Defizit zu decken, ist der Stadtrat verpflichtet, einen Teil der Einnahmen des deutschen Theaters an die Regie zu überweisen. Das Repertoire enthält sowohl klassische Stücke von Molière (Tartuffe) als auch zeitgenössische (Marivaux), kann aber nur einen geringen Erfolg bei der zivilen Bevölkerung verzeichnen. Hinzu kommen Komödien mit italienischer und französischer Musik[5].

Mehr noch als durch das Theater kommt der französische Einfluß in der Architektur zur Geltung. Bis 1681 bleibt Straßburg eine Stadt, deren Gebäude im Stil der Gotik und der Renaissance gebaut sind. Drei Phasen lassen sich fortan unterscheiden: Von 1681 bis 1735 handelt es sich hauptsächlich um eine militärische Architektur von Vauban und Tarade, die das neue Militärviertel der Zitadelle gebaut und vier große Tore in die Stadtmauer eingefügt haben. Der Stil Louis XIV. erscheint gelegentlich in der Ausschmückung der Friedensfeste in den Jahren 1697 und 1714 und im Bau des Bürgerspitals durch Mollinger zwischen 1717 und 1724.

Besonders im zweiten Drittel des Jahrhunderts setzt dieser Einfluß mit dem Rohanschloß einen prachtvollen Akzent. Es wurde von 1732 bis 1742 von zwei berühmten Architekten, de Cotte und Massol, erbaut und von zahlreichen aus Paris stammenden oder dort ausgebildeten Künstlern ausgeschmückt, darunter der Bildhauer Le Lorrain. Sie tragen dazu bei, einen besonderen Stil, den Stil Rohan, zu begründen. In der gleichen Zeit verbreitet sich der Stil Régence in einer Reihe von »Hotels«, welche sich der Adel bauen läßt und in denen sich eine neue Lebensart manifestiert. Die Brandgasse wird jetzt eine Straßburger Variante des Faubourg St. Germain mit dem großen Dekanat (heute Sitz des Bistums), dem Hotel des Garnisonskommandanten, des Marschall du Bourg (heute Sitz des Militärgouverneurs) und dem Hotel Hessen-Darmstadt (heute Rathaus). Unter den anderen Bauten ragen das Hotel Klinglin (Hotel des Präfekten) hervor, das Jesuitenkolleg (lycée Fustel de Coulanges) und das Hotel Andlau (Verwaltung des Rheinhafens), das den Übergang zum Rokokostil ankündigt.

4 L. Chatellier, Tradition chrétienne et renouveau catholique dans l'ancien diocèse de Strasbourg, Strasbourg 1981.

5 P. Deck, Histoire du théâtre français à Strasbourg 1681–1830, Strasbourg 1948.

Von 1770 bis 1790 herrschen das Rokoko und der neuklassische Stil, eine Rückkehr des antiken Stils. Zwischen 1764 und 1767 hat der Pariser Architekt Blondel versucht, das Stadtbild des Zentrums umzugestalten. Aber die dem Stadtrat übertragene Ausführung wäre unverhältnismäßig teuer geworden und rief einen starken Widerstand hervor: Nur der »Kometenschwanz« mit dem Bau der Aubette[6] wurde ausgeführt.

Die französische Präsenz verursacht die Zuwanderung zahlreicher Künstler und Handwerker, die das Monopol der Zünfte durchbrechen. Diese verteidigen sich, indem sie das Meisterwerk der Zuwanderer nicht anerkennen, es als minderwertig ansehen und sie illegaler Berufsausübung anklagen. Diese Konflikte münden in die Gründung einer zweiten Handwerkerzunft, die mit der ersten rivalisiert. So erscheinen zwei durch Herkunft getrennte Körperschaften, die deutschen und die französischen Bäcker, Schreiner und Sattler.

Der französische Einfluß ist in drei Gebieten besonders dominant: Zuerst bei den Eisenschmieden, durch den Pariser Einfluß geprägt; unter den schönsten Kunstwerken sind der Balkon der Aubette und das Gitterwerk des Rohanschlosses zu erwähnen. Die Herstellung von Porzellanwaren, durch drei Generationen der Familie Hannong gekennzeichnet, wird durch zwei Einflüsse bestimmt: den französischen Einfluß durch etliche Modelle aus Saint-Cloud, den deutschen Einfluß in der Technik, die ein getrenntes Brennen der Glasur und der Farben erlaubt. Die 1748 eingewanderten sächsischen Techniker aus Meissen stellen zum ersten Mal in Frankreich hartes Porzellan her.

Im Bereich der Möbelproduktion[7] haben die französischen Schreiner zur Verbreitung von Kommoden und kleinen Möbeln beigetragen, von Stühlen und Fauteuils im Regencestil, welche die Einführung des Kamins und des Spiegels begleiten. Die elsässische Kunst paßt sich der neuen Ästhetik an. Immerhin bleiben zahlreiche bürgerliche Familien dem herkömmlichen Lebensrahmen verbunden, indem sie zwei getrennte Wohnungen unterhalten, eine Prunkwohnung mit Kamin für die Empfänge und die Privatwohnung, deren Zimmer mit herkömmlichen Möbeln ausgestattet sind, wie es zahlreiche Nachlaßinventare bestätigen.

Seit 1681 lassen sich auch zahlreiche »Welsche« in Straßburg nieder, die aus Lothringen, Savoyen und Innerfrankreich kommen; sie stammen hauptsächlich aus den Gegenden längs der Straße Straßburg–Paris und Straßburg–Lyon. Nach 1750 setzt eine massive Einwanderung von Lothringen ein; dies läßt sich durch die Eingliederung des Herzogtums in das Königreich, die Dichte der Handelsbeziehungen und die Überbevölkerung erklären. Die soziale Schichtung ist sehr verschieden: Es gibt nun Handelsleute, Dienstpersonal und spezialisierte Handwerker wie Perückenmacher, Vergolder, Tapezierer und Ziseleure, die bis dahin in Straßburg kaum verbreitet waren. Insgesamt machen die »Welschen« aber nur 20% der Einwanderer in Straßburg aus[8].

6 Zur Architektur und Kunst vgl. G. Livet und F. Rapp, Histoire de Strasbourg des origines à nos jours, T. 3, Strasbourg 1981, S. 460–524.

7 F. Levy-Coblentz, L'art du meuble en Alsace au siècle des Lumières, Saint-Dié 1985.

8 S. Dreyer-Roos, La population strasbourgeoise sous l'Ancien Régime, Strasbourg 1969.

III. Die Kultur im Jahre 1789

Am Vorabend der Revolution herrscht in der Stadt eine Art Gleichgewicht zwischen den beiden Kulturen; die deutsche bleibt sehr ausgeprägt durch die Sprache, die lutherische Universität, das Buchwesen, das Theater und den Handel. Im Inventar zweier Buchhändler von 1789 stellen die deutschen Titel zwischen 53 und 66% des gesamten Bestands dar[9]. Es handelt sich um zeitgenössische Bücher, die der Aufklärung, dem Sturm und Drang und der Geisteshaltung der großen Universitäten verbunden sind. Zwischen 1750 und 1780 nimmt der Anteil der deutschen Bücher auf Kosten lateinischer Werke um 20% zu. Die im Reich liegenden Druckorte sind mit 75 bis 80% vertreten. Sie sind verteilt zwischen Nord- und Mitteldeutschland (Göttingen, Leipzig), Süddeutschland (Tübingen, Nürnberg), Österreich und das Rhein-Main-Gebiet (Frankfurt). Die Druckorte konzentrieren sich auf Mitteldeutschland, sie bilden ein Dreieck mit den Eckpunkten Frankfurt, Leipzig und Augsburg.

Unter den Büchern gibt es fünf Hauptakzente: Die Religion, 15% der Titel, ist besonders durch Theologie, Apologetik und Religionswissenschaften vertreten, während die Erbauungsliteratur wenig erscheint, da sie mehr durch Hausierer vertrieben wird. Die schöne Literatur, deren Anteil ständig zunimmt, besteht mit 25% der Titel hauptsächlich aus Theaterschriften, Dichtung und Werken des Sturm und Drang – einer Bewegung, die übrigens in Straßburg begründet wurde (1770). Die zeitgenössischen Schriftsteller sind stark vertreten mit Lessing, Klopstock, Wieland, Goethe, Lavater sowie Kant. Die Bücher der Wissenschaft (24%) behandeln praktische Fragen oder neue Themen wie zum Beispiel die Wirtschaft. Politik und Jurisprudenz (15%) erscheinen hauptsächlich in Werken mit Beziehung zu den Vorlesungen an den Universitäten von Leipzig und Göttingen. Die Geschichte schließlich ist gut vertreten dank der herausragenden Bedeutung von Schoepflin für die Historiographie der Zeitgeschichte und der Geschichte der europäischen Staaten im 18. Jahrhundert. Es handelt sich um Buchhandlungen deutschen Musters hinsichtlich der Sprache, des Geschmacks und der wirtschaftlichen Organisation. Sie spiegeln die kulturellen Interessen eines großen Teils der Bevölkerung wider.

Das deutsche Theater bleibt auf hohem Niveau und zieht zahlreiche bekannte Schauspieltruppen an, wie zum Beispiel Abt und Ackermann. Die Vorführungen haben eine überdurchschnittliche Qualität: Obwohl sie nicht mit den großen Fürstenhöfen wie Mannheim, München und Wien konkurrieren können, übertreffen sie doch das Theater der Reichsstädte wie zum Beispiel dasjenige von Frankfurt. Regelmäßig gibt es Übersetzungen von französischen Theaterstücken: Polyeucte (1727), Mithridate (1736) oder Zaire (1752). Das deutsche Theater, dessen Saal sich im Hause der Tucherzunft befindet, zieht wesentlich mehr Zuschauer an als das französische.

Da das Elsaß bis 1790 den Status einer ausländischen Provinz behalten hat, bleibt der Rhein in wirtschaftlicher Hinsicht die zentrale Ader des Straßburger Handels mit den Frankfurter und Zurzacher Messen. Während des 18. Jahrhunderts setzen rege

9 L. Chatellier, Un libraire et ses livres à Strasbourg à la fin du XVIIIe siècle, Recherches germaniques, 6 (1976) S. 188–204; Ph. Claus, Un centre de diffusion des »Lumières« à Strasbourg: La librairie académique (1783–1799). In: Revue d'Alsace, 108 (1982), S. 81–102.

Beziehungen mit Amsterdam ein, gleichzeitig nehmen die Kontakte nach Lothringen stark zu. Mit Innerfrankreich sind die Beziehungen nicht unbedeutend, aber es ist mangels statistischer Daten unmöglich, das genaue Ausmaß anzugeben. Die Zeitgenossen neigten dazu, sie zu unterschätzen, wie etwa der Präsident des Appellationshofes (Conseil Souverain) von Colmar, der 1789 klagt, »diese Provinz hat keinen bedeutenden Handel mit Innerfrankreich«. Der Trend, mit dem deutschen Reich Wirtschaftsbeziehungen zu unterhalten, findet in zwei regelmäßig verkehrenden Postwagen nach Mannheim und Stuttgart seinen Ausdruck.

Der französische Anteil ist je nach den Gebieten sehr verschieden. Die französischen Bücher machen nur 15 bis 20% der Titel in den beiden bereits erwähnten Buchhandlungen aus. Die Druckorte sind zum einen Paris (55%), aber auch das Ausland (Reich, Vereinigte Provinzen und Schweiz mit 31%). Es handelt sich meistens um religiöse katholische Literatur und um Romane, während die Philosophen kaum vertreten sind.

Die französische Sprache konnte sich im Elementarunterricht und außerhalb der Garnisonsstädte kaum durchsetzen; hingegen wurde im Sekundarunterricht mehr gelehrt, sowohl im königlichen katholischen als auch im evangelischen Gymnasium, wo der Unterricht in lateinischer und deutscher Sprache stattfand. Die Reform von 1751 hat jedoch etliche Unterrichtsstunden in französischer Sprache eingeführt, obwohl dies wegen einer wenig attraktiven Pädagogik kaum wirksam war[10].

So bleibt die französische Sprache noch wenig verbreitet. Im Jahre 1783 klagt der königliche Prätor, daß ganze Gruppen von Bürgern, besonders unter den Lutheranern, die deutsche Sprache weiter benützten. Übrigens findet vor 1789 kein Elsässer es anstößig, vom »deutschen« Charakter der Bevölkerung und deren Traditionen zu sprechen. Einer königlichen Instruktion von 1781 zufolge ist die deutsche Sprache die einzige, die von der Mehrzahl der Einwohner gesprochen und verstanden wird.

Der »welsche« Kern besteht aus der Garnison, den königlichen Beamten, einem Teil des katholischen Klerus – ein Stand, der Beziehungen zum Adel und zum Großbürgertum knüpft. Die französische Sprache wird die Sprache der Salons und der gehobenen Gesellschaft. Die Mittelklasse aber, besonders die wirtschaftlichen Kreise und die Intellektuellen, bleiben gegenüber den französischen Einflüssen ziemlich zurückhaltend, wenigstens teilweise. Der Gymnasiallehrer Johann Friedrich Aufschlager schreibt in seinem Journal, daß die »Welschen« verhaßt seien; eine Jungfer habe ihre Ehre verloren, wenn sie mit einem französischen Offizier oder Soldaten gesprochen habe. Goethe erwähnt in seiner Autobiographie »Dichtung und Wahrheit« die »liebevolle Anhänglichkeit« der alten Straßburger und bemerkt, daß während seines Aufenthaltes »wenig französisch unter uns gesprochen wurde«. Die einheimische Sprache bleibt so sehr lebendig, daß die Nachkommen der »welschen« Einwanderer aus der Zeitperiode 1681–1720 sich in der zweiten oder dritten Generation »verelsässert« haben, wie dies auch aus dem Schwinden der romanischen Unterschriften gegenüber den gotischen hervorgeht.

10 Histoire du gymnase Jean Sturm, Strasbourg 1988, S. 174–238.

Trotzdem macht die französische Sprache Fortschritte. So schreibt der Hellenist Johann Schweighaeuser sein Reisebuch und die Briefe an seine Kinder auf französisch. Der französische Gottesdienst in der Niklaus-Kirche wird das Stelldichein der gehobenen evangelischen Straßburgischen Gesellschaft; er trägt aber auch dazu bei, daß der Pfarrer Blessig damals als der beste Prediger der Stadt angesehen wird.

Straßburg ist im 18. Jahrhundert eine Stadt mit Doppelkultur, in der sich sehr verschiedene Menschen sowie literarische, geistige und künstlerische Strömungen treffen. Eine günstige Folge hiervon ist die Veröffentlichung zahlreicher Übersetzungen; Werke von Corneille und Racine werden ins Deutsche übertragen, technische und wissenschaftliche Bücher ins Französische. Gewisse Gelehrte und Universitätsprofessoren wie Blessig, Koch und Schweighaeuser veröffentlichen in beiden Sprachen. Kandidaten, die sich für Verwaltungsstellen bewerben, weisen auf ihre Doppelsprachigkeit hin.

Dieser kulturelle Reichtum bringt aber auch Probleme mit sich. Für die deutschen und schweizerischen Zuwanderer ist die Eingliederung leichter als für die »welschen«. Diese bilden eine besondere soziale Gruppe, und ihre Entwicklungsmöglichkeiten sowie die Chancen eines sozialen Aufstiegs sind manchmal geringer. In geistiger Hinsicht geht das deutsche literarische Leben zurück; die Meistersinger sterben 1780 aus. Nur das Volkslied, das Goethe inspiriert hat[11], erhält sich. Die alemannische Sprache erfährt eine gewisse Verarmung, wie es zahlreiche deutsche Reisende feststellen; gewiß ist diese Entwicklung nicht allein dem Elsaß eigen, denn sie betrifft das gesamte alemannische Gebiet. Die Elsässer, die beide Sprachen beherrschen, fallen durch ihren Akzent sowohl in Sachsen als in Paris auf; scheinbar war diese Besonderheit damals viel stärker als heute ausgeprägt, so daß sie manchmal eine gewisse Ironie hervorrief. Das wichtigste aber ist, daß Straßburg im Unterschied zum 16. Jahrhundert, wo es ein großes Zentrum literarischer Schöpfungen war, nur wenige bedeutende literarische Werke hervorbrachte – trotz einer guten, gelehrten und wissenschaftlichen Produktion. So bezahlt Straßburg auch einen gewissen Preis für seine Doppelkultur, Quelle von geistigem Reichtum und europäischer Ausstrahlung, eine Vocatio, die sich sehr stark auswirkte.

11 G. L. Fink, Le jeune Goethe et la tradition populaire, Goethe et l'Alsace, ebd., S. 198–222.

Zwei Grenzstädte im Vergleich: Passau und Salzburg

VON JOSEF WYSOCKI

I. Die Ausgangssituation

Gegenstand dieses Beitrags ist die Entwicklung der beiden Städte vom Beginn des 19. Jahrhunderts bis zur Gegenwart. Dabei werden ökonomische Phänomene im Vordergrund stehen. Es läßt sich anhand dieser Beispiele zeigen, daß der Faktor Grenze einerseits gleichartige, andererseits aber auch gegensätzliche Phänomene hervorzurufen vermag. Passau und Salzburg erscheinen für einen solchen Vergleich insofern besonders gut geeignet, als die Ausgangssituation dieser Städte im beginnenden 19. Jahrhundert bemerkenswerte Ähnlichkeiten aufweist: Beide waren vor der Säkularisation Hauptstädte geistlicher Staaten[1]. Beide unterschieden sich nicht grundsätzlich in der Einwohnerzahl[2]. Beide erfuhren durch die Wandlungen der politischen Raumordnung im beginnenden 19. Jahrhundert wesentliche Modifikationen ihrer geopolitischen Standortqualität.

Neben diesen Gemeinsamkeiten der Ausgangslage ist aber auch auf einen Unterschied zu verweisen: Passau war seit eh und je eine »Stadt an der Grenze«. Südlich von Donau und Inn stieß das Stadtgebiet von Passau unmittelbar an fremdes Territorium, an Bayern. Nach dem Frieden von Teschen (17. Mai 1779) trat Österreich an dessen Stelle. Das Salzburger Stadtgebiet rückte dagegen erst am 1. Mai 1816 an die Landesgrenze, und das nicht einmal unmittelbar: Erst die Eingemeindungen des 20. Jahrhunderts beseitigten den Puffer zwischen Staats- und Stadtgrenze. Der Faktor Grenze bestimmte also Passaus Entwicklung schon seit Jahrhunderten, als er in Salzburg erstmals zur Wirkung gelangte.

Ungeachtet dieser Unterschiede gewann die Grenzlage für beide Städte am Beginn des 19. Jahrhunderts eine neue, gemeinsame Qualität: Waren beide vor der Säkularisation Zentren von Kleinstaaten gewesen, so sahen sie sich nun unversehens in Peripherielagen versetzt. In Passau geschah dies früher: Dem Reichsdeputationshauptschluß gemäß[3] hat

1 Zwischen beiden Territorien bestanden allerdings deutliche Größenunterschiede. Das Erzstift Salzburg zählte um 1790 rund 200000 Einwohner, das Bistum Passau dagegen nur etwa 60000. Daten für Salzburg aus: L. HÜBNER, Beschreibung des Erzstiftes und Reichsfürstenthums Salzburg in Hinsicht auf Topographie und Statistik, Bd. 3, Salzburg 1796, S. 874 ff.; für Passau aus: Lexikon für Theologie und Kirche, 2. Aufl., Bd. 8, 1963, Sp. 141.

2 Salzburg hatte um 1790 rund 13000 Einwohner (HÜBNER [wie Anm. 1], S. 880), Passau rund 9000 (Johann Ernst FABRI, Briefe eines Reisenden über das Hochstift Passau, Nürnberg 1796, S. 27. Weitere Schätzungen in: Bayerisches Städtebuch [BStb] 2, S. 529: 1789–8408, 1803–9900).

3 Reichsdeputationshauptschluß § 2: *Dem Kurfürsten von Pfalz-Baiern ... die Bistümer Bamberg, Freisingen, Augsburg und das von Passau; mit Vorbehalt dessen, was § 1 dem Erzherzoge*

Bayern am 22. Februar 1803 von der Stadt Besitz ergriffen. Salzburg dagegen fand nach der Säkularisation erst später zu neuer territorialer Stabilität. Fürs erste erfuhren das Land und seine Metropole wechselnde Schicksale, ehe die Wiener Kongreßakte der österreichischen Herrschaft Dauer verlieh[4].

II. Peripherie oder Grenze?

Die gemeinsame Datenkonstellation für Salzburg und Passau bestand seit dem Untergang der geistlichen Staaten in der Verbindung von Grenz- und Peripherielage. Beide Phänomene sind deutlich voneinander zu unterscheiden: Sie können sich in ihrer Wirkung verstärken, ebenso aber auch divergieren und sich sogar gegenseitig neutralisieren. Salzburg bietet ein Beispiel für dieses letztere Phänomen.

Es scheint, daß die Entwicklung nach der Besitzergreifung der neuen Herren zunächst stärker durch die allgemeine Peripherisierung als durch die Besonderheit der Grenzlage bestimmt wurde. Seit der Peripheriebegriff mit neuer, spezifischer Bedeutung während der siebziger Jahre dieses Jahrhunderts in die wissenschaftliche Terminologie Eingang gefunden hat[5], vermochte er sich als nützlich zu erweisen. Hier soll das Peripheriephänomen in zwei Teilaspekten, dem politischen und dem ökonomischen, näher untersucht werden.

Was in beiden Städten mit dem Ende der staatlichen Selbständigkeit schlagartig zur Auswirkung gelangte, war die politische Peripherisierung, der Verlust jenes Zentralitätswertes, der in der Residenzfunktion sichtbaren Ausdruck fand. Konnte Passau als Regierungssitz des »Unterdonaukreises« von 1808 bis 1838 zumindestens noch zeitweilig die Zentralität einer administrativen Mittelbehörde halten[6], so sank Salzburg tiefer. Die ehemalige Residenz wurde der oberösterreichischen Landesregierung unterstellt und nahm nur noch den Rang einer »Kreisstadt« ein, eine Etage unter Linz. Erst 1861 stieg Salzburg wieder zum Sitz einer Landesbehörde auf[7].

Großherzoge davon bestimmt ist; nebst der Stadt Passau, derselben Vorstädten und allen und jeden Zugehörden diesseits des Inn und der Ilz und überdieß noch einen von ihrem äußersten Ende an zu nehmenden Bezirk von 500 französischen Toisen im Durchschnitt. – Zit. nach Karl ZEUMER, Quellensammlung zur Geschichte der Deutschen Reichsverfassung in Mittelalter und Neuzeit, Leipzig 1904, S. 441 f.; die *Toise* hat eine Länge von 1949 m. Über die bayerische Besitzergreifung s. Alexander ERHARD, Geschichte der Stadt Passau, 2 Bde. o. O. u. J. (Passau 1861 – Reprint 1974), hier: Bd. 1, S. 293.

4 Der Reichsdeputationshauptschluß wies das säkularisierte Erzstift dem Großherzog von Toskana als Entschädigung zu und arrondierte es u. a. durch Teile des Hochstifts Passau. Der Preßburger Frieden von 1805 machte Salzburg zum ersten Male österreichisch. Dieses Intermezzo wurde 1809 durch den Frieden von Schönbrunn abgebrochen, Salzburg kam zu Bayern und blieb bis zum Wiener Kongreß in dessen Besitz. Beim zweiten Übergang an Österreich im Jahre 1816 blieben allerdings einige Gebietsteile bei Bayern.

5 Vgl. u. a.: Jean GOTTMANN (Hg.), Centre and Periphery. Spatial variation in politics, Beverly Hills, London 1980.

6 Wilhelm VOLKERT (Hg.), Handbuch der bayerischen Ämter, Gemeinden und Gerichte 1799–1980, München 1983, S. 411. Bei der Verwaltungs- und Gebietsreform von 1837 wurde die Bezirksregierung von Passau nach Landshut verlegt, wo sie auch heute noch ihren Sitz hat.

7 Auf Länderebene waren in der cisleithanischen Reichshälfte grundsätzlich zwei Organe zu unterscheiden: Die zentralistischen »Landesbehörden« auf der mittleren Staatsverwaltungsebene und die föderalistischen »Landesvertretungen«. Beide haben in Salzburg erst 1861 ihre Arbeit

Die Aufhebung der Residenzen wurde in beiden Städten als Ursache wirtschaftlichen Niedergangs gesehen. So hieß es in Salzburg: *Die Folgen sind zu einleuchtend und bedürfen keiner Hinweisung. Unmuth, der größte Feind des Kunstfleißes, lagert sich in die Werkstätten. Rückwärtsgehen in jeder Hinsicht wird sein Loos sein. – So tief sind wir gesunken*[8].

Daß die Wirtschaft beider Städte in dieser Phase einen Niedergang erfuhr, wird von zeitgenössischen Beobachtern einhellig berichtet. Einhelligkeit besteht auch darüber, daß dieser Niedergang nachfrageinduziert war: Hof und Hofgesellschaft fielen als Nachfrager aus und verursachten damit negative Multiplikatoreffekte. Es erscheint jedoch fraglich, ob diese Schrumpfung als Ausdruck einer ökonomischen Peripherisierung gedeutet werden darf, die der politischen zur Seite zu stellen wäre. Diese Zweifel ergeben sich daraus, daß die ökonomische Zentralität von dem politischen Bedeutungsverlust weitgehend verschont wurde. Auch unter der neuen Herrschaft blieben Salzburg und Passau, was sie schon vorher gewesen waren: Wirtschaftliche Zentren ihres Umlandes, nicht mehr und nicht weniger. Die frühere Zentralität überregionaler Handelsplätze hatten beide schon vor dem hier zu untersuchenden Zeitraum weitgehend eingebüßt[9]. So besaßen beide Städte in dem Untersuchungszeitraum nur noch den Charakter regionaler Wirtschaftszentren.

In dieser Funktion dienten sie einerseits mit ihren periodischen Märkten als Umschlagplätze für die Agrarprodukte des Umlandes. Andererseits versorgten sie dieses mit gewerblichen Gütern und bestimmten Dienstleistungen[10]. Sie unterschieden sich damit nicht wesentlich von der Vielzahl kleiner und mittlerer Städte, die Deutschland, Österreich und die meisten anderen europäischen Länder mit einem dichten Netz zentraler Orte überzogen.

Werner Sombart hat, anscheinend als erster, nachdrücklich die geringe »territoriale Differenzierung« des vorindustriellen Wirtschaftslebens betont. Dies bedeutete, daß die interregionale Arbeitsteilung nur ein geringes Ausmaß erreichte und daß infolgedessen die meisten Produktionssparten einigermaßen gleichförmig über das Land verteilt waren[11]. Ein Spannungsverhältnis zwischen wirtschaftlichem »Zentrum« und »Peripherie« konnte

aufgenommen. Vgl. Ernst MAYRHOFER, Handbuch für den politischen Verwaltungsdienst in den im Reichsrathe vertretenen Königreichen und Ländern, 5. Aufl., Bd. 1, Wien 1895, S. 5.

8 Gutachten des Grafen Spaur von 1819 über den Stand der gewerblichen Produktion, zit. nach: F. MARTIN, Industrie, Gewerbe und Kunst in Salzburg 1819. In: Mitteilungen der Gesellschaft für Salzburger Landeskunde 81, 1941, S. 160. – Ähnlich über Passau: ERHARD (wie Anm. 3), S. 295ff.

9 Dabei spielte in beiden Fällen die österreichische Zoll- und Handelspolitik eine negative Rolle. Für Passau beklagt FABRI (wie Anm. 2), S. 50, daß Passau *wegen seiner Lage eine der reichsten Städte sein* könne, wenn *nicht durch die Mauthen des nahen Oesterreichs der Handel so sehr eingeschränkt würde.* Über Salzburg s. Josef WYSOCKI, Historische Grundlagen der räumlichen Wirtschaftsstruktur des Landes Salzburg. In: SIR (Salzburger Institut für Raumforschung), Mitteilungen und Berichte 3 u. 4, 1983, S. 15f.

10 Für Salzburg s.: Lorenz HÜBNER, Beschreibung der hochfürstlich-erzbischöflichen Haupt- und Residenzstadt Salzburg und ihrer Gegenden, Bd. 2, Salzburg 1793, S. 400ff.; für Passau s.: FABRI (wie Anm. 2), S. 49ff.

11 Werner SOMBART, Die deutsche Volkswirtschaft im Neunzehnten Jahrhundert, 2. Aufl., Berlin 1909, S. 29ff. Neuerdings über dieses Phänomen: Gert ZANG (Hg.), Provinzialisierung einer Region, Frankfurt/Main 1978, insbes. S. 17ff.

daher in vorindustrieller Zeit zumindest nicht in demselben Ausmaß gegeben sein wie später. Erst das Industriezeitalter hat die »territoriale Differenzierung« durch demographische und ökonomische Ballungstendenzen auf den Gegensatz hochdynamischer Zentren und statischer, wo nicht gar schrumpfender Peripherie zugespitzt. In den Zeiten zwischen dem Wiener Kongreß und dem industriellen »take off« um die Mitte des 19. Jahrhunderts kann davon jedenfalls kaum die Rede sein. So läßt sich denn auch die damals in Passau ebenso wie in Salzburg zu beobachtende Wirtschaftsschwäche schwerlich, zumindest aber nicht überwiegend oder gar ausschließlich als primäres ökonomisches Peripheriephänomen deuten. Sofern Stagnation und Schrumpfung auf Peripherisierung zurückzuführen waren, traf das alleine auf deren politische Erscheinungsform zu.

Wenn beide Städte mit den ehemaligen geistlichen Territorien in größeren Staaten aufgingen, so hatte das auch die Verlagerung wirtschafts- und finanzpolitischer Entscheidungskompetenzen in die neuen Zentralen München und Wien zur Folge. Was das bedeutete, wurde in Passau zutreffend beschrieben: *Die Stadt verlor nach und nach alle ihre uralten Rechte und Freiheiten: das Niederlagsrecht, den Salzhandel, das Umgeld auf Wein und Bier, einen großen Teil der Stadtwaggefälle, den Antheil an den bürgerlichen Strafgeldern u.s.w. als mit den Grundsätzen der Neuzeit nicht mehr verträglich, theils mit, theils ohne Entschädigung*[12]. Die Zentrale trat auch in die Verbindlichkeiten der ehemaligen Landesherren ein. Sie ließ sich aber in Bayern sehr reichlich Zeit, ehe sie ihren Verpflichtungen nachkam. Erst 1827 wurden Zins- und Tilgungsleistungen wieder aufgenommen: *Das Loos der passauischen Staatsgläubiger war bisher ein höchst trauriges gewesen, denn sie hatten seit dem Jahre 1803 keine Zinsen mehr erhalten*. Trotzdem hatten sie mehr Glück als die Salzburger[13].

Der Verlust politischer Zentralität wirkte sich nicht nur auf ökonomischem, sondern auch auf kulturellem Gebiet nachteilig aus. In Salzburg nutzten die Bayern das Intermezzo ihrer Herrschaft zur Aufhebung der Universität (1810), und in Passau beseitigten sie alsbald nach ihrer Besitzergreifung die theologischen und juristischen Lehrstühle der »Fürstbischöflichen Akademie« sowie die Ausbildungsstätten für »Chirurgen« und Hebammen[14]. Nach dem Tod des letzten Fürstbischofs wurde Passau zum Suffraganbistum des Erzbistums München und Freising[15]. Salzburg dagegen erfuhr durch die Diözeseneinteilung von 1818 zwar erhebliche Gebietsverluste, konnte aber den Metropolitenrang sowie die Primas- und Legatenwürde bewahren[16].

Die Vorgänge der Peripherisierung haben beide Städte in den ersten beiden Jahr-

12 Erhard (wie Anm. 3), S. 295.

13 Ebd., S. 318. In Salzburg ist eine solche Bedienung der Staatsschuld durch den österreichischen Nachfolgestaat gänzlich ausgeblieben.

14 Ebd., S. 294. Über diese Einrichtungen: Fabri (wie Anm. 2), S. 88 ff. S. auch: Franz Xaver Eggersdorfer, Die philosophisch-theologische Hochschule Passau. 300 Jahre ihrer Geschichte zur Hundertjahrfeier 1933, Passau 1933; über die bayerischen Maßnahmen insbes. S. 182 ff.

15 Lexikon für Theologie und Kirche (wie Anm. 1), Sp. 141. – Bis 1728 hatte Passau dem Salzburger Erzbischof als Metropoliten unterstanden. Die Aufwertung Wiens zum Erzbistum kostete den Passauer Sprengel zwar erhebliche Gebietsverluste, brachte aber dafür die Exemtion und das Pallium. Die Neuordnung ging auf das bayerische Konkordat von 1817 zurück, war aber zu Lebzeiten des letzten Fürstbischofs suspendiert geblieben.

16 Wetzer und Welte's Kirchenlexikon, 2. Aufl., Bd. 10, 1897, Sp. 1628 ff.

zehnten des 19. Jahrhunderts nachhaltig beeinflußt. Noch einmal aber ist zu sagen, daß dieses Geschehen mit dem Faktor Grenze nicht unmittelbar in Verbindung gebracht werden kann. Vielmehr läßt es sich in seinen Grundzügen überall da nachweisen, wo die neue politische Raumordnung ehemals selbständige Territorien ebenso verschwinden ließ wie die Zentren ihrer staatlichen Organisation[17].

Die aus dem Wandel der geopolitischen Daten resultierende Peripherisierung verstärkte sich im Verlauf des 19. Jahrhunderts durch den technischen Fortschritt im Verkehrswesen. Hatte Salzburg seine alte Bedeutung als Ausgangspunkt eines wichtigen Alpenübergangs schon seit dem 17. Jahrhundert schrittweise unter dem Einfluß politischer Faktoren eingebüßt, so blieben Passau die Vorteile der Wasserwege auch unter der bayerischen Herrschaft erhalten. Mehr noch: Sie gewannen sogar an Gewicht, als 1837 die regelmäßige Dampfschiffahrt auf der Donau begann[18]. Mehr denn je führte nun der Weg zu den Zentren der Donaumonarchie und des südöstlichen Europas über Passau, verband der Wasserweg doch nun seine herkömmliche Bequemlichkeit mit gesteigerter Geschwindigkeit. So nahm der Reichsverweser Erzherzog Johann im Revolutionsjahr 1848 für seine Reisen zwischen Wien und Frankfurt mehrmals den Wasserweg und wurde jedesmal in Passau gebührend begrüßt[19]. Es konnte scheinen, daß die neue Transporttechnik Passau förderlich sei.

Diese Phase dauerte aber nur kurze Zeit. Dann zeigte sich die Überlegenheit der Eisenbahn gegenüber dem Dampfschiff im Personenverkehr ebenso wie in der schnellen Güterbeförderung. Die bayerische Eisenbahnpolitik konzentrierte sich jedoch zunächst auf die Nord-Süd-Verbindungen. So gewann Passau erst 1860 Anschluß an das Schienennetz[20]. Das geschah fast in demselben Augenblick, in dem Salzburg mit München und dann auch mit Wien verbunden wurde[21]. Nahezu gleichzeitig ersetzte auch die Querverbindung zwischen der bayerischen Ostbahn und der österreichischen Westbahn den alten Wasserweg von Salzburg nach Passau über Salzach und Inn.

Die verkehrswirtschaftlichen Innovationen durch die Dampfkraft haben sich allem Anschein nach in beiden Städten unterschiedlich ausgewirkt. Während in Passau eine merkliche Verbesserung der Standortqualitäten durch die Dampfschiffahrt und keine nennenswerten Verschlechterungen durch die Eisenbahn zu erkennen sind, liegen die Dinge in Salzburg anders. Daß Semmering und Brenner lange vor den Tauernpässen durch den Schienenweg erschlossen wurden[22], entwertete Salzburgs Paßlage vollends und verstärkte damit seine Peripherisierung. Zur Peripherisierung gehörte in Salzburg

17 Eine vergleichende Studie über dieses Phänomen, über den Verlust der Residenzfunktion, fehlt bislang ebenso wie über die vielfältigen Effekte der Hofhaltungen.

18 ERHARD (wie Anm. 3), S. 319; Josef MOSER, Die Donauschiffahrt. Von der Entstehung bis zur Gegenwart. In: Ostbairische Grenzmarken 9, 1967, S. 57ff.; E. NEWEKLOWSKY, Die Schiffahrt und Flößerei im Raum der oberen Donau, Bd. 3 = Schriften des Instituts für Landeskunde von Oberösterreich 16, 1964; C. V. SUPPAN, Die Donau und ihre Schiffahrt, Wien 1917.

19 ERHARD (wie Anm. 3), S. 321.

20 Hugo MARGGRAFF, Die Kgl. Bayerischen Staatseisenbahnen in geschichtlicher und statistischer Beziehung, München 1894, S. 175.

21 Die »Kaiserin Elisabeth-Westbahn wurde ... ebenfalls 1860 eröffnet«.

22 Die Semmeringroute wurde 1854 eröffnet, die Brennerbahn 1864, die Tauernbahn erst 1909. Sie ist auch heute noch auf der Scheitelstrecke nur eingleisig befahrbar.

auch ein ökonomisches Phänomen, dem immer wieder entwicklungshemmende Effekte zugeschrieben wurden: Wiederholt ließ sich die Handelskammer vernehmen, daß es in der Stadt an leistungsfähigen Kreditinstituten mangele[23]. Aus Passau sind derartige Klagen nicht überliefert. Die Stadt besaß aber bis zu den siebziger Jahren des 19. Jahrhunderts keine Bank. Die 1825 gegründete städtische Sparkasse kam statutengemäß für die Handelsfinanzierung nicht in Frage.

Daß die Kreditwirtschaft peripherer Räume häufig nur schwach entwickelt war, ist vielfach belegt. Diese unzweifelhaften Mängel der Infrastruktur dürfen aber nicht mit generellem Kapitalmangel in den peripheren Räumen verwechselt werden. Vielmehr ist anzunehmen, daß deren relativ schwaches Wachstum sogar ein Kapitalüberangebot hervorbrachte. Dem Ressourcentransfer durch Abwanderung von Arbeitskräften in die Zentren stand mit einiger Wahrscheinlichkeit eine gleichgerichtete Bewegung des Kapitals zur Seite[24].

III. Besondere Merkmale der Grenze bei beiden Städten

Es ist ein und dieselbe Grenze, die Grenze zwischen Bayern und Österreich, deren Auswirkungen auf die beiden Städte zu untersuchen sind. Allerdings zeigen sich ihre Auswirkungen teilweise mit umgekehrtem Vorzeichen. Um diese Grenzen näher zu charakterisieren, erscheint es zunächst nützlich, festzustellen, was sie nicht ist, fehlen ihr doch gewisse Attribute, die einer Grenze zu eigen sein können:

1. Die Grenze ist keine natürliche Grenze, sie trennt keine unterschiedlichen Naturräume. Passau hat ohnehin einen Brückenkopf auf den südlichen Ufern von Inn und Donau, greift also über die Flüsse hinaus, die sich zumindest dafür eignen könnten, natürliche Grenzlinien zu bilden. Salzburgs Stadtgebiet wird heute zwar gegen Deutschland von einem Flußlauf getrennt, aber die bescheidene Saalach scheidet keinesfalls zwei Naturräume.

2. Die Grenze ist keine Sprachgrenze. Inwieweit sie als Volkstums- und Kulturgrenze anzusehen ist, muß vermutlich im Zeitablauf unterschiedlich entschieden werden; Klarheit dürfte dabei nicht immer leicht zu gewinnen sein. Für Passau wird berichtet, daß die Gefühle der Verbundenheit sogar deutlich über die Grenze hinauswiesen. Gegen jeden Fremden, so hieß es im ausgehenden 18. Jahrhundert, seien die Passauer feindlich gesonnen, wenn er in der Stadt seinen Broterwerb suche. Aber auch

23 *Die baldige Errichtung einer Filial-Eskomptebank ist eine Lebensfrage für unsern Handelsstand, nachdem die Hauptstädte aller an unsern Kammerbezirk angränzenden Kronländer, Linz, Klagenfurt, Graz und Innsbruck, sich der Wohltat einer Bankfilial-Eskompteanstalt erfreuen und dadurch eine so bedeutende Erleichterung des Verkehrs von Salzburg voraushaben, daß dieses für längere Zeit die Concurrenz im Geschäfte mit diesen begünstigten Plätzen auszuhalten nicht vermöchte:* Bericht der Handels- und Gewerbekammer für das Herzogthum Salzburg ... über den Zustand der Landeskultur, der Industrie, des Handels und der Verkehrsmittel in den Jahren 1854 bis incl. 1857, Salzburg 1858, S. 206. Diese Forderungen richten sich auf eine Filiale der Oesterreichischen Nationalbank.

24 Dazu grundsätzlich: Josef Wysocki, Untersuchungen zur Wirtschafts- und Sozialgeschichte der deutschen Sparkassen im 19. Jahrhundert, Forschungsberichte 11, Stuttgart 1980, S. 136 ff.

nur dann: *Sonst hegen sie gegen die Oesterreicher, Salzburger und andere eben keine feindseligen Gesinnungen. Desto mehr Abneigung empfinden sie gegen die bairische Nation. Dieses ist freilich befremdend, da gerade Oesterreich ihnen seit langer Zeit nach und nach viele Gerechtsame, Einkünfte und andere Vortheile entzogen hat, Baiern hingegen ihnen Salz und Getraide mittheilt, und noch viele andere Bequemlichkeiten zufließen läßt. Aber der Grund davon liegt vermuthlich darin, daß der größere Theil des passauischen Publikums aus gebornen Oesterreichern besteht. Diese verachten allemal unter jedem Himmelsstriche den Baiern und empfinden eine mächtige Antipathie gegen ihn*[25]. Auch in späteren Perioden wird diese Österreichfreundschaft aus Passau berichtet[26]. In Salzburg fehlt es an derlei Zeugnissen über grenzüberschreitende Sympathien der bayerischen Nachbarn. Elitäre Züge im Selbstbewußtsein der Oberbayern mögen sie im Aufkeimen vereitelt haben.

3. Die Grenze ist keine Religionsgrenze. Hüben wie drüben lagen zu Beginn des 19. Jahrhunderts rein katholische Gebiete. Erst die Wanderungen des 19. und vor allem des 20. Jahrhunderts haben diese Monostrukturen abgeschwächt, ohne sie verschwinden zu lassen. Die verschiedenen Neuerungen in der räumlichen Ordnung der katholischen Kirche im 19. Jahrhundert haben allerdings zur Identität von Staats- und Diözesangrenzen geführt.

4. Beide Städte besaßen jenseits der Staatsgrenze kein rivalisierendes Gegenüber. Es liegen also keine Situationen vor, die dem Muster von Mannheim – Ludwigshafen entsprechen.

5. Die Möglichkeit militärischer Bedrohung von der anderen Grenzseite gehört zwar zum Anfangsszenarium, wird aber noch in der ersten Hälfte des 19. Jahrhunderts abgebaut. Nach dem Vertrag von Ried (8. 10. 1813), der einen militärischen Konflikt zwischen den beiden Grenznachbarn unwahrscheinlich machte, ließ Bayern die bedeutenden Befestigungsanlagen von Passau allmählich verfallen[27]. Auch in Salzburg vollzog sich eine Abwertung der althergebrachten militärischen Bedeutung, aber sie ließ länger auf sich warten. Erst 1860 fiel das fortifikatorische Bauverbot; Salzburgs Stadtentwicklung unterlag also drei Jahrzehnte länger einem Hemmnis, das großenteils aus der Grenzlage resultierte[28]. Salzburg und Passau sind auch heute noch Garnison-

25 Fabri (wie Anm. 2), S. 43.

26 Der Passauer Bezirksarzt und Historiograph Alexander Erhard (wie Anm. 3), S. 317, schreibt aus zeitgenössischer Kenntnis, daß sich die Stadt Passau *der Gnade ihres neuen Landesvaters Maximilian I. nicht sonderlich zu erfreuen hatte. Schon bei der Säkularisation wurde durch übelwollende Beamte die Gesinnung ihrer Einwohner gegen die neue Dynastie in ein schiefes Licht gestellt und dieselbe einer heimlichen Hinneigung zu Oesterreich beschuldigt. Man bedachte nicht oder wollte nicht bedenken, daß Passau in den letzten 200 Jahren nur von Fürsten aus österreichischen Häusern regiert wurde und daher in vielfacher Verbindung mit diesem Reiche stand...*

27 Erhard (wie Anm. 3), S. 315; während der Napoleonischen Kriege war Passau, als vorgeschobener Posten gegen das Habsburgerreich, stark befestigt und mehrfach in militärische Operationen einbezogen worden: ebd., S. 297 ff.

28 Christiane Krejs, Salzburgs Stadterweiterung im 19. Jahrhundert – Planung und Realisierung. In: Heinz Dopsch (Hg.), Vom Stadtrecht zur Bürgerbeteiligung. Festschrift 700 Jahre Stadtrecht von Salzburg, Salzburg 1987, S. 156.

städte; wieweit diese Funktion mit der Grenzlage zusammenhängt, läßt sich für die Gegenwart schwerlich entscheiden[29].

IV. Der »Faktor Grenze«

Die vorangegangene Negativliste, die Aufzählung jener Attribute, die der hier zu untersuchenden Grenze fehlen, erlaubt es nunmehr, die Analyse ihrer Auswirkungen auf bestimmte Untersuchungsfelder zu reduzieren. Diese lassen sich einmal durch die Auswirkungen des »Faktors Grenze« determinieren und zum anderen durch bestimmte Erscheinungsformen des »Phänomens Stadt«. Die Grenze ist ein Hindernis für den freien Verkehr von Menschen, Gütern und Dienstleistungen. Darüber hinaus scheidet sie die Wirkungsbereiche von staatlichen Herrschaftssystemen. Das ist keine sonderlich originelle Aussage, aber sie bietet einen nützlichen Ausgangspunkt für die Kombination mit dem Stadtphänomen. Dessen ökonomische Erscheinungsformen sollen unter dem Oberbegriff des »Marktes« zusammengefaßt werden. Diesem wird eine Bedeutung verliehen, die über seine konkreten historischen Erscheinungsformen hinausgeht und in der Folge weitere Präzisierung erfahren wird.

1. Die Grenzstadt als Konsumzentrum

Johann Heinrich von Thünen, der Begründer räumlichen Denkens in der ökonomischen Theorie, hat das Versorgungsmuster der einzigen Stadt seines isolierten Staates mit konzentrischen Kreisen beschrieben. Zu seiner Zeit mit ihren relativ kurzen Versorgungsradien mögen Städte im Landesinnern dieser Vorstellung weitgehend entsprochen haben. Anders dagegen die »Stadt an der Grenze«: Ihre Versorgungsbeziehungen unterlagen nicht allein dem Gesetz der Isophoren, sondern zu einem wesentlichen Teil Einflüssen staatlicher Handelspolitik. Für beide Städte wird seit dem Beginn des Untersuchungszeitraums immer wieder berichtet, daß die Grenznähe ihre Versorgung mit Schwierigkeiten und Kosten belastete[30]. Es wird ebenso berichtet, daß Schmuggler nicht ohne Erfolg die Grenze zu überwinden suchten. So spielte etwa in

29 Das spärliche Schrifttum gibt darüber kaum Auskunft. S. für Passau: Gerold Benkenstein, Chronik der Garnisonstadt Passau, Passau 1983: Dort findet sich auf S. 34 der Hinweis, daß die Stationierung einer Bundesgrenzschutz-Einheit im Jahre 1958 mit Rücksicht auf die nahe ČSSR-Grenze erfolgte. Für die Fortsetzung der Garnisonstradition in Salzburg nach 1955 sprach dagegen u.a. die von der US-Besatzung stammende tragfähige militärische Infrastruktur, insbesondere die großen neuen Kasernen des damaligen »Camp-Roeder«, der heutigen »Schwarzenberg-Kaserne«. Zur allmählichen Entwertung der Paßlage Salzburgs: Herbert Hassinger, Die Übergänge über die Hohen Tauern vom Frühmittelalter bis ins 19. Jahrhundert. In: Tauernautobahn-Scheitelstrecke, Bd. 1, Salzburg 1976, S. 215ff.; Herbert Klein, Salzburgs Handel im Wandel der Zeiten. In: Hans G. Kernmayer, Brot und Eisen. Festschrift der Kammer der gewerblichen Wirtschaft, Salzburg 1951, S. 149ff.; Ders., Der Saumhandel über die Tauern. In: Herbert Klein, Beiträge zur Siedlungs-, Verfassungs- und Wirtschaftsgeschichte von Salzburg, hg. v. d. Gesellschaft für Salzburger Landeskunde, Salzburg 1965, Erg.-Bd. 5, S. 427ff.; Wolfgang Zorn, Gesamtdeutsche Wirtschaftsverflechtungen der östlichen Alpenländer im 18. Jahrhundert. In: Erzeugung, Verkehr und Handel in der Geschichte der Alpenländer. Festschrift für Herbert Hassinger, Innsbruck 1977, S. 409ff.

30 Für Salzburg ist dabei zu bedenken, daß die Grenzziehung ein traditionsreiches Beziehungsgefüge zu den an Bayern abgetretenen ehemaligen Gebietsteilen unterbrochen hat.

Passau die illegale Einfuhr der billigen österreichischen Rinder bei der Fleischversorgung eine nicht unbedeutende Rolle[31].

Bemerkenswerter aber ist eine neuere Entwicklung, die sich im Umland von Salzburg, jenseits der Staatsgrenze, vollzogen hat. Die Stadt Freilassing (Wohnbevölkerung 1970: 13042) ist Standort eines vielgestaltigen Einzelhandels, der an der gesamten Erwerbstätigkeit auffallendes Gewicht hat[32]. Es wird diesseits und jenseits der Grenze anerkannt, daß Einwohner der Stadt Salzburg einen nicht unbeträchtlichen Anteil der Kunden des Freilassinger Einzelhandels ausmachen. Die hohen österreichischen Grenzabgaben[33] haben diese grenzüberschreitenden Versorgungsbeziehungen nicht verhindert. Es mag sogar sein, daß gerade die Grenze diesen Beziehungen eine bestimmte Richtung gewiesen hat, läßt sich doch feststellen, daß die Preise mancher Waren auch dann unter dem Salzburger Niveau bleiben, wenn die österreichischen Grenzabgaben korrekt entrichtet werden.

2. Die Stadt als Zentrum der Arbeitsnachfrage

Es gehört zu den traditionellen Merkmalen der Stadt, daß sie eine konzentrierte Nachfrage nach Arbeit entfaltet. Dies ist sowohl Ursache als auch Folge ihrer typischen Funktionen. In den Epochen minimaler Tagespendler-Radien bedeutete dies zwangsläufig, daß in der Stadt wohnen mußte, wer dort arbeiten wollte. Die grundsätzliche Wende wurde mit der Eisenbahn eingeleitet und vom Busverkehr fortgeführt, ehe der Individualverkehr immer mehr in den Vordergrund trat.

Die Möglichkeit der Zuwanderung von Arbeitskräften wurde in beiden Städten durch die staatlichen Rechtsordnungen bestimmt. Zwischen Bayern beziehungsweise Deutschland auf der einen und Österreich auf der anderen Seite bestanden jedoch keine nennenswerten Unterschiede, und auch diese verschwanden, als die Rechtsverhältnisse für selbständige und unselbständige Arbeit durch völkerrechtliche Vereinbarungen geregelt wurden[34]. Dennoch lassen die vorliegenden statistischen Informationen nicht erkennen, daß eines der beiden Zentren in der Vergangenheit grenzüberschreitende

31 Dazu bietet ungewöhnliches Material: W. WILHELM, Die Zoll- und Grenzgeschichte um Wegscheid, Ostbairische Grenzmarken 17, 1975. Neben der Bestrebung nach Zollvermeidung wurden diese illegalen Transporte zeitweilig auch von gesundheitspolizeilichen Vorschriften veranlaßt. Unter Hinweis auf die in Österreich verbreitete Maul- und Klauenseuche verbot Bayern den Rindviehimport. Es wurde allerdings von österreichischer Seite behauptet, daß in Wahrheit protektionistische Bestrebungen den Grund der bayerischen Maßnahmen bildeten: Bericht der Handels- und Gewerbekammer für das Herzogtum Salzburg 1871–1880, S. 27 ff.

32 Bei einer Einwohnerzahl von rund 11000 betrug der Anteil von Handel und Verkehr an der Gesamtheit der Erwerbstätigen 1970 27,5 %. In vergleichbaren Orten der Region lag diese Quote wesentlich niedriger: Bad Reichenhall – 13000 Einwohner, 17,8 %; Berchtesgaden – 9000 Einwohner, 19,8 %. Vgl. Beiträge zur Statistik Bayerns 305, 1972, S. 24 f.

33 Bei kleineren Beträgen und bestimmten Warengruppen pauschaliert mit 25 % ad valorem, sonst Einfuhrumsatzsteuer und eventuell zuzüglich Tarifzoll.

34 Diese Regelungen erfolgten von 1868 an. Bis dahin bedurften Ausländer grundsätzlich einer Arbeitserlaubnis, deren Erteilung im Ermessensbereich der Verwaltungsbehörden lag. Sie wurde jedoch nur ausnahmsweise versagt. Über diese Materie s.: Ernst MAYERHOFER, Handbuch für den politischen Verwaltungsdienst in den im Reichsrathe vertretenen Königreichen und Ländern, 4. Aufl., Bd. 3, Wien 1881, S. 539 und 578 ff.

Attraktivität als Arbeitsmarkt entwickelt hätte und zum Ziel einer größeren Wanderungsbewegung geworden wäre. Am ehesten kann das noch von Passau gelten, allerdings erst vom letzten Viertel des 19. Jahrhunderts an[35]. In Salzburg blieb die bayerische Einwanderung noch bescheidener; von der Bevölkerung des Jahres 1910 waren nur insgesamt 8,2 % im Ausland geboren[36]. Daß nur wenige von ihnen aus der bayerischen Nachbarschaft stammten, darf angenommen werden. Diese Grenzregion befand sich damals nämlich unter dem Einfluß des Fremdenverkehrs in vollem Aufschwung und wies infolgedessen einen hohen aktiven Wanderungssaldo aus[37].

Mit dem Anstieg des Nahpendelns nach dem Zweiten Weltkrieg ergaben sich in beiden Städten gegenläufige Entwicklungen. Während Passau zum Ziel eines bedeutenden Pendlerstroms aus dem benachbarten Oberösterreich wurde, konnte Salzburg für die bayerischen Grenzbewohner als Arbeitsstätte nur geringe Anziehungskraft entwikkeln: Ein – freilich bescheidener – Pendlerstrom bewegte und bewegt sich von Salzburg aus über die deutsche Grenze[38]. Erst die Konjunkturverschlechterung der siebziger Jahre hat die Pendlerbewegung abgeschwächt.

3. Die Stadt als Angebotszentrum

Die Ausstrahlung der Stadt als Angebotszentrum hat sich im Verlauf der historischen Entwicklung vom Beginn des 19. Jahrhunderts bis zur Gegenwart beträchtlich gewandelt. Damals wie heute besteht das Angebot in Gütern und Dienstleistungen, aber deren Struktur veränderte sich. Unter den Gütern ist der Anteil derjenigen rückläufig, die dem Umland aus der eigenen Produktion der Stadt angeboten werden. Die fortschreitende »territoriale Differenzierung« hat dem Handel immer mehr Bedeutung verliehen. Bis weit ins 19. Jahrhundert hinein verfügte eine Stadt oder ein vergleichbares Zentrum in der Regel über bestimmte Sparten des warenproduzierenden Gewerbes, die auf den Dörfern allenfalls ausnahmsweise anzutreffen[39] waren. Das gilt auch für die beiden Fallbeispiele[40]. Wieweit sie mit diesem Angebot über die Grenze hinauszugreifen vermochten, läßt sich schwerlich präzisieren. Immerhin zeigt sich in der Reichenhaller Lokalpresse, daß manche Salzburger Gewerbetreibende genügend Kunden von jenseits der Grenze erhofften, um mit Inseraten einen gewissen Werbeauf-

35 Zwischen 1844 und 1852 sind nur insgesamt 48 Personen in die Stadt Passau eingewandert. Vgl. ERHARD (wie Anm. 3), S. 25.

36 Chr. DIRNINGER, Wandel und Konstanz der Wirtschaftsstruktur im 20. Jahrhundert. In: DOPSCH (wie Anm. 29), S. 277.

37 Beiträge zur Statistik Bayerns, 69, 1912.

38 Über die Pendelbewegungen in Passau: Friedrich BREYER, Die Wochenendpendler des Bayerischen und östlichen Oberpfälzer Waldes, Diss. rer. pol. München. In: WGI – Berichte zur Regionalforschung 4, 1970; Günther KAPFHAMMER und Christa NIEDERMAYER, Wanderarbeiter im südlichen Niederbayern, Ostbairische Grenzmarken 18, 1976. Für Salzburg s. O. LACKINGER, Die Bedeutung Salzburgs als Arbeitszentrum für das westliche Oberösterreich. In: SIR-Mitteilungen und Berichte 3, 1977, S. 22. Vgl. auch: Bevölkerungs- und Arbeitsmarkt-Prognose für das Land Salzburg bis 1990, Schriftenreihe des Salzburger Instituts für Raumforschung 8, 1981, S. 36ff.

39 SOMBART (wie Anm. 14).

40 Für Salzburg: Josef WYSOCKI, Die gewerbliche Wirtschaft Salzburgs von 1816–1860. In: Zschr. f. Unternehmensgeschichte 24, 1979, S. 150ff. Für Passau: ERHARD (wie Anm. 3), S. 269.

wand zu treiben[41]. Andererseits gibt es kaum Hinweise auf einen größeren Schmuggel mit Gewerbeerzeugnissen aus der jeweiligen Grenzstadt[42].

Dienstleistungen unterliegen grundsätzlich anderen Bedingungen als das Warenangebot. Mit der nahezu vollkommenen Durchlässigkeit der Grenze für den Personenverkehr gab es für die Inanspruchnahme ortsgebundener städtischer Dienstleistungen durch die Gebietsfremden keinerlei Einschränkungen. Auch der Kapitalverkehr hinüber und herüber blieb unbehindert. Allenfalls hatte der Österreicher des 19. Jahrhunderts lange Zeit das »Silberagio« einzukalkulieren, wenn er mit seiner Währung jenseits der Grenze zahlen wollte. Daß daraus Verkehrsbeschränkungen hervorgegangen wären, läßt sich nicht feststellen. Das »Silberagio« wurde regelmäßig bekanntgemacht, und so bedurfte es allenfalls einiger Rechenoperationen, wenn bayerische Gulden in österreichische verwandelt werden sollten[43]. Erst die Zwischenkriegszeit hat Einschränkungen des Kapitalverkehrs herbeigeführt[44], die mit der berüchtigten »Tausendmark-Sperre« der dreißiger Jahre ihren Höhepunkt erreichten[45].

Das städtische Dienstleistungsangebot alleine in seinen ökonomischen Dimensionen zu begreifen, würde eine schwer zu rechtfertigende Einschränkung bedeuten, umfaßt es doch bestimmte Sparten, die geradezu wesenhaft zu den städtischen Funktionen gehören und mit wirtschaftlichen Kategorien allenfalls in Teilaspekten zu erfassen sind. So besaßen beide Städte bereits im 19. Jahrhundert nicht unbedeutende Theater[46]. Wie weit die Passauer Bühne in das jenseitige Umland hinübergriff, läßt sich schwerlich präzisieren. In dem aufstrebenden Badeort Reichenhall widmete die Lokalpresse dem Salzburger Theatergeschehen nicht nur ausführliche Kommentare, sondern gab auch die Termine der regelmäßigen Theaterfahrten bekannt. Es muß allerdings fraglich bleiben, wie weit die Besonderheiten der Kurstadt hier zur Auswirkung kamen.

41 Allerdings liegt dazu nur Material aus dem Salzburger Grenzbereich vor. Das »Wochenblatt für das Königliche Landgericht Reichenhall« erschien seit 1841 und fand auch in den benachbarten bayerischen Landgerichtsbezirken Aufmerksamkeit. Dort inserierten Salzburger Produzenten mit gewisser Regelmäßigkeit.

42 In der zuvor genannten Reichenhaller Zeitung erschienen häufige Bekanntmachungen der bayerischen Zollbehörden über Aufgriffe von Schmuggelware. Sie bieten keinen Hinweis darauf, daß der Schmuggel von Salzburger Gewerbeerzeugnissen größeren Umfang besaß.

43 Es ist bemerkenswert, daß die nicht unbeträchtlichen Schwankungen des »Agios« als Wechselkursrisiko nicht ausreichten, um Einlagen aus dem bayerischen Grenzbereich in der Salzburger Sparkasse zu verhindern: Archiv der Sparkasse Berchtesgadner Land in Bad Reichenhall, LAU/A 1401001 ff.

44 Howard S. ELLIS, Exchange control in central Europe, Cambridge (Mass.) 1941, S. 48 ff. und S. 159 ff.

45 Wurde der grenzüberschreitende Kapitalverkehr von seiten der Bundesrepublik nach dem Zweiten Weltkrieg bereits in den fünfziger Jahren liberalisiert, so blieben in Österreich beträchtliche Einschränkungen bis heute in Kraft. Wie weit sie in der Realität Beachtung finden, kann nur Gegenstand von Spekulationen sein. Allerdings unterliegt es keinem Zweifel, daß die neueste österreichische Gesetzgebung im Kreditwesen Geld- und Kapitalanlagen in Österreich für Devisenausländer mit einigen Reizen versehen hat.

46 Die Salzburger Theatergeschichte wird in dem für 1990 angekündigten dritten Band der »Geschichte Salzburgs«, hg. v. Heinz DOPSCH und Hans SPATZENEGGER, behandelt werden. Für Passau s. Gottfried SCHÄFFER, Das fürstbischöfliche und königliche Theater zu Passau. In: Neue Veröffentlichungen des Instituts für Ostbairische Heimatforschung 33, 1973.

Zu den typischen Zentralitätsfunktionen gehört auch das Bildungswesen. In Passau haben zahlreiche Österreicher ihre höhere Schulbildung erhalten[47]. Ob Ähnliches auch für Salzburg gilt, muß mangels geeigneter Studien fraglich bleiben. Immerhin besaßen die dortigen Höheren Schulen lange Zeit in der bayerischen Grenzregion keine Konkurrenz[48]. Schließlich ist auch die medizinische Versorgung als typische städtische Zentralfunktion zu nennen. Wiederum gilt, daß auch hier beide Städte über die Grenzen hinauswirkten und das auch heute noch tun.

Sind damit nicht unerhebliche Gemeinsamkeiten in den Funktionen der beiden Grenzstädte aufgezeigt, so ist abschließend noch eine Besonderheit in den Auswirkungen der Grenze zu erwähnen, die alleine Salzburg vorbehalten bleibt: Für die wirtschaftliche Entwicklung der Stadt hat die Grenze in der Zeit nach dem Zweiten Weltkrieg unzweifelhaft fördernde Wirkung besessen. Dieser Effekt kann allerdings nicht verstanden werden ohne den Hinweis, daß Salzburg mit dem Ende der Monarchie eine radikale Aufwertung seiner Standortqualitäten erfuhr. Lag die Stadt bis dahin an der Peripherie eines Großreichs, so wurde sie nun zur geographischen Mitte des neuen Kleinstaats. Zwischen seinen westlichen und den östlichen Teilen gab es keine Verkehrsverbindung mehr, die nicht durch das Land Salzburg geführt hätte. Die neue wirtschaftliche Raumordnung, die sich damit anbahnte, fand Unterstützung durch die geopolitischen Entwicklungen nach dem Zweiten Weltkrieg: Österreichs Osten und mit ihm die Hauptstadt Wien lagen bis zum Abschluß des Staatsvertrags in der sowjetischen Machtsphäre. Die »Westorientierung« Österreichs verstärkte sich dadurch, und Salzburg profitierte von dieser Entwicklung.

Ein weiterer Faktor kam hinzu: die europäische Wirtschaftsintegration. Österreich schloß sich der EFTA an, und damit erfuhr Salzburg eine weitere Aufwertung. Unmittelbar an der Grenze der EWG/EG gelegen und im Ausstrahlungsbereich des ungemein dynamischen Münchner Raums, wurde Salzburg nun zu einem verlockenden Standort für Unternehmen aus der EG, die die EFTA-Grenze überwinden wollten.

Beide Effekte, die innerstaatliche Zentralität und die Grenznähe, wirkten zusammen und führten zahlreiche ausländische Unternehmen nach Salzburg. Ungefähr gleichzeitig nahm auch das Transportgewerbe einen bedeutenden Aufschwung, und obendrein wählten die meisten Generalimporteure von Kraftfahrzeugen Salzburg zu ihrem Sitz. So zeigte sich in Salzburg der »Faktor Grenze« in einer Wirkungsweise, die in Passau keinerlei Entsprechung hat: Die Grenze wurde zur Ursache wirtschaftlichen Aufschwungs. Bieten neuere Schriften über Passau oft den Hinweis, daß die Stadt »trotz der Grenznähe« einen wirtschaftlichen Aufschwung genommen hat, so könnte man dem weit überproportionalen Wachstum Salzburgs eine gegenteilige Interpretation zugrunde legen: Dynamik nicht trotz, sondern wegen der Grenze.

47 Vgl. August LEIDL, Der Weg der Philosophisch-Theologischen Hochschule in Passau. In: Ostbairische Grenzmarken 20, 1978, mit weiterführenden Literaturangaben.

48 Bad Reichenhall, der grenznächste zentrale Ort, erhielt zwar bereits 1852 ein »Lyzeum« der Englischen Fräulein, das bis 1938 bestand und mit seinem Einzugsbereich sogar weit in die Donaumonarchie hineingriff. Für die männliche Jugend wurde dort jedoch erst 1914 eine Realschule geschaffen; vgl. Hubert VOGEL, Geschichte von Bad Reichenhall, München 1971, S. 74. Die übrigen höheren Schulen im heutigen Landkreis Berchtesgadener Land sind ausnahmslos jünger.

Saarbrücken – Stadt an der Grenze

VON HANS-WALTER HERRMANN

Saarbrücken, die Landeshauptstadt des Saarlandes[1], scheint wie Aachen eine Grenzstadt im wörtlichen Sinn zu sein, da die Stadtgrenze in einem beträchtlichen Abschnitt ihres Verlaufs mit der deutsch-französischen Staatsgrenze zusammenfällt. Zwischen 1909 und 1973 entfielen bei 40 km Gesamtlänge der Stadtgrenze 9,5 km auf die Staatsgrenze, das sind 23,75 %. Seit der kommunalen Gebietsreform des Jahres 1974 ist es eine Strecke von 19,9 km bei einer Gesamtlänge von 75,84 km, also 26,5 %. Nur auf wenigen Kilometern bildet seit 1974 der Lauf der Saar die Grenze, die städtische Bebauung reicht lediglich an zwei Stellen (Unner und Goldene Bremm) unmittelbar an die Staatsgrenze heran; meist ist es der Waldgürtel des Stiftswaldes, der nach Süden das Saarbrücker Stadtgebiet von Frankreich abgrenzt.

Seit dem Mittelalter bestanden nebeneinander die beiden Städte Saarbrücken (auch Alt-Saarbrücken genannt) auf dem linken, südlichen Saarufer und St. Johann auf dem rechten Ufer. Im letzten Viertel des 19. Jahrhunderts trat die junge Industriestadt Malstatt-Burbach auf dem rechten Flußufer unterhalb St. Johann hinzu. Die drei Städte wurden nach Überwindung mancherlei Schwierigkeiten am 1. April 1909 zur Großstadt Saarbrücken zusammengeschlossen. Sie erfuhr im Unterschied zu den meisten anderen deutschen Großstädten lange Zeit keine Vergrößerung durch Eingemeindungen, auch wenn längst ein baulicher Zusammenhang zu den Nachbargemeinden hergestellt war. Erst die große saarländische kommunale Gebiets- und Verwaltungsreform, die zum 1. Januar 1974 in Kraft trat, weitete die Fläche der Landeshauptstadt auf 16 803 ha mit 213 000 Einwohnern aus.

Im Verlauf von 200 Jahren entwickelte sich Saarbrücken von einer Residenzstadt über eine Gewerbe- und Industriestadt zur heutigen Landeshauptstadt, Universitäts-

1 Eine moderne Stadtgeschichte fehlt, für die ältere Zeit ist immer noch heranzuziehen: Albert RUPPERSBERG, Geschichte der Stadt Saarbrücken, 2 Bde., 2. Aufl. Saarbrücken 1913, weiterhin die beiden Festschriften: 25 Jahre Stadt Saarbrücken, hg. von H. KRUECKEMEYER, Saarbrücken 1934 und Saarbrücken 1909–1959; Saarbrücken – 50 Jahre Großstadt, hg. vom Kulturdezernat der Stadt Saarbrücken, Schriftleitung: Karl SCHWINGEL, Saarbrücken 1959; ferner Hans RIED, Die Siedlungs- und Funktionsentwicklung der Stadt Saarbrücken (= Annales Universitatis Saraviensis, Philosophie-Lettres Vol. VII Fasc. 1/2 (1958). Hans-Walter HERRMANN, Gedanken zum Aufstieg Saarbrückens. Zum 50jährigen Bestehen der Großstadt Saarbrücken. In: Saarbrücker Hefte 9, 1959, S. 7–33; Saarbrücken – Wirtschaftszentrum an der Grenze, hg. von der Sparkasse der Stadt Saarbrücken, Saarbrücken 1960; schließlich Städtebuch Rheinland-Pfalz und Saarland, hg. von Erich KEYSER, Stuttgart 1984 (= Deutsches Städtebuch IV, 3), S. 508–530, und Hanns KLEIN, Saarbrücken – territoriales und wirtschaftliches Zentrum der Saar. In: Bll. f. dt. Landesgeschichte 111, 1975, S. 138–158.

und Messestadt. Die strukturellen Auswirkungen dieses Wandels können im Rahmen dieser Arbeit nicht behandelt werden. Der Aufstieg Saarbrückens zum Oberzentrum des zugehörigen Industriereviers basiert auf zwei natürlichen Faktoren, einmal auf der Lage inmitten eines Montanreviers, zum anderen auf der Lage an einer seit vorrömischer Zeit stark genutzten West-Ost-Verbindung vom Pariser Becken zum Oberrhein und von dort weiter nach Süddeutschland.

Die benachbarten Städte auf der französischen Seite sind das in 8 km Luftlinie südlich vom Stadtkern gelegene Forbach und das 15 km saaraufwärts gelegene Saargemünd, Städte mit 27000 beziehungsweise 25000 Einwohnern. Ein Rivalitätsverhältnis zu Saarbrücken, etwa dem von Lindau und Bregenz vergleichbar, verhindert die ungleiche Größe.

Die Mehrdeutigkeit des Begriffs »Grenze« als Trennungslinie zwischen Territorien, Staaten und Verwaltungsbezirken, zwischen Wirtschafts-, Währungs- und Zollgebieten, zwischen Sprach- und Kulturräumen, zwischen Konfessionen und Diözesen wurde in den vorausgegangenen Referaten dieser Tagung schon angesprochen. In dem Maße, wie sich die verschiedenen Grenzlinien decken oder bündeln, ist der Charakter einer Stadt in Grenznähe als »Grenzstadt« mehr oder weniger stark ausgeprägt. Er wird dort am deutlichsten, wo die Grenze Staaten, Wirtschafts- und Währungsräume, Sprach- und Kulturräume voneinander scheidet. Die nationalstaatliche Entwicklung des 19. und 20. Jahrhunderts hat die Deckung der verschiedenen Grenzen angestrebt. Im Falle Saarbrückens wurde eine solche Deckung der politischen, wirtschaftlichen, sprachlichen, kirchlichen und kulturellen Grenze nie ganz erreicht.

Schon im Spätmittelalter war die Saarbrücker Stadtgrenze gegen Süden in ihrem heutigen Verlauf ausgeprägt. Hier stieß der Herrschaftsbereich der Grafen von Saarbrücken, später der Grafen beziehungsweise Fürsten von Nassau-Saarbrücken, an die zum Herzogtum Lothringen gehörige, meist als Lehen vergebene Herrschaft Forbach. Seitdem der Nürnberger Vertrag von 1542[2] die Lockerung der Bindungen des Herzogtums Lothringen an das Reich festgeschrieben hatte, die Zuständigkeit des Reichskammergerichts und die Reichssteuerhoheit in Lothringen eingeschränkt hatte und damit das Herzogtum Lothringen zum Gebiet einer geminderten Reichssouveränität geworden war, trennte die Grenze gegenüber dem Herzogtum Lothringen stärker als die Grenzen gegenüber den anderen an die Grafschaft Saarbrücken anstoßenden Territorien. Als nach dem Tod von Stanislas Lesczinski (1766), dem letzten Herzog von Lothringen, das Herzogtum Lothringen seinem Schwiegersohn König Ludwig XV. zufiel, erhielt die bisherige nassau-lothringische Territorialgrenze die Qualität einer Staatsgrenze zwischen dem Königreich Frankreich und dem Heiligen Römischen Reich Deutscher Nation. Französische Sondierungen im Zuge der anstehenden Grenzbereinigungsverhandlungen, die nassauische Grenzstadt Saarbrücken einzutauschen und die Staatsgrenze im heutigen Stadtgebiet bis zur Saar vorzuschieben, wurden von nassauischer Seite abgelehnt[3].

2 Zum Nürnberger Vertrag zuletzt Walter MOHR, Geschichte des Herzogtums Lothringen Teil IV: Das Herzogtum Lothringen zwischen Frankreich und Deutschland (14.–17. Jh.), Trier 1986, S. 163.

3 Hans-Walter HERRMANN, Beiträge zu den nassau-saarbrückischen Austauschverhandlungen mit Frankreich 1737–1768. In: Ztschr. f. d. Gesch. d. Saargegend 16, 1968, S. 318f.

Nach rund zwanzigjähriger Unterbrechung wurde durch den 2. Pariser Frieden (20. November 1815) die ehemalige deutsch-französische Staatsgrenze in ihrem südlich von Saarbrücken verlaufenden Abschnitt wiederhergestellt, nun als Grenze zwischen Frankreich und Preußen. Mit der Angliederung Elsaß-Lothringens an das Deutsche Reich wurde sie zu einer Verwaltungsgrenze heruntergestuft. Übrigens verlief nur 10 km östlich von Saarbrücken auch die Grenze zwischen den beiden dem Deutschen Bund angehörigen Königreichen Preußen und Bayern.

Bekanntlich war Saarbrücken mit dem Saarindustrierevier und den zugehörigen Arbeiterwohngebieten nach den beiden Weltkriegen von Deutschland abgetrennt, aber nicht in den französischen Staatsverband eingegliedert[4], so daß zwischen 1920 und 1935 die Grenze des unter einer Mandatsverwaltung des Völkerbundes stehenden Saargebietes und zwischen 1947 und 1956 des halbautonomen Saarlandes mehr als eine Verwaltungsgrenze war, eher als Staatsgrenze bezeichnet werden muß, wenn auch dem Saargebiet/Saarland in den beiden Zeiträumen 1920–1935 und 1947–1956 nicht volle Eigenstaatlichkeit zuerkannt werden kann[5]. Uneingeschränkt gilt der Begriff »Staatsgrenze« für die Jahre 1935–1940 und wieder seit dem 1. Januar 1957, als das Saarland als eigenes Land in die Bundesrepublik Deutschland eingegliedert wurde. Mit der offiziellen Einführung der Reformation lutherischer Prägung[6] im Jahr 1575 wurde die Grenze zwischen der Grafschaft Saarbrücken und dem Herzogtum Lothringen auch Konfessionsgrenze. Heute lebt beiderseits der Grenze eine gemischtkonfessionelle Bevölkerung, allerdings mit einem stärkeren protestantischen Anteil auf der Saarbrücker Seite. Die kirchlichen Verwaltungsgrenzen zwischen den Diözesen Metz und Trier, zwischen Evangelischer Kirche im Rheinland und der elsaß-lothringischen Kirche der Augsburger Konfession folgen der Staatsgrenze.

Die Staatsgrenze zwischen Saargebiet/Saarland einerseits und Frankreich andererseits war nicht immer zugleich auch Wirtschafts- und Währungsgrenze; zwischen dem 10. Januar 1925 und dem 18. Februar 1935 und wieder zwischen dem 1. März 1948 und dem 5. Juli 1959 war das Saargebiet/Saarland in einer Wirtschafts- und Währungsunion mit Frankreich verbunden. Sie blieb nach der politischen Eingliederung in die Bundesrepublik für rund zweieinhalb Jahre (bis 5. Juli 1959) bestehen, um der Saarwirtschaft die Umorientierung vom französischen auf den deutschen Markt, von einer protektionistisch-dirigistischen Wirtschaft auf die freie Marktwirtschaft zu erleichtern. Auch nach der wirtschaftlichen Eingliederung galten aufgrund des deutsch-französischen Vertrages zur Regelung der Saarfrage vom 27. Oktober 1956 Sonderbestimmungen für einen zollfreien französisch-saarländischen Warenaustausch, die inzwischen durch EG-Recht abgelöst sind.

4 Zur politischen Geschichte des Saarlandes im 20. Jahrhundert vgl. zusammenfassend Hans-Walter HERRMANN und Georg Wilhelm SANTE, Geschichte des Saarlandes, Würzburg 1972.

5 Vgl. dazu die beiden ungedruckten Dissertationen von Kurt JUSTEN, Die Grundprinzipien der Verfassung des Saarlandes unter besonderer Berücksichtigung seiner völkerrechtlichen Stellung, Köln 1953, und von Helmut LAUK, Der Rechtstyp der französisch-saarländischen Staatenverbindung ihren Merkmalen nach, Tübingen 1952.

6 Vgl. dazu Hans-Walter HERRMANN, Die Reformation in Nassau-Saarbrücken und die nassau-saarbrückische Landeskirche bis 1635. In: Ev. Kirche an der Saar – gestern und heute, Saarbrücken 1975, S. 42–111.

Die Grenzziehung zwischen den Königreichen Preußen und Frankreich im 2. Pariser Frieden von 1815 folgte nicht der germanisch-romanischen beziehungsweise der deutsch-französischen Sprach- und Volkstumsgrenze. Diese verlief damals durch das französische Grenzdepartement Moselle, etwa in einem Abstand von 35 km jenseits der Staatsgrenze. Durch den Zuzug von Franzosen, Italienern, Slawen und Nordafrikanern in das ostlothringische Industrierevier[7] und auch durch die französische Sprachen- und Schulpolitik ist die Sprachgrenze inzwischen näher an die Staatsgrenze herangerückt, aber noch fällt sie nicht mit ihr zusammen.

Diese gedrängte Übersicht sollte die Charakterisierung von Saarbrücken als Grenzstadt spezifizieren, aber auch relativieren. Fassen wir kurz zusammen: Saarbrücken lag von 1815 bis 1871, von 1918 bis 1940 und dann wieder seit 1945 unmittelbar diesseits der französischen Staatsgrenze; diese Grenze war zwischen 1925 und 1935, 1940 und 1944, 1948 und 1959 nicht Wirtschafts- und Zollgrenze und nie Sprachgrenze.

Als Preußen im Jahre 1816 die Verwaltung der ihm zugefallenen Saargegend organisierte, war die Doppelstadt Saarbrücken-St. Johann mit rund 6000 Einwohnern zwar die größte Stadt des Gebietes, erhielt aber nur den Rang einer von insgesamt fünf Kreisstädten. Die zuständige Bezirksregierung als Verwaltung der mittleren Ebene wurde in dem größeren Trier angesiedelt und blieb dort, solange die Zugehörigkeit der Saargegend zu Preußen währte. Erst die Abtrennung des Saarindustriereviers von Preußen und Bayern durch den Versailler Vertrag machte Saarbrücken zum Verwaltungsmittelpunkt für das gesamte Revier.

Es versteht sich, daß Saarbrücken Sitz von Behörden wurde, die in besonderem Maße mit der Abwicklung und Überwachung des Grenzverkehrs befaßt waren. Es erhielt neben Aachen eine der beiden Grenzeingangs- und Grenzausgangspostanstalten, die nach dem preußisch-französischen Postvertrag vom 16. Juli 1816 einzurichten waren, und ein Hauptzollamt[8], das 1836 einen ansprechenden Neubau in der Saarbrükker Vorstadtstraße Nr. 46 beziehen konnte, der leider dem Zweiten Weltkrieg zum Opfer fiel.

In wirtschaftlicher Hinsicht brachten die ersten Jahre nach Übergang der Saargegend an Preußen eine Verschlechterung. Aus der Binnenlage in einem einzigen vom Oberrhein bis zum Atlantik reichenden Wirtschaftsraum war Saarbrücken in den südlichen Zipfel der preußischen Rheinlande in unmittelbare Grenzlage zu Frankreich und Bayern gerückt. Frankreich verhinderte mit Handelssperren die Einfuhr aller Waren, die mit seinen eigenen Erzeugnissen in Wettbewerb treten konnten. Der Saarbrücker Landrat führt bewegte Klagen über die Auswirkungen auf seinen Kreis: *Bei einigen Artikeln aus Eisen, Stahl und Leder nahm wohl die Consumtion etwas ab, weil im Krieg diese Artikel mehr verbraucht werden als in Friedenszeiten. Hauptsäch-*

7 Peter MOLL, Das lothringische Kohlenrevier. Eine geographische Untersuchung seiner Struktur, Probleme und Entwicklungstendenzen, Saarbrücken 1970 (= Veröffentl. d. Inst. f. Landeskde. im Saarland 18).

8 Ernst SCHILLY, Saarbrücken und der preußisch-französische Zeitungsaustausch zu Beginn des 19. Jahrhunderts. In: Ztschr. f. d. Gesch. d. Saargegend 10/11, 1960/61, S. 12. Das Hauptzollamt bestand schon im Oktober 1818 (LA Saarbrücken [wie Anm. 9], Nr. 201 Bl. 65), nicht – wie in der Literatur meist angegeben – erst seit 1843.

lich aber wurde der Debit dieser Artikeln wie anderer dadurch außerordentlich geschwecht und erschwert, daß Frankreich durch seine Mauthgeseze sehr vielen den Eingang in das Land ganz verbott wie z.B. Eisen, Gußwaaren, Leder und Glas aller Art, auf andere als Stabeisen, Stahl in Stäben, Salmiac, Allaun, Berliner Blau etc. den Eingangszoll so hoch sezte, daß manche Artikel gar nicht und andere nur ohne den mindesten Gewinn eingeführt werden können. Aus diesen Ursachen musten die Fabrikanten ihre Fabrickation einschränken und ihre Fabricken nur so betreiben, daß sie noch fort existirn können und nicht zu Grunde gehn, einige z.B. die Rußhütten musten wegen zu großem Vorrath von Waare ganz still liegen bleiben und können erst seit etlichen Monaten wieder und zwar nur einige betrieben werden, weil ihr Hauptabsaz Frankreich seyn muß. Für Sohlleder muste ganz neuer Ausweeg gesucht werden, man bezog die Frankfurter Meße und verkief auf dieser an die Lederhändler der alten Staaten und wenn nicht vorzügliche Qualität von amerikanischen Heuten geliefert werden könnten, würde auch dieser Debit sich verliern. Fensterglas und Glaswaaren halten sich am leydentlichsten ohngeachtet die Preise auch geringer sind als ahndeßen, allein der Absaz erhält sich doch ziemlich ... wie der ehemals so blühende Handel mit Specerey- und Colonialwaren genzlich verschwunden ist und sich auf kleine Krämerey reducirt, welche sich auf den Verbrauch im Lande selbst beschränkt[9].

Allerdings besaß das Saarrevier mit seinen Steinkohlenvorkommen einen Rohstoff, der in Frankreich selbst damals noch nicht in ausreichendem Maße verfügbar war. Zwar setzen sich die Flöze des Saarbrücker Carbon unter der Landesgrenze nach Südwesten fort, aber sie konnten mit den bergbautechnischen Möglichkeiten der ersten Hälfte des 19. Jahrhunderts noch nicht abgebaut werden[10]. Jahrzehntelange Einschläge in den lothringischen Wäldern ohne gleichzeitige Aufforstungen hatten einen erheblichen Mangel an Brennstoff entstehen lassen, der in Ostfrankreich fast ausschließlich durch saarländische Steinkohle gedeckt wurde. Hauptverbraucher waren bis zur Mitte des Jahrhunderts die Salinen in Dieuze, Château-Salins und Moyenvic, das elsässische und lothringische Schmiedegewerbe, die Zuckerraffinerien, die Branntweinhersteller, die Gewehrfabrik in Straßburg, die Arsenale in Metz und Straßburg, später auch die de Wendel'schen Eisenwerke und die französischen Ostbahnen. Drei Fünftel der Förderung der preußischen Saargruben wurden bis zur Mitte des Jahrhunderts nach Frankreich exportiert, zwischen 1850 und 1870 immerhin noch knapp die Hälfte[11].

Dem Saarbrücker Handel kam der hohe Kohlenexport nach Frankreich nur in geringem Maße zugute, denn der preußische Bergfiskus verkaufte einen großen Teil seiner Förderung direkt von den einzelnen Gruben aus, später bediente er sich der Vermittlung von Pariser Agenten[12]. Nur einzelne Saarbrücker Handelsfirmen waren

9 Bericht des Saarbrücker Landrates Wilhelm Heinrich Dern an die preuß. Bezirksregierung in Trier vom 18. 11. 1822 (LA Saarbrücken Best. Landratsamt Saarbrücken Nr. 204 Bl. 17–18), dito vom 25. 8. 1830 (ebd., Nr. 3 Bl. 34). Noch in den 1850er Jahren klagten Bürgermeister im Landkreis Saarbrücken über die schwankende französische Zollpolitik, die einmal die Einfuhr drossele, ein anderes Mal sie begünstige (ebd., Nr. 209).

10 Moll (wie Anm. 7).

11 Konrad Fuchs, Die Bemühungen der preuß. Bergbauverwaltung um den Absatz der Steinkohlenförderung des Saarreviers 1850–1900. In: Ztschr. f. d. Gesch. d. Saargegend 13, 1963, S. 94f.

12 Ebd., S. 101.

zunächst am Kohlenhandel beteiligt[13]. Der geringere Teil der für französische Abnehmer bestimmten Kohlen lief auf dem Wasserweg saarabwärts und moselaufwärts bis Diedenhofen und Metz. Den Transport auf kleinen Schiffen mit geringer Tonnage übernahmen Halfen, vornehmlich aus den Kreisen Merzig und Saarburg[14]. Der größere Teil der für Frankreich bestimmten Kohlen wurde direkt auf den preußischen Bergwerken von lothringischen Bauern geladen als Gegenfracht zu dem Salz aus den lothringischen Salinen, dessen Transport zur Kohlwaage bei St. Johann ihnen in den Wintermonaten und zwischen den Erntezeiten Nebeneinkünfte brachte[15]. Wir haben festzuhalten, daß Handel, Transport und Umschlag der Massengüter Salz und Steinkohle nicht in größerem Maße den Saarbrücker Handelsleuten und dem örtlichen Transportgewerbe zugute kamen.

Die einheimischen Handelshäuser und Speditionsfirmen[16] befaßten sich mehr mit dem Transithandel zwischen Frankreich und Preußen. Die auf den Frankfurter und Leipziger Messen umgesetzten Waren nahmen über Saarbrücken ihren Weg, zeitweise auch die für Frankreich bestimmten Erzeugnisse der Barmer Textilindustrie, die durch den Weg über Saarbrücken den hohen belgisch-niederländischen Transitzöllen auswich. In den Auflistungen der über Saarbrücken laufenden Waren erscheinen in den ersten Jahren nach der Besitznahme durch Preußen sogar für Warschau und Rußland bestimmte Waren[17]. *Saarbrücken ist gleichsam ein Stapelort vor der französischen Grenze. Alles Fuhrwesen und alle Fuhrleute, die aus Deutschland kommen, laden in Saarbrücken ab und die Waaren werden auf andere Fuhren geladen, die von da nach Frankreich und bis nach Paris fahren. Das Fuhrwesen, so aus Frankreich kommt, gehet gewöhnlich auch nur bis Saarbrücken, wo es bey einem Spediteur die Waaren abladet und die aus Deutschland gekommenen und hier abgeladenen Waaren mit zurück nach Frankreich führt, so wie die deutschen Fuhren die aus Frankreich gekommenen Waaren aufladen und sie nach Maynz, Frankfurt etc. transportirn.* Mit diesen Worten schildert der Landrat Dern die damaligen Usancen[18]. Die Saarbrücker Speditionshäuser, denen sich später auch Zweigniederlassungen französischer Firmen zugesellten[19], sahen ihre

13 Als älteste Firma die 1822 gegründete Kohlenhandelsgesellschaft Friedrich Röchling (Alexander TILLE, Das Haus Röchling und seine Unternehmungen, Saarbrücken 1907, S. 30).
14 Kurt HOPPSTÄDTER, Die Saar als Wasserstraße. In: Ztschr. f. d. Gesch. d. Saargegend 13, 1963, S. 35.
15 FUCHS (wie Anm. 11), S. 93; HOPPSTÄDTER (wie Anm. 14), S. 33.
16 In den ersten Jahren unter preußischer Herrschaft waren dies Heinrich Karcher, Georg Schmidborn, G. Ph. Korn, Balthasar Schlachter & Sohn, Jacob Karcher, die von Landrat Dern konsultiert wurden (LA Saarbrücken [wie Anm. 9], Nr. 204 Bl. 37). 1830 nahm das Handelshaus Rollé einen wichtigen Platz im Handel mit Frankreich ein, es unterhielt eine Niederlassung in Paris (ebd., Nr. 3 Bl. 34).
17 *Nachweisung der mit dem Postwagen jährlich hierdurch und nach den Messen von Frankfurt, Leipzig und Warschau sowie nach Rußland gehenden französischen Fabrik- und anderen Waren* (LA Saarbrücken [wie Anm. 9], Nr. 201 Bl. 29).
18 LA Saarbrücken Best. Landratsamt Saarbrücken Nr. 204.
19 Es handelt sich um die Firmen Braun-Besanzon, Dutreux, Bouchatte, Giros & Cie., Bentz (Hanns KLEIN, Ein Verzeichnis der Industrie-, Gewerbe- und Handelsbetriebe, Einzelfirmen, Gesellschaften und Genossenschaften des Handelskammerbezirks Saarbrücken vom Jahre 1871. In: Ztschr. f. d. Gesch. d. Saargegend 21, 1973, S. 102, 104, 113, 116).

Hauptaufgabe nicht so sehr in einer Beteiligung am Fuhrgeschäft als vornehmlich in der Bereithaltung von Lagerraum und der Erledigung der damals schon komplizierten Zolldeklarationen.

Sowohl die Beteiligung der lothringischen Bauern am Transport der Massengüter Salz und Steinkohle als auch die Art und Weise des Warenumschlags im Transithandel in Saarbrücken gaben dem Gaststätten- und Beherbergungsgewerbe starke Impulse. Daraus erklärt sich die große Zahl von Gasthäusern, vor allem in St. Johann[20].

Die große Sorge der Saarbrücker Kaufmannschaft und des Saarbrücker Landrates galt der preußischen Zollpolitik. Eine Erhöhung der preußischen Transitzölle barg die Gefahr in sich, daß der internationale Handel Saarbrücken umgehen könne, indem er sich einen neuen Weg aus der bayerischen Rheinpfalz direkt nach Frankreich suchte. Vom damaligen Straßennetz her schien eine Umgehung von Saarbrücken auf der Trasse Homburg–Blieskastel–Saargemünd durchaus machbar. Landrat Dern schlug daher der preußischen Regierung vor, der Doppelstadt Saarbrücken-St. Johann und dem schmalen Grenzstreifen längs der französischen und bayerischen Grenze ein freihafenähnliches Statut zu geben[21]. Diese Überlegungen zeigen exemplarisch die Empfindlichkeit des Saarbrücker Handels, ja der gesamten Saarwirtschaft gegenüber der Zollpolitik Frankreichs und der deutschen Staaten. Dies ist bis zur Verwirklichung des europäischen Gemeinsamen Marktes so geblieben. Zollpolitischen Überlegungen verdankte Saarbrücken auch die Entstehung eines der beiden großen Hüttenwerke vor seinen Toren, nämlich der Burbacher Hütte, die von einem belgisch-luxemburgischen Konsortium 1856 in Betrieb genommen wurde, um mit einer Eisenproduktion innerhalb des preußischen Staatsgebietes die hohen Schutzzölle für Eisen zu unterlaufen[22].

Beteiligungen saarpreußischer Firmen an Unternehmen in Frankreich[23] und umgekehrt sind für die Zeit vor 1870 nachweisbar, blieben aber doch selten. Eine leichte Massierung findet sich in der Errichtung von Kokereien im Revier, teilweise in unmittelbarer Nähe der Stadt, durch französische Firmen[24]. Mindestens in den letzten Jahren vor dem deutsch-französischen Krieg kam es auch vor, daß Handwerker aus den lothringischen Grenzorten Arbeiten in Saarbrücken ausführten[25]. Die damals verhältnismäßig große Durchlässigkeit der Grenze äußerte sich auch in einer hohen Zuwanderung aus den benachbarten französischen Departements. Von den Zuwanderern nach Saarbrücken und St. Johann in der Zeit zwischen 1810 und 1850 kamen 19 % aus Elsaß und Lothringen und 2 % aus dem übrigen Frankreich, demgegenüber 11 % aus der preußischen Rheinprovinz (vornehmlich Hunsrück und Eifel, ohne Saarkreise) und nur

20 RIED (wie Anm. 1), S. 142.

21 Dern in seinem Bericht an die Regierung in Trier vom 21. 2. 1818 (LA Saarbrücken [wie Anm. 9], Nr. 201 Bl. 13–23), dazu auch Hanns KLEIN, Geschichte des Landkreises Saarbrücken 1815–1865. In: 150 Jahre Landkreis Saarbrücken, Saarbrücken 1965, S. 51.

22 RIED (wie Anm. 1), S. 129f.

23 Hier sind zu nennen die Firmen Appolt, Gouvy, Haldy, Karcher & Westermann, Quien (KLEIN [wie Anm. 19], S. 103, 137). Zu den grenzüberschreitenden, wirtschaftlichen und gesellschaftlichen Beziehungen vgl. auch Karl LOHMEYER, Erinnerungen, Heidelberg 1960, S. 54f., 57.

24 Kokereien von De Wendel, von Dupont & Dreifus, von Mansuy & Renauld (KLEIN [wie Anm. 19], S. 129 u. 135).

25 LOHMEYER (wie Anm. 23), S. 45 u. 58.

4% aus den altpreußischen Provinzen[26]. Eine nicht geringe Rolle spielte damals der Schmuggel, vor allem von Kolonialwaren (Zucker, Kaffee), den man preußischerseits gern duldete[27].

In den dreißiger Jahren des 19. Jahrhunderts hatte der Umschlag von Steinkohle und Salz einen solchen Umfang angenommen, daß man an neue bessere Verkehrsträger dachte. Fast gleichzeitig kam der Gedanke einer Eisenbahnverbindung von Saarbrücken nach Straßburg[28] und eines Anschlusses der Saar an den im Bau befindlichen Rhein-Marne-Kanal auf[29]. Der Saarbrücker Stadtrat sprach sich im März 1845 gegen das Kanalprojekt aus, weil er befürchtete, durch den Kanalbau würde der Anschluß an das europäische Eisenbahnnetz verzögert; er wollte so schnell wie möglich in den Genuß des damals modernsten Verkehrsmittels, der Eisenbahn, kommen. Verwirklicht wurde dieser Wunsch aber nicht durch eine Aktiengesellschaft, wie sie dem 1836 von Saarbrücker Kaufleuten gegründeten Eisenbahncomité vorgeschwebt hatte, sondern durch eine preußische Staatsbahn, die als letztes Teilstück der großen West-Ost-Verbindung von Ludwigshafen nach Paris am 26. November 1852 eröffnet wurde. Der Marktanteil der Saarkohle in Ostfrankreich konnte dadurch erheblich vergrößert werden. Saarbrückens Rolle als wichtige Eisenbahnstation wurde einige Jahre später durch die Eröffnung der Verbindung zum Rhein-Main-Gebiet und über Frankfurt hinaus nach Mitteldeutschland, vor allem zu den altpreußischen Provinzen, verstärkt. Saarbrücken wurde der erste Grenzbahnhof im direkten preußisch-französischen Personen- und Güterverkehr und behielt diese Stellung bis zu den Grenzänderungen nach dem deutsch-französischen Krieg. Trier erhielt erst 1861 eine indirekte Eisenbahnverbindung nach Frankreich über Luxemburg. Die kürzere Strecke über Karthaus–Perl nach Diedenhofen wurde sogar erst 1878, also in der Reichslandzeit, in Betrieb genommen.

Bei der Bewertung von Saarbrückens Bedeutung als Grenzbahnhof darf man nicht übersehen, daß ein beträchtlicher Personen- und Warenstrom von Aachen aus über belgische Transitstrecken nach Frankreich gelangte. Schon seit 1843 bestand hier eine Eisenbahnverbindung. Gerade für die nördliche Rheinprovinz und für Westfalen bot sich der Weg über Aachen an, während für die altpreußischen Provinzen die Strecke Frankfurt–Saarbrücken–Metz günstiger war. Da nach meinem bisherigen Wissensstand erst im Sommerfahrplan 1876 der erste durchgehende Abendschnellzug Frankfurt–Paris verkehrte[30], früher aber an der Grenze entweder in Saarbrücken oder in

26 RIED (wie Anm. 1), S. 158.

27 DERN (wie Anm. 21). Den Schmuggel spricht auch LOHMEYER (wie Anm. 23), S. 57, an.

28 Kurt HOPPSTÄDTER, Die Entstehung der saarländischen Eisenbahnen, Saarbrücken 1961 (= Veröffentl. d. Inst. f. Landeskde. d. Saarlandes 2); detaillierter zu den frühen Eisenbahnplänen LA Saarbrücken Best. Landratsamt Saarbrücken Nr. 165; ferner 130 Jahre Eisenbahndirektion Saarbrücken 1852–1982, hg. vom Pressedienst der Bundesbahndirektion Saarbrücken, Saarbrükken 1982; Kurt HARRER, Eisenbahnen an der Saar, Eineinhalb Jahrhunderte Eisenbahngeschichte zwischen Technik und Politik, Düsseldorf 1984.

29 HOPPSTÄDTER (wie Anm. 14), S. 45 ff., und LA Saarbrücken Best. Landratsamt Saarbrücken Nr. 167.

30 Geschäftsbericht über die Betriebsverwaltung der Kgl. Saarbrücker Eisenbahn pro 1876, Trier S. 16.

Forbach umgestiegen werden mußte, zog das Saarbrücker Hotel- und Gaststättengewerbe auch aus dem Personenverkehr auf der Schiene seinen Nutzen.

Die Hoffnungen, Saarbrücken zu einem Knotenpunkt im internationalen Eisenbahnverkehr zu machen, gingen jedoch nicht in Erfüllung. Es gelang nicht, einen größeren Teil des Verkehrs zwischen Belgien und den Niederlanden einerseits, Süddeutschland und der Schweiz andererseits über Trier–Saarbrücken–Straßburg zu leiten. Er folgte entweder dem Rheintal oder der Strecke Brüssel–Luxemburg–Metz–Basel[31]. Bis zur Gegenwart ist die Transversale Warschau–Berlin–Frankfurt–Paris die einzige große Streckenführung im internationalen Personenverkehr, die über Saarbrücken läuft. Pläne, sie durch eine Strecke für Hochgeschwindigkeitszüge (TGV) zu modernisieren, bestehen noch, doch muß hingenommen werden, daß die erste TGV-Linie von Paris nach Deutschland nicht über Metz–Saarbrücken, sondern über Brüssel–Köln gebaut wird.

In den Jahren des intensiven Eisenbahnbaus waren die Kanalpläne nicht aufgegeben, der alte Gedanke eines im Gunderchinger Weiher auf den Rhein-Marne-Kanal treffenden Saarkohlekanals lebte weiter und wurde 1865 verwirklicht. Das Transportaufkommen blieb hinter den Erwartungen zurück, kräftigte aber dennoch Saarbrückens Bedeutung im deutsch-französischen Warenverkehr[32]. Die Auswirkungen des erst vor wenigen Wochen für die Schiffahrt freigegebenen Teilstückes der Saar von der Mündung in die Mosel bis nach Dillingen auf die Stadt Saarbrücken sind abzuwarten. Der Saarausbau bis Saarbrücken ist zur Zeit umstritten.

Die Entwicklung der Doppelstadt Saarbrücken-St. Johann zu einer Handels- und Gewerbestadt, wo täglich Bewohner der lothringischen Grenzstädte Saargemünd und Forbach verkehrten[33], konnte nur erfolgen, weil ihr keine besondere militärische Funktion zukam. Die preußische Grenzfestung an der Saar war nicht Saarbrücken, sondern Saarlouis, rund 25 km talwärts von Saarbrücken entfernt. Dort lag eine größere Garnison, während in Saarbrücken bis 1870 nur zwei Kavallerieschwadronen stationiert waren[34]. Die militärischen Sicherheitsbedürfnisse hätten den großen Warenumschlag und den betriebsamen Fahrzeugverkehr zu Lande und zu Wasser, wie wir ihn von Saarbrücken und St. Johann her kennen, gewiß nicht zugelassen, erregte doch schon die gelegentliche Passage eines Dampfbootes unter den Mauern von Saarlouis Bedenken bei dem Festungskommandanten[35].

Die Angliederung von Elsaß-Lothringen nach dem Frankfurter Frieden (1871) gab Saarbrücken wieder eine Binnenlage, von nun an lag die Reichsgrenze gegen Frankreich auf dem westlichen Moselufer, rund 70 km Luftlinie von der Saar entfernt. In den folgenden Jahrzehnten bis zum Ausbruch des Ersten Weltkrieges erlebte das Saarindustrierevier eine bis dahin nicht gekannte Prosperität. Saarbrücken stieg zu einer der

31 Ried (wie Anm. 1), S. 152.

32 Rudolf Saam, Saarbrückens Entwicklung als Hafenstadt. In: Saarbrücken 1909–1959 (wie Anm. 1), S. 139–149; Hoppstädter (wie Anm. 14), S. 52–57.

33 Bericht des Landrates Dern an die Regierung in Trier vom 20. 8. 1830 (LA Saarbrücken [wie Anm. 9], Nr. 3 Bl. 28).

34 Vgl. Städtebuch (wie Anm. 1), S. 513.

35 Hoppstädter (wie Anm. 14), S. 37f.

größten linksrheinischen deutschen Städte auf und übernahm im wirtschaftlichen Bereich zentralörtliche Funktionen für das gesamte Revier, über die preußische Landesgrenze hinaus auch für die angrenzenden westpfälzischen und ostlothringischen Landstriche.

Die im Versailler Vertrag (1919) verfügte Abtrennung der preußischen Saarkreise und der beiden bayerischen Bezirksämter Homburg und St. Ingbert und ihre administrative Zusammenfassung in einem vom Völkerbund verwalteten Mandatsgebiet brachte die Abschnürung vom Deutschen Reich. Gegenüber Frankreich wurde Saarbrücken wieder unmittelbare Grenzstadt im politisch-administrativen Sinn, aber nun nicht wie vor 1870 als Grenzposten eines großen Staats- und Wirtschaftsraumes, sondern als Oberzentrum eines kleinen Gebietes von 1913 km^2 Fläche und rund 700000 Einwohnern, das nach Osten und Norden vom Deutschen Reich politisch, administrativ, wirtschaftlich und währungsmäßig abgegrenzt war. Damit begann in der saarländischen Geschichte eine rund 40 Jahre währende Zeit wirtschaftlicher Instabilität mit mehrfachem Wechsel zwischen deutschen und französischen Märkten, zwischen deutscher Mark und französischem Franken, zwischen deutschen und französischen Kapitalmehrheiten nicht nur in der Industrie, sondern auch im Banken- und Versicherungswesen, eine Zeit der französischen Vorherrschaft über die ehemals preußischen und bayerischen Steinkohlengruben des Reviers, eine Zeit der ausbleibenden Investitionen zur Verbesserung der Standortlage und zur Modernisierung und Erweiterung der Industrie[36].

Die Spitzenreiterposition Saarbrückens im deutsch-französischen Güterverkehr war zu dieser Zeit geschwächt, einmal weil Massengüter wie Kohle, Koks und Eisenerz über inzwischen neu entstandene saarländische Strecken[37] an Saarbrücken vorbei direkt von den Erzeugern zu den Verbrauchern transportiert wurden, aber auch weil durch den weiteren Ausbau des deutschen Eisenbahnnetzes neue Grenzbahnhöfe entstanden waren. So hatte zum Beispiel Trier nach Inbetriebnahme der Eisenbahnstrecken nach Koblenz und über Euskirchen nach Köln seine verkehrsgeographische Lage verbessern können.

Die vom Völkerbund eingesetzte Regierungskommission, bestehend aus einem Saarländer, einem Franzosen und drei Neutralen, verstand sich selbst als neutrale Treuhänderverwaltung. Von der saarländischen Öffentlichkeit wurde sie als frankophil eingeschätzt – eine Beurteilung, die für die ersten Amtsjahre zutrifft[38]. Die Regierungskommission achtete peinlich darauf, daß jede politische Einmischung von deutscher

36 Vgl. dazu Fritz HELLWIG, Die Saar zwischen Ost und West. Die wirtschaftliche Verflechtung des Saarindustriebezirkes mit seinen Nachbargebieten, Bonn 1954; ferner: 100 Jahre Industrie- und Handelskammer des Saarlandes. Wirtschaft zwischen den Grenzen, hg. von der Industrie- und Handelskammer des Saarlandes anläßlich ihres 100jährigen Bestehens 1963/64, Saarbrücken 1963, S. 107–117, 141–220, 235–238; Fritz HELLWIG, Wirtschaftsentwicklung und Grenzen im Raum Saarland–Lothringen–Luxemburg. In: Bll. f. dt. Landesgesch. 111, 1975, S. 159–171.

37 Hier ist vor allem an die Strecken Bous–Hargarten–Teterchen, eröffnet 1880, und Dillingen–Niedaltdorf–Busendorf–Diedenhofen, eröffnet 1901, zu denken. Näheres bei HOPPSTÄDTER (wie Anm. 28).

38 Zum Verhältnis zwischen saarländischer Bevölkerung und Regierungskommission vgl. Maria ZENNER, Parteien und Politik im Saargebiet unter dem Völkerbundsregime 1920–1935, Saarbrük-

Seite im Saargebiet unterblieb. Dementsprechend hatte sie strikt abgelehnt, daß eine wie auch immer konstruierte offizielle Vertretung der Reichsregierung im Saargebiet ansässig wurde[39]. In der Praxis übernahm der Oberbürgermeister der Stadt Saarbrücken diese Funktion. Er verstand sich als Sachwalter der Interessen der deutschstämmigen und deutschsprachigen Saarbevölkerung gegenüber der landfremden Regierungskommission. Von der städtischen Verwaltung beziehungsweise über städtische Vertrauensleute liefen durch verschiedene Kanäle zahlreiche Kontakte zu Berliner Stellen. So spielte zwischen 1920 und 1935 der Saarbrücker Oberbürgermeister Hans Neikes[40] eine größere Rolle in der Landespolitik, als sie gemeinhin dem Spitzenpolitiker einer Kommune zukommt. Sowohl in Konflikten mit der Regierungskommission als auch bei dem Operieren in Feldern, in denen sich die Regierungskommission nicht engagierte, konnte er sich der Berliner Unterstützung gewiß sein. Sein Wirken beschränkte sich wohlgemerkt nicht nur auf kommunalpolitische Interessen. Ein solches Eingreifen in die Landespolitik war um so notwendiger, aber auch um so leichter, als damals im Saargebiet keine parlamentarische Volksvertretung bestand. Der Landesrat des Saargebietes hatte keine legislativen Befugnisse, sondern – wie es der Name »Landesrat« schon andeutet – nur konsultative, er besaß auch kein Initiativrecht[41]. Die Regierungskommission war gehalten, ihm ihre Verordnungsentwürfe vorzulegen, brauchte aber nicht seinen Voten zu folgen. Neikes dagegen hatte einen Stadtrat hinter sich mit den gleichen Qualitäten und Funktionen wie deutsche Kommunalparlamente. Sein Agieren in der Landespolitik von der kommunalen Plattform aus erscheint mir als interessante Verstärkung des politischen Gewichts der vom deutschen Mutterland abgetrennten Grenzstadt.

Einen besonderen Schwerpunkt seiner grenzlandpolitischen Arbeit sah Neikes in Übereinstimmung mit saarländischen Parteiführern und Berliner Stellen in der Kulturpolitik. Sie wurde defensiv geführt als Abwehr aller Versuche Frankreichs, Teile der saarländischen Bevölkerung für französische Sprache und Kultur zu gewinnen. In einem solchen französischen Werben sah man eine *pénétration pacifique* oder *pénétration culturelle,* darauf ausgerichtet, in der 1935 anstehenden Entscheidung der saarländischen Bevölkerung über ihre künftige staatliche Zugehörigkeit das Votum für Deutschland zu schwächen. Eine Reihe von Einrichtungen zur Pflege deutscher Kultur und deutschen Volkstums entstand damals in Saarbrücken, fast immer unter Beteiligung der Stadt: ein Theater und ein Orchester, getragen von der Gemeinnützigen Theater- und Musikgesellschaft (1922)[42], das Heimatmuseum der Stadt Saarbrücken (1924)[43], das sowohl in seiner ständigen Sammlung als auch in Wechselausstellungen die

ken 1966 (= Veröffentl. d. Kommission f. saarlde. Landesgesch. u. Volksforschung 3), insbesondere S. 57–81.

39 Vgl. die ablehnende Haltung der Regierungskommission zur Einrichtung einer solchen Dienststelle im Saargebiet in LHA Koblenz Best. 442 Nr. 7488.

40 Einige Hinweise bei Fritz Jacoby, Oberbürgermeister Hans Neikes, eine bedeutende Persönlichkeit im Saargebiet. In: Ztschr. f. d. Gesch. d. Saargegend 19, 1971, S. 497–509.

41 Zenner (wie Anm. 38), S. 90–98.

42 Fritz Kloevekorn, Das Theater in Saarbrücken. In: 25 Jahre Stadt Saarbrücken (wie Anm. 1), S. 190–201.

43 Hermann Keuth, Das Heimatmuseum der Stadt Saarbrücken, ebd., S. 202–207.

kulturelle Verbundenheit mit dem deutschen Mutterland betonte, und die Stadtbücherei Saarbrücken[44].

Die Stärkung der kulturellen Funktionen wurde nach der Wiedereingliederung des Saargebietes in das Deutsche Reich (1. März 1935) fortgesetzt, nun aber unter Akzentuierung der besonderen grenzpolitischen Aufgabe der Stadt Saarbrücken um Reichszuschüsse geworben. Defensiv klingt die Titulierung von Saarbrücken als *Bollwerk deutscher Kultur an der Westgrenze des Reiches,* defensiv klingen auch die Ausführungen des Oberbürgermeisters Fritz Schwitzgebel in einem Vortrag in Berlin: *Die günstige wirtschaftliche Entwicklung des lothringischen Industriegebietes erfordert natürlich auch im Interesse des Saarlandes selbst die Entfaltung aller wirtschaftlichen und kulturellen Kräfte, um die kultur- und volkspolitische Widerstands- und Abwehrkraft des Saarlandes zu erhalten und darüber hinaus um die deutsche Volkstumsgrenze gegen den jahrhundertealten zunehmenden Druck vom Westen her auf Dauer zu halten.* Die Nutzanwendung auf die Haushaltslage der Stadt folgt unmittelbar danach: *Saarbrückens grenzpolitische Aufgabe ist dringendste Reichsaufgabe. Es dürfte daher durchaus begründet sein zu prüfen, inwieweit die Stadt Saarbrücken diese Aufgaben aus eigener Kraft zu erfüllen vermag und inwieweit sie im Hinblick auf ihre Sonderstellung im Vergleich zu den Großstädten im Innern des Reiches eine zusätzliche Unterstützung erwarten muß*[45]. Typisch in diesem Sinn erscheint mir auch der Name »Grenzlandtheater« für den in Saarbrücken damals entstehenden Theaterneubau[46]. Erst bei der Einweihung erhielt er die offizielle Bezeichnung »Gautheater Saarpfalz«[47].

Deutlich offensiv lauten aber andere Zitate aus Schwitzgebels Vortrag: *Der Stadt Saarbrücken ... fällt als größter Grenzstadt zwischen Aachen und Straßburg die Aufgabe zu, wirtschaftliches und kulturelles Kraftzentrum für die deutsche Bevölkerung im Westen des Reiches zu sein. Dabei muß auch das über der Grenze lebende deutsche Volkstum befähigt werden, sich in seiner artfremden Umgebung zu behaupten.* Und an anderer Stelle: *Die kulturelle Betreuung des Deutschtums jenseits der Reichsgrenze wird erleichtert durch die Stellung der Stadt Saarbrücken zu dem lothringischen Wirtschaftsraum. Saarbrücken ist die Haupteingangspforte nach Lothringen ... Das Lothringer Deutschtum ist naturgemäß in seinem Bestand umso mehr bedroht, je länger die Französisierung ungehindert andauert*[48].

Die nationalsozialistische Propaganda stellte die Kulturarbeit in den Vordergrund[49], denn wirtschaftlich hatte Saarbrücken nach der Rückgliederung, als die Staats-

44 Walther KOCH, Entwicklung des städtischen Büchereiwesens, ebd., S. 217–222.

45 Vortrag von Oberbürgermeister Schwitzgebel am 23. 6. 1938 in Berlin, mehrere Fassungen und Entwürfe in StadtA Saarbrücken Best. Großstadt Nr. 3334 u. 3742. Schwitzgebel schlug bei seinen Besprechungen mit den Vertretern der Reichsministerien des Innern, der Finanzen und für Propaganda vor, das Saarbrücker Theater in ein Reichstheater umzuwandeln.

46 Niederschrift über Besprechung im Reichsministerium des Innern am 24. 6. 1938 (StadtA Saarbrücken Best. Großstadt Nr. 3742), Schreiben an Gauleiter Bürckel am 15. 7. 1938 (ebd.).

47 Damals technisch modernstes Theater Europas: Das Theater des Führers. Festschrift anläßlich der Woche des Gautheaters Saarpfalz am 9. Oktober 1938.

48 Wie Anm. 46.

49 Neben dem Theater wurde damals ein Museumsneubau geplant und vielleicht auch ein Neubau für die 1936 in Saarbrücken errichtete Hochschule für Lehrerbildung, jedenfalls erscheint

grenze gegen Frankreich wieder Zollgrenze geworden war, mit der gesamten Saarwirtschaft unter erheblichen Schwierigkeiten zu leiden. Gegenüber dem politischen Hochschwung der Gefühle wirkten sich die wirtschaftlichen Tatbestände der Rückgliederung reichlich ernüchternd aus. Sowohl der Absatzmarkt in Frankreich, abgesehen von Kohle, als auch die Ernährungsbasis in Lothringen waren verlorengegangen, auf dem deutschen Markt noch kein Ausgleich gefunden worden. Die Wirtschaft des Reiches betrachtete die Saarwirtschaft entweder als Konkurrenten oder als Mitstreiter im Konkurrenzkampf gegen andere, die Angleichung der Lebenshaltungskosten führte zu einer Senkung des Reallohneinkommens, im Hinblick auf die Grenzlage blieb die Zahl der öffentlichen Aufträge hinter den Erwartungen zurück. Die Grenzlage bestimmte bei potentiellen Investoren ein Glacis-Denken: Man scheute Investitionen in einem Gebiet, das vielleicht Schauplatz eines neuen deutsch-französischen Krieges werden könnte.

Von staatlicher Seite wurden Baumaßnahmen zur Verbesserung der Standortlage – Autobahnanschluß und Saar-Pfalz-Kanal – geplant[50], aber hinter dem Bau des Westwalles zurückgestellt. Die wirtschaftliche Misere führte teilweise zu freiwilliger Abwanderung von Arbeitskräften, teilweise zur planwirtschaftlich verordneten Verlegung. So entstanden in den Jahren 1935, 1936 und 1937 dem Saarland Wanderungsverluste von rund 26000, der Stadt Saarbrücken, prozentual höher, von 5503 Personen (= 4,2 %)[51]. Das Reichskuratorium für Wirtschaftlichkeit, das im Januar 1938 eine umfangreiche Strukturuntersuchung der Saarwirtschaft vorlegte, sah die Gefahr, daß infolge der geschwächten Wettbewerbsfähigkeit vieler Betriebe die saarländische gewerbliche Wirtschaft in die Rolle einer Spitzenbedarfs- oder Reservewirtschaft abgleiten könnte, und forderte, dieser Gefahr rechtzeitig zu begegnen. Gerade die Wirtschaft im Grenzland brauche ruhige Verhältnisse und dürfe keinen großen Schwankungen ausgesetzt werden[52]. Die Verwirklichung des von dem Kuratorium vorgelegten Sofortprogramms wurde durch den bald ausgelösten Zweiten Weltkrieg abgeblockt. Vorher hatte aber die saarländische Wirtschaft am Bauboom des Westwalls Teil.

Die von Hitler im Frühjahr 1939 verkündete Einbeziehung der Großstadt Saarbrükken in den Befestigungsgürtel entzog allerdings der Stadt die bisher noch unbebaute Fläche zwischen der Staatsgrenze und der Hohen Wacht, dem Winterberg, Schenkelberg und Wackenberg. Hier entstand eine Bunker- und Höckerlinie, der davor liegende Streifen bis zur Grenze beziehungsweise zum Saum des Stiftswaldes hatte als taktisch

das Wort *Lehrerakademie* als Marginalnotiz im Bauprogramm (StadtA Saarbrücken Best. Großstadt Saarbrücken Nr. 3742).

50 In Schwitzgebels Entwürfen (wie Anm. 45) heißt es: *Die bisherige deutsche Verkehrspolitik ließ die in der günstigen natürlichen Lage Saarbrückens liegenden Kräfte verkümmern, zumindesten aber nicht ausgenutzt* (sic!). *Saarbrücken muß deshalb für die Zukunft eine geopolitisch richtige Verkehrspolitik dringend fordern und selbst alles tun, um die Fehlerquellen der zurückliegenden Zeit künftig auszuschalten.* Zu den Kanalprojekten vgl. auch 100 Jahre Industrie- und Handelskammer (wie Anm. 36), S. 221–234.

51 Wie Anm. 45.

52 Die Wirtschaft des Saarlandes. Eine Strukturuntersuchung des Reichskuratoriums für Wirtschaftlichkeit, o. O. o. J. (1938), S. 15.

wichtiges Vorfeld von Bebauung freizubleiben, abgesehen von einzelnen Zollhäusern, Forsthäusern und Gastwirtschaften. So erfuhr Saarbrücken noch spät eine Einzwängung in einen Befestigungsgürtel, wie es Saarlouis als Festungsstadt rund zweihundert Jahre hatte hinnehmen müssen, auch dies eine Auswirkung der Grenzlage. Die Freihaltung dieses Gebietes längs der Grenze vergrößerte den Mangel an geeignetem Wohnsiedlungsgelände und lenkte Bauwillige auf die Saarbrücker Vorortgemeinden, deren Einwohnerzahl zwischen den beiden Weltkriegen ohnehin schneller anstieg als die der Stadt Saarbrücken selbst[53]. Inwieweit die Grenznähe eine besonders enge Zusammenarbeit von Emigration und Widerstand ermöglichte, soll unter anderem in einem jetzt angelaufenen, von der VW-Stiftung finanzierten Projekt geklärt werden.

Die Kriegszeit gab kurzfristig Saarbrücken wieder eine Binnenlage. Lothringen wurde dem Reich zugeschlagen, nun aber, anders als 1871–1918, mit dem angrenzenden Saarland und der Pfalz zur »Westmark«[54] zusammengefaßt. Der Saarbrücker Oberbürgermeister wurde zum Stadtkommissar der lothringischen Stadt Forbach und einiger umliegender Dörfer bestellt und betrieb bei dem Reichsstatthalter und Chef der Zivilverwaltung die Einbeziehung Forbachs[55] in eine erweiterte Großstadt Saarbrücken. Schrittweise näherte er sich diesem Ziel, ohne es jedoch ganz erreichen zu können.

Die Jahrzehnte nach dem Ende des Zweiten Weltkrieges bereichern das Spiel der Reflexe in der facettenreichen Geschichte der Grenzstadt. Die wirtschaftlichen Schwierigkeiten der ersten Jahrhunderthälfte wiederholten sich teilweise, wurden aber bei der erneuten Umorientierung vom französischen auf den deutschen Markt 1959 durch Zollvergünstigungen und die bald darauf entstehende Europäische Wirtschaftsgemeinschaft gemildert[56]. Die schon in den dreißiger Jahren von der Saarwirtschaft vorgetragenen Wünsche nach Standortverbesserungen wurden durch Anschluß an das deutsche Autobahnnetz[57], durch Elektrifizierung der Schienenwege, durch Anbindung an das deutsche Wasserstraßennetz[58] erfüllt, allerdings erst schrittweise nach der Wiedereingliederung in den größeren Verband der Bundesrepublik Deutschland. Dies verdeutlicht, daß ein kleines Grenzland, wie es das halbautonome Saarland zwischen 1947 und 1956 war, bei der Bewältigung großer Baumaßnahmen sehr schnell an die Grenzen

53 Denkschrift der Stadtverwaltung Saarbrücken über die Schaffung des Großraumes Saarbrükken, Saarbrücken, Oktober 1947, Druck: West-Ost-Verlag, S. 10.

54 Volker RÖDEL, Die Behörde des Reichsstatthalters in der Westmark. In: Jb. f. westdt. Landesgesch. 10, 1984, S. 287–318.

55 Henri WILMIN, Un cas particulier de la germanisation administrative de la Moselle: le »Verwaltungsbezirk« Forbach. In: Cahiers Lorrains 1982, S. 371–382.

56 Zur wirtschaftlichen und kulturellen Entwicklung seit 1957 vgl. die beiden von der Landesregierung herausgegebenen Schriften »Der Weg des Saarlandes 1959–1969«, Saarbrücken 1969, und »Saarland 1959–1979. Ein Land gewinnt Profil«, hg. vom Chef der Staatskanzlei, Saarbrücken 1979.

57 Erste Autobahn Deutschland–Frankreich. Ein verkehrspolitischer Beitrag zur europäischen Zusammenarbeit, hg. vom Bundesminister für Verkehr und der Regierung des Saarlandes, Saarbrücken 1969.

58 Vgl. dazu Ausbau der Saar, eine Dokumentation, hg. von der Wasser- und Schiffahrtsverwaltung des Bundes, 1987.

seiner Leistungsfähigkeit stößt. Auf die Grenzstadtthematik bezogen bedeutet das, daß für die Entwicklung einer Grenzstadt in positiver oder negativer Richtung auch Größe und Leistungsfähigkeit des Staates, an dessen Grenze sie liegt, von Bedeutung sind.

Im Pendelverkehr zwischen Saarbrücken und den benachbarten französischen Orten überwiegen die Einpendler[59]. Saarbrücken wird als Einkaufszentrum von Lothringern gern aufgesucht. Der Kauf wird zwar wie anderenorts vorwiegend vom Preis-Lohn-Verhältnis bestimmt, bei manchen Waren spielt aber auch ein unterschiedlicher Geschmack eine Rolle[60], meiner Ansicht nach am stärksten bei Wohnungseinrichtungen (Möbel, Dekorationsstoffe usw.).

Im kulturellen Bereich hat Saarbrücken nach dem Zweiten Weltkrieg Brückenfunktionen zwischen den beiden Kulturen übernommen. Die verschiedenen Landesregierungen vor und nach 1957 betrieben, wenn auch in sehr unterschiedlicher Intensität, eine gegenüber Frankreich offene Kulturpolitik[61]. Sie fanden dabei die Zustimmung großer Teile der saarländischen Bevölkerung. In diesem Sinn offene Einrichtungen sind die Universität des Saarlandes[62], das Deutsch-Französische Gymnasium, das Deutsch-Französische Hochschulinstitut für Technik und Wirtschaft, das Deutsch-Französische Sekretariat für den Austausch in der beruflichen Bildung und die Deutsch-Französische Gesellschaft. Dazu kommt ein vielfältiges Angebot an Französischen Theatertagen, Gastvorträgen, Gastspielen, Französischen Wochen. Im einzelnen trifft man solche Einrichtungen und Veranstaltungen auch in deutschen Binnenstädten, für Saarbrücken charakteristisch erscheint mir die Massierung.

Die Ausstrahlung Saarbrückens nach Lothringen hinein erregte auf französischer Seite in den sechziger und siebziger Jahren mitunter Ängste, man sah darin eine saarländische Herausforderung oder ein *Problème angoissant, que pose le nouvel impérialisme économique et intellectuel allemand sur les frontières de l'Est*[63]. Pläne zu einer weitergehenden grenzüberschreitenden wirtschaftlichen Zusammenarbeit wurden

59 Pendlerzählung 1970. Auspendler nach Frankreich: 247, Einpendler von Frankreich: 2517 (Landeshauptstadt Saarbrücken, Standortfaktoren 74, hg. vom Amt für Stadtentwicklung und Raumordnung, Oktober 1974, S. 4).

60 Grundsätze zur Einbeziehung des Einzelhandels und zur Umsiedlung großflächiger Einzelhandelseinrichtungen im Saarland, bearb. v. Amt für Stadtentwicklung und Statistik der Landeshauptstadt Saarbrücken, Jan. 1980 (= Materialien zum Stadtentwicklungsprogramm, Heft 11, S. 27).

61 Eine Aufarbeitung aus wissenschaftlicher Sicht steht noch aus verschiedene Beiträge in »Das Saarland. Ein Beitrag zur Entwicklung des jüngsten Bundeslandes in Politik, Kultur und Wirtschaft«, hg. von Klaus ALTMEYER, Jakob SZLISKA, Werner VEAUTHIER und Peter WEIANT, Saarbrücken 1958, stehen noch ganz unter dem Eindruck des Kampfes um das Referendum. Eine Auflistung der Bildungseinrichtungen und kulturellen Einrichtungen in: Landeshauptstadt Saarbrücken, Standortfaktoren (wie Anm. 59), S. 18 u. 19, eine positive Wertung schon 1958 bei RIED (wie Anm. 1), S. 148.

62 Dazu Heinrich KÜPPERS, Bildungspolitik im Saarland 1945–1955, Saarbrücken 1984 (= Veröffentl. d. Kommission f. saarl. Landesgesch. u. Volksforschung 15), insbesondere S. 114–131, 208–229.

63 Henri HIEGEL, Sarreguemines principale ville de l'Est Mosellane, Sarreguemines 1972 (= Monographie de la Lorraine Mosellane 57).

geschmiedet, in den siebziger Jahren waren ein gemeinsames Großhandelszentrum vor den Toren Saarbrückens oder ein für Metz, Nancy und Saarbrücken gemeinsamer Großflughafen im Gespräch, wurden aber nicht verwirklicht.

Wie andere Referenten dieser Tagung möchte auch ich die Frage anschneiden, ob die Grenzlage ein Vorzug oder ein Nachteil für die betreffende Stadt ist. Im wirtschaftlichen Bereich scheinen mir trotz der Impulse für das Transport-, Hotel- und Gaststättengewerbe die hemmenden und einschränkenden Auswirkungen der Grenzlage zu überwiegen. Empfindlichkeit gegenüber Handelssperren und Zollpolitik, Marktveränderungen, Kapitalabwanderung, fehlende Investitionsbereitschaft, Glacis-Denken, aus der Randlage sich ergebende Standortnachteile und deren nur zögerliche Milderung sollen stichwortartig Negativfaktoren in Erinnerung rufen.

Als Positivum ist der Ausbau kultureller Einrichtungen anzuführen, ganz gleich, ob sie im Zuge einer *Pénétration culturelle* nach den beiden Weltkriegen oder zu deren Abwehr entstanden, sie haben die Bedeutung von Saarbrücken als kulturelles Zentrum des Saarlandes mit Ausstrahlung in die benachbarten pfälzischen und lothringischen Grenzlandschaften ganz erheblich verstärkt. Als Positivum möchte ich weiterhin anführen, daß Zuziehende und Besucher rühmen, Saarbrücken habe ein weltoffeneres und großstädtischeres Gepräge, als man von seiner Einwohnerzahl her erwarten sollte[64]. Ich selbst, in Saarbrücken aufgewachsen und seit rund drei Jahrzehnten dort berufstätig, möchte dem zustimmen. Freilich ist es schwer, solch subjektive Eindrücke mit objektiven Fakten zu belegen. Ich meine, daß diese Saarbrücker Eigenart, wenn sie zutrifft, mit der Grenzlage in Zusammenhang gebracht werden darf. Die Nähe zu Frankreich, die zeitweise sehr engen wirtschaftlichen Verbindungen, die Anwesenheit einer größeren Zahl ausländischer Militärs und Zivilisten vornehmlich in den Zeiten der Trennung des Saarlandes von Deutschland könnten Verständnis gegenüber fremder Wesensart gefördert, Schwellenängste gegenüber Fremden bei der Saarbrücker Bevölkerung abgebaut haben. Im manchen Bereichen wurden französische Einflüsse aufgenommen, abgewandelt und als Saarbrücker oder saarländische Eigenart weitergegeben. In unserer Generation scheint mir dies am deutlichsten bei der Eßkultur zu sein. Die feine französische Küche wird nicht nur in der Saarbrücker Gastronomie gepflegt, sondern hat längst in vielen Familien Eingang gefunden.

Schließlich wäre zu prüfen, inwieweit Grenzstädte sich gerade im 20. Jahrhundert besonderer staatlicher Förderungsmaßnahmen erfreuen können. Investiert der Staat in Grenzstädten mehr als in gleich großen Binnenstädten, um sozusagen sein Eingangstor repräsentativ und anziehend zu gestalten? Zu einer Antwort fehlen mir die Kenntnisse, aber die Frage sei einmal gewagt. Sichtbare Zeichen solcher Förderung in Saarbrücken sind das ehemalige Gautheater als Geschenk Hitlers an die saarländische

64 Der Rabbiner Schlomo Rülf, der 1929 von Bamberg nach Saarbrücken kam, schreibt in seinen Memoiren »Ströme im dürren Land«, Stuttgart 1964, S. 64: *Aber Saarbrücken war damals* (1929) *mehr als eine Provinzhauptstadt. Ihre Atmosphäre war international, denn sie war eine Brücke von Mitteleuropa zur westlichen Welt. Man sah viele ausländische Besucher, Diplomaten, Militärs, Industrielle.*

Bevölkerung für das Abstimmungsergebnis am 13. Januar 1935 und die Kongreßhalle als Geschenk der Bundesregierung anläßlich der Aufnahme in die Bundesrepublik Deutschland[65].

In jedem Fall muß die Frage nach der Auswirkung der Grenzlage auf die Entwicklung der Stadt in Beziehung gesetzt werden zu dem Verhältnis der aneinander grenzenden Staaten. Ein friedliches Miteinander zweier Staaten, wie wir es im deutsch-französischen Verhältnis mindestens seit dem deutsch-französischen Vertrag von 1963 beobachten können, beschert einer Grenzstadt ein ganz anderes Klima als eine fast hermetische Abschottung, geboren aus unüberbrückbar erscheinenden nationalen oder ideologischen Gegensätzen oder aus dem Streben nach Autarkie. Auch eine solche Phase hat Saarbrücken erlebt, aber glücklicherweise überwunden.

Die Frage nach Vorteil oder Nachteil der Grenzlage dürfte vor allem aus vergleichenden stadtgeschichtlichen Betrachtungen und Untersuchungen zu beantworten sein. Mir scheint, unsere Tagung hat dazu einen guten Anfang gemacht.

65 Kongreßhalle Saarbrücken – Saarland 10 Jahre Bundesland (Festschrift zur Eröffnung der Kongreßhalle), hg. von der Regierung des Saarlandes, Saarbrücken 1967.

Diskussionsbeiträge zu den einzelnen Referaten

DISKUSSION ZUM BEITRAG STÖRMER

Leiser: Ich habe eine Verständnisfrage: Habe ich richtig verstanden, daß diese vielen kleinen Städte keine bedeutendere Funktion für ihr Hinterland im Odenwald und Spessart haben, sondern im Grunde genommen nur vom Durchgangsverkehr und von den Gegebenheiten des Maintales selbst leben, also von Schiffahrt, Fischfang, Steinbrucharbeiten usw.? Spessart und Odenwald nutzten diese Städtchen also nicht, um sich an den Fernverkehr anzuschließen? Das müßte dann eigentlich die Konsequenz haben, daß diese Landschaften entweder damals noch unterentwickelt oder auf dem Landweg an den Fernverkehr angeschlossen waren.

Kirchgässner: Ich möchte mich mit zwei Fragen anschließen: Zum einen ist einige Male, wenn ich recht verstanden habe, der Ausdruck »Amtsdorf« gefallen. Hierfür wäre ich um eine kurze Auskunft dankbar. Die nächste Frage, die ähnlich ist, betrifft die Centorte. Ging deren Bedeutung über die administrative Seite hinaus, hat sich hieraus etwas entwickelt oder nicht?

Störmer: Auf die letzte Frage kann ich kurz antworten. Sie haben im letzten Referat gestern Abend gehört, welche Rolle gerade die Wälder für Miltenberg spielen. Natürlich könnte man auch das Beispiel Amorbach nehmen. Die beiden Städte haben ebenfalls versucht, ihren Mitmarkswald weitgehend selbst kommerziell zu nutzen, und kamen mit den übrigen Dörfern rasch in Konflikt, da diese ja selbst Mitmärker waren. Freilich wissen wir von diesen vielen Kleinstädten nicht viel. Bei Lohr spielt der Spessart eine Rolle, der Holztransport zum Rhein und nach Holland florierte. Frammersbach ist auch in der Nähe. Aber Lohr selbst hat hier sehr aktiv mitgewirkt. Über die übrigen Städte wissen wir so gut wie nichts. Herr Keller hat gestern einige Beispiele dafür gebracht, daß sowohl Holz als auch Holzkohle und dergleichen in Miltenberg oder von Miltenberg aus aufgekauft wurden aus dem Stadtprozeltener Gebiet. Die kleineren Städte scheinen zumindest für den Holzhandel keinerlei zentrale Funktion entwickelt zu haben. Ich kann als Vergleich dazu aus benachbarten Dörfern (zum Beispiel Faulbach; über diesen Ort habe ich gearbeitet) berichten: Auch dort spielte der Holzhandel eine gewisse Rolle. Die Leute holen aus dem Gemeindewald und vielleicht auch aus den Staatswäldern Holz – haben eine Holzlände – und verkaufen es irgendwohin, zum Teil auch nach Frankfurt. Hier ist also keine Zentralitätsentwicklung, soweit ich sehen kann.

Herr Kirchgässner, zu Ihrer Frage »Amtsdörfer«. Ich verstehe darunter die Dörfer, die zum jeweiligen Amt (Klingenberg oder Stadtprozelten) gehören. Ich habe daher vom administrativen Umland gesprochen, das hier in vielen Fällen leider sehr klein ist. – Zur Cent kann ich nur sagen: Die Centen haben sich in der Regel bis etwa 1500/1600 spätestens an das Amt angeglichen. Die Centen werden also arrondiert, wobei der Centsitz – auch wenn meinetwegen Klingenberg oft genannt wird – immer außerhalb der Stadt, oft eine halbe Stunde von der Stadt, entfernt liegt. Die Stadt Miltenberg ist der Cent nicht unterworfen. Jedoch ist der Sitz der Cent der Engelplatz in der äußeren Vorstadt, die auch »uff der Cent« heißt. Der Stadt ist es nicht gelungen, diese Vorstadt jurisdiktionell voll zu integrieren. Sie stellt zwei schweigende Schöffen zur Cent. Cent und Amt werden also in der frühen Neuzeit im wesentlichen zu einer Einheit verschmolzen, zum Teil auch personell.

Trost: Ich habe zu Wörth eine Ergänzung und auch eine kleine Frage:

1. Wörth, mit dessen Geschichte ich mich beschäftige, könnte als Beispiel für so einen Marktort gelten, der tatsächlich für das Odenwald-Hinterland eine beträchtliche Rolle gespielt

hat, vor allem im Holzhandel. Wörth nennt sich ja heute noch Schifferstadt. Hier hat sich spätestens im 17. Jahrhundert die Schiffswerft entwickelt, die heute auf der Erlenbacher Seite ist und immerhin noch die größte bayerische Schiffswerft darstellt.

2. Sie haben von Werbungsnamen gesprochen: Miltenberg und Freudenberg, die »Milde« und die »Freude«. Frage: Wäre es denkbar, daß der Ortsname Wörth, der ursprünglich »werde« hieß, auch so ein werbender Name gewesen sein könnte? Ich meine, die nächstliegende Deutung von Werde ist natürlich »Uferstreifen«, vielleicht auch Insel. Aber wenn man weiß, daß Wörth früher Erlenbach geheißen hat und diese Stadt im 13. Jahrhundert den Namen Wörth neu angenommen hat, könnte man doch vermuten, daß auch hier ein Werbename dahintersteckt. Dies wäre für die Heimatforschung ein wichtiges Detail!

Störmer: Herr Trost, Sie haben sich ja mit den Uferorten am Main schon in Ihrer Dissertation befaßt. Ich danke Ihnen vor allem für die Ergänzung bezüglich des Holzhandels. Soweit ich sehe, haben wir leider bisher nur wenige Untersuchungen (zumindest erschienene), die Wirtschaftsverhältnisse der Kleinregion um Wörth erfassen. Der Holzhandel könnte mit Breuberg und seinem Gebiet zusammenhängen. Ob die Schiffswerft noch ältere Traditionen hat, entzieht sich meiner Kenntnis. – Die Frage, ob Wörth ein Werbungsname ist, kann ich leider nicht beantworten. Möglicherweise hat Wertheim, das ja zeitweilig diesen Ort in der Hand hatte, mit dem Namenswechsel etwas zu tun. Ich kann diese Frage aber nicht eindeutig beantworten.

Kirchgässner: Für den Ökonomen ist es ein wenig schwierig, das alles in ein überschaubares Bild einzuordnen: Es gab Weinhandel und Holzhandel, eine gute Verkehrslage – und doch scheint im Grunde genommen, soweit es bisher erkennbar ist, die ganze Entwicklung auf einer relativ bescheidenen Stufe stehengeblieben zu sein. Natürlich könnte die Dichte der Städte eine Rolle spielen, aber die gibt es ja auch im Elsaß oder im Rheinland.

Daß eine Stadt – oder ganz allgemein Kommunen, die öffentliche Hand also – insgesamt mehr Schulden hat, als Geld ausgeliehen wurde, ist freilich nicht gar so selten. Wir kennen aus der Finanzgeschichte (und übrigens auch aus unserer derzeitigen Situation) genügend Beispiele dafür, daß die öffentliche Hand arm ist und die Bürger reich sind. Nun kenne ich die Wälder der hiesigen Gegend nicht. Wo man freilich Holz- und Weinhandel hat, vermutet man in der Regel nicht zu Unrecht auch vermögende Leute. Daß die Gemeinden hieran nicht immer in vollem Umfang partizipieren, liegt gelegentlich allerdings an der Bereitschaft, seiner Steuerpflicht nachzukommen. Ich erinnere hier nur an den schönen Spruch auf dem ältesten Steuerbuch der Reichsstadt Konstanz von 1418: *Item, der soll gelten und git* (= gibt) *selten, wann ich zu ihm kumm, macht er das Maul krumm!*

DISKUSSION ZUM BEITRAG BURMEISTER

Vogler: Ich habe zwei Fragen. Die erste wäre: welches ist die Bedeutung des konfessionellen Moments, also daß es Katholiken in Bregenz und Lutheraner in Lindau gibt? Und die zweite Frage: Was bedeutet die Eingliederung nach Bayern? In welchem Maß ist das für Lindau ein Gewinn oder auch, wie für Miltenberg, ein Verlust?

Burmeister: Ich glaube, ich habe auf diesen konfessionellen Moment hingewiesen. Das spielt eine ganz große Rolle. Es wird eben diese These vertreten, daß gerade, um diesen Gegensatz zu zementieren, Bregenz katholisch geblieben ist. Wobei ich ausgeführt habe, daß die Entscheidung doch eher vom Landesherrn getroffen worden ist und Bregenz kaum eine Möglichkeit hatte, mitzusprechen. Auch in Lindau gab es nach der Reformation Probleme, weil das Stift katholisch geblieben ist und so in Lindau immer ein katholischer Brückenkopf vorhanden war, über den Österreich durch den Adel stark Einfluß nehmen konnte. Diese konfessionelle Spannung hat wohl auch verhindert, daß das Connubium über die Grenze hinweg fast völlig zum Erliegen gekommen ist, daß es also keine Verbindungen der Geschlechter zwischen Bregenz und Lindau gab. Im Unterschied dazu sind solche Beziehungen nach Konstanz immer wieder zu beobachten.

Zur anderen Frage, inwieweit es für Lindau ein Vorteil war, zu Bayern zu kommen: Ich glaube schon, daß es ein großer Vorteil gewesen ist. Das zeigt sich auch darin, daß die Gerichte Weiler, Simmerberg, Grünenbach, Kelhofer und Hoheneck – also fünf Gerichte, fünf ländliche Gerichte, die jahrhundertelang zur Herrschaft Bregenz gehört haben – auch nach 1815 bei Bayern geblieben sind. Man hat diesen Übergang mit den territorialen Veränderungen im Raum Salzburg zugunsten Österreichs begründet. Der Anschluß an Bayern ist gegen den Widerstand der Bevölkerung geschehen, natürlich auch gegen den Widerstand der Stadt Bregenz, die dadurch ihr Hinterland praktisch verloren hat. Ein großer Verlust für Bregenz, aber andererseits doch ein Gewinn für Lindau. Lindau hat sich zwar auch nicht weiter entwickeln können als Bregenz. Die andere Alternative wäre gewesen, daß Lindau an Österreich gekommen wäre. Dann hätte man sich entscheiden müssen, ob Bregenz oder Lindau die Hauptstadt wird. Wahrscheinlich wäre man bei Bregenz geblieben, sofern sich hierzu überhaupt etwas sagen läßt. Dann wäre es für Lindau natürlich sehr schwierig gewesen, sich gegenüber Bregenz durchzusetzen, weil ja doch vieles nach Bregenz gezogen worden wäre.

Felger: Ich habe gehört, daß sich in Vorarlberg nach der Niederlage im Ersten Weltkrieg einige Leute der Schweiz angebiedert haben, nachdem Liechtenstein aus der k. u. k. Monarchie ausgeschert und in Zollunion mit der Schweiz getreten ist. Aber die Schweizer waren hellhörig und ließen verlauten, der Kanton sei überflüssig. Können Sie dazu etwas sagen?

Burmeister: Das hat mit Liechtenstein unmittelbar nichts zu tun, weil dessen Anschluß erst später erfolgt ist. Die Anschlußbestrebungen an die Schweiz tauchen schon im November 1918 auf, und zwar nahmen sie ihren Ausgang von Italien. Italien hat diesen Vorschlag gemacht, weil es Interesse am Tessin hatte und glaubte, so zu einem Tauschgeschäft mit der Schweiz zu kommen: Vorarlberg an die Schweiz im Austausch gegen den Kanton Tessin. Dies ist aber in der Schweiz auf heftigen Widerstand gestoßen. Im Mai 1919 fand dann eine Volksabstimmung statt, nachdem entsprechende Verhandlungen auch mit der Schweiz geführt worden waren. Eine Volksabstimmung, in der die Frage zu beantworten war, ob mit der Schweiz Verhandlungen über den Anschluß Vorarlbergs aufgenommen werden sollten. Diese Abstimmung ist dann mit 80 % Ja-Stimmen entschieden worden. Zu Verhandlungen ist es aber nicht gekommen, weil dafür die Staatsregierung in Wien zuständig gewesen wäre und die Schweiz nicht mit Vorarlberg, sondern nur mit der zuständigen Staatsregierung verhandeln konnte. Die österreichische Staatsregierung hat über dieses Thema nur unter der Bedingung verhandeln wollen, wenn es von dritter Seite in der Friedenskonferenz von St. Germain vorgebracht worden wäre. Man wollte nicht von sich aus über die Abtretung von Gebieten verhandeln, nachdem man schon Südtirol hatte aufgeben müssen. Man konnte nicht auf der anderen Seite freiwillig auf Gebiete verzichten. Diese Verhandlungen sind also gar nicht zustande gekommen.

Falls diese Verhandlungen positiv ausgegangen wären, war vorgesehen, sowohl in Vorarlberg als auch in der Schweiz noch einmal eine Volksabstimmung über den Anschluß durchzuführen. Hierzu ist es aber nicht gekommen, obwohl es sehr heftig diskutiert worden ist. Vor allem auch in der Schweiz, wo sich Komitees für und gegen den Anschluß gebildet hatten. Es gab verschiedene Gesichtspunkte, die aus Schweizer Sicht gegen den Anschluß sprachen. Zum einen hätte die Schweiz einen Teil der Kriegsschulden übernehmen müssen; dies war nicht sehr verlockend. Zum andern hätte sich das Gleichgewicht zwischen den deutschsprachigen und den welschsprachigen Schweizern deutlich verschoben, indem etwa 5 % mehr Deutsche hinzugekommen wären. Auch das war ein wichtiges Argument gegen den Anschluß. Das dritte Argument lautete, daß sich auch die konfessionellen Verhältnisse stark verschoben hätten, da 5 % Katholiken neu dazugekommen wären. Dieses Aspekt hat damals noch eine große Rolle gespielt; hinzu kamen schließlich auch wirtschaftliche Gründe und anderes.

Kirchgässner: Darf ich meinerseits noch eine Frage stellen zu dem Problem Gewinn oder Verlust. Mir ist aufgefallen, daß Lindau – im Unterschied zu Miltenberg – wirtschaftlich gesehen der verlängerte Arm von Bayern gewesen ist. Das Salz aus Bayern und aus Tirol ist ja bis zum Ausbau der Arlbergstraße, der sehr spät erfolgte, über den Fernpaß und damit notwendigerweise über Lindau gelaufen. Hier hat man schon allein deshalb den Eindruck, daß die Situation völlig anders ist. Eine weitere Frage wäre fast ein bißchen boshaft: ist die noch oft aufflammende Aversion der Vorarlberger gegen Wien eine neue Angelegenheit, oder beruht sie auf älteren Wurzeln?

Burmeister: Das ist nicht einfach zu beantworten. Ich glaube, daß dieses Problem nach 1815 erst richtig entstanden ist. Denn es verhält sich ja so: die Vorarlberger waren bis 1808 ein eigenes landständisches Corpus. Sie waren eine politische Einheit, die damals von den Bayern aufgehoben wurde. 1815, als man wieder zu Österreich kam, stellte man auf dem Papier diese landständische Verfassung wieder her. Aber da allein der Kaiser befugt war, die Landstände einzuberufen, hat man sie nie mehr einberufen. Die Stände waren demnach auf dem Papier existent, aber sie spielten praktisch keine Rolle mehr. Ich glaube, daß der Gegensatz, der gegenüber Innsbruck und später gegenüber Wien immer mehr zutage tritt, vor allem darauf zurückzuführen ist, daß die politische Einheit, die das Land ehedem darstellte, nicht mehr existierte, weil man sie nicht mehr haben wollte. Und man hat dann 1848, nach der Revolution, das Land wiederhergestellt, wenn auch nur für kurze Zeit. Es ist eine Verfassung ausgearbeitet worden, nach der auch die Landstände das Recht haben sollten, sich selbst einzuberufen, nicht mehr der Kaiser. Der Verfassungsentwurf ist dann untergegangen und nicht mehr in die Tat umgesetzt worden. Erst nach dem verlorenen Italienkrieg 1859 hat man sich in Wien dafür entschieden, den Vorarlberger Landtag wieder herzustellen. Hier ist allerdings von Bedeutung, was 1815 vereinbart wurde. Man griff darauf zurück, setzte es 1861 schließlich in die Tat um, und seitdem war Vorarlberg wieder ein eigenes Land, wenn es auch bis 1918 unter der Verwaltung von Innsbruck stand. Es ist in politischer Hinsicht wieder eine Einheit geworden, die aber verwaltungsmäßig bis 1918 zu Tirol gehört hat.

Es ist klar, daß Vorarlberg aufgrund seiner Geschichte und auch seiner alemannischen Bevölkerung eben doch nicht mit dem übrigen Österreich ohne weiteres gleichzusetzen ist. Früher hat sich das Problem nicht auf diese Weise gestellt, weil weite Gebiete in Schwaben bis ins Elsaß und den Breisgau österreichisch waren und der alemannische Bevölkerungsanteil viel größer war. Aber jetzt ist er nur noch eine kleine Minderheit in Österreich. Dadurch, so glaube ich, ist diese Animosität gegen Wien zum Teil zustande gekommen. Natürlich spielen auch politische Dinge eine Rolle. Auch daß sich die »schwarze« Mehrheit im Land gegen die »rote« in Wien stellt, ist von Bedeutung.

DISKUSSION ZUM BEITRAG VOGLER

Kirchgässner: Der Vortrag von Herrn Vogler hat gezeigt, wie wichtig die Auffüllung des Vakuums ist, das das Elsaß bisher in unseren Überlegungen bildete. Die vielfältigen kulturellen, wirtschaftlichen und menschlichen Beziehungen zwischen dem Gebiet diesseits und jenseits des Oberrheins gehören zum Spektrum unseres Arbeitskreises unabdingbar dazu. Wie wichtig diese Verbindung ist, zeigt der banale Vergleich, daß bis in die Neuzeit hinein alle wirklich großen Städte des Oberrheingebietes linksrheinisch lagen – heute fährt von Ludwigshafen nach Straßburg linksrheinisch nicht einmal mehr ein einziger direkter Zug.

Leiser: Ich habe eine Informationsfrage: Hat das Bistum Straßburg irgendwann seinen Metropolitanverband gewechselt, und wie sind die alten Kapitelsrechte? Wenn ich es recht weiß, sind ja nach dem Anschluß an Frankreich nur noch Franzosen im Domkapitel, so daß das Wahlrecht also entweder beseitigt oder anders ausgeübt worden sein muß.

Vogler: Bis zur Französischen Revolution bleibt der Straßburger Bischof im Metropolitanverband unter dem Erzbischof von Mainz, so wie Metz auch unter Trier geblieben ist. – Um ins

Straßburger Kapitel zu kommen, mußte man 16 hochadlige Vorfahren nachweisen. Nach 1681 gab es im französischen Hochadel nicht genügend Leute, die dafür in Frage gekommen wären. Deshalb kam immer nur eine Minderheit aus Innerfrankreich. Die große Mehrheit stammte immer noch aus dem Reich. Seit dem 16. Jahrhundert sind keine Elsässer mehr in diesem Kapitel. Wenn es trotzdem eine Mehrheit für die französischen Bischöfe aus der Familie Rohan gab – es waren deren vier –, so galt hier der Satz: »Im Elsaß ist der Heilige Geist dem König zu Befehl.« Ich denke, mit diesem Satz ist alles gesagt.

Sicken: Das Tagungsthema hat – so meine ich – durch die Ausführungen von Herrn Vogler eine bemerkenswerte Nuancierung erhalten, denn offenkundig nimmt die Stadt Straßburg seit der Zugehörigkeit zum Königreich Frankreich wie andere ehemals zum Reich gehörende Gebiete rechtlich in der Monarchie eine Sonderstellung ein, während der Straßburger Fürstbischof sogar über Besitzungen diesseits und jenseits des Rheins, also im Reich und in Frankreich, verfügt und folglich unterschiedlichem »nationalen« Recht unterliegt. Dazu möchte ich eine Informationsfrage stellen: Wie war nach 1681 bei Appellationen und anderen Rechtsmitteln der Instanzenzug geregelt, welches Recht war nunmehr maßgebend?

Vogler: Das Appellrecht geht in der Regel an die Cour d'appel in Colmar. Man achtete seit 1681 streng darauf, daß an keine Reichsinstanz appelliert wurde. Man muß allerdings unterscheiden, daß der Bischof von Straßburg für das Drittel seines Bistums, das auf badischem Gebiet lag, Mitglied des Reiches blieb und bis zur Französischen Revolution am Immerwährenden Reichstag einen Sitz hatte. Der Rechtszug der rechtsrheinischen, straßburgischen Gerichte geht an deutsche Gerichte.

Kirchgässner: Ein Desiderat der südwestdeutschen Geschichtsforschung wäre es, den Einfluß der Savoyarden herauszuarbeiten. Bei Gothein findet man zum Teil eingehende Darstellungen über die Rolle der savoyardischen Hausierer im Schwarzwald und im Hotzenwald. Dabei waren die Zustände im oberen Savoyen mehr als schlimm; vielfach hat man die Kinder den Hausierern mehr oder weniger aufgedrängt, um sie gegen ein geringes Entgelt wenigstens für einige Zeit wegzuhaben. Möglicherweise haben diese savoyardischen Hausierer auch Kleinkreditfunktionen wahrgenommen, wie die im Breisgau großgewordene Bankiersfamilie Sautier zeigt. Mich würde interessieren, ob es im Elsaß neuere Untersuchungen zu dieser Frage gibt?

Vogler: Es gibt bisher keine umfangreicheren Untersuchungen zu diesem Thema, sondern nur einige kurze Beiträge. Der umfangreichste ist von George Livet und gilt den Savoyarden in Straßburg. Er dürfte etwa 20 Jahre alt sein.

Leiser: Vor ein paar Jahren war in Karlsruhe eine Ausstellung über die Markgräfin Caroline Louise. Wenn ich mich recht erinnere, war im Text des Katalogs davon die Rede, daß der badische Hof Gegenstände des Luxusbedarfs, für die Paris zentraler Einkaufsort war, über Straßburg bezogen hat. Dort soll es Firmen gegeben haben, die in einer Art Zwischenhandel die deutsche Kundschaft erheblich schneller haben bedienen können, als dies beim Direkteinkauf in Paris der Fall gewesen wäre. Existieren wirtschaftsgeschichtliche Untersuchungen darüber, ob es in Straßburg Niederlassungen von Pariser Firmen gegeben hat oder einheimische Häuser, die in der Warenvermittlung gerade beim Luxusbedarf mit den Pariser Häusern konkurrierten?

Vogler: Es waren in der Hauptsache einheimische Häuser. Diese hatten in Paris einen Faktor, der dort für sie einkaufte. Von Straßburg aus wurden dann die rheinischen und südwestdeutschen Höfe beliefert. Wesentliche Untersuchungen darüber kenne ich nicht.

Schaab: Ich möchte auf ein ganz anderes Gebiet überspringen, die Literatur. Sie haben erwähnt, daß das Elsaß im 18. Jahrhundert für die deutsche Literatur keine Bedeutung mehr hatte. Man müßte aber fragen, wieviel davon zunächst der allgemeinen süddeutschen Entwicklung zuzuschreiben ist. Denn es ist ja im ganzen süd- und südwestdeutschen Bereich so, daß man gegenüber Norddeutschland in der Literatur ins Hintertreffen geraten war. Das ist ein Problem, das die Süddeutschen erst am Ende des 18. Jahrhunderts wieder bewältigt haben. Bis dahin war das Elsaß eingereiht, dann auch politisch völlig abgekoppelt. Ich möchte auch die Bemerkungen zur deutschen Sprache in Straßburg hier einreihen, denn die Äußerungen norddeutscher Reiseschriftsteller darüber, was in Augsburg oder sonst in Schwaben gesprochen wird, sind nicht positiver. Für den Norddeutschen ist das bis heute eben eine gräßliche Sprache. Im Mittelalter sah es anders aus, da galt es als elegant, wie ein Schwabe zu sprechen.

Wunder: Im 16. Jahrhundert werden in Südwestdeutschland gelegentlich Straßburger eingestellt, weil sie so gut Französisch konnten. Woher kommen diese Sprachkenntnisse?

Vogler: Um die Mitte des 16. Jahrhunderts waren die Französischkenntnisse in der Regel noch nicht sehr verbreitet. Erst seit etwa 1580 ist ein größeres Interesse an Französisch feststellbar. Von da an, aber nicht vorher, schicken die großen Kaufmannsfamilien ihre Söhne für zwei oder drei Jahre nach Montbéliard/Mömpelgard, um dort Französisch zu lernen. Dies hatte den Vorteil, daß man im Bereich des Luthertums blieb. Von da an sind die Beziehungen sehr stark. Ich würde vorher von Sonderfällen sprechen.

de Longueville: Eine Frage zur konfessionellen Konstellation in Straßburg. Es ist klar, daß die lutherische Kirche von Straßburg an der deutschen Sprache festhalten mußte. Aber wie war es mit der katholischen Kirche? Die preußische Geschichtsschreibung des 19. Jahrhunderts hat ja den Vorwurf erhoben, die katholische Kirche habe einen Rückgang der deutschen Sprache im Elsaß verursacht. Das war auch einer der Vorwürfe im aufkommenden Kulturkampf, der im Elsaß am Ende des 19. Jahrhunderts besonders heftig entbrannt war.

Kirchgässner: Ist Straßburg für das Elsaß überhaupt repräsentativ, oder hat sich hier nicht in der Breite der Seelsorge auf dem Land einiges anders entwickelt als in der Metropole?

Vogler: Zum Problem »Kirche und Sprache« muß man feststellen, daß in der lutherischen Kirche Deutsch die Kult- und Frömmigkeitssprache war. Deshalb hält sie auch besonders daran fest, in Straßburg wie auf dem Land. Bei den Reformierten ist es etwas anderes, aber sie stellten nur einen kleinen Prozentsatz der Bevölkerung Straßburgs und des Elsaß. 1789 waren es etwa 10 %.

Auf der katholischen Seite muß man zwischen dem Bischof und seiner Umgebung und dem Parochialklerus unterscheiden. Soviel bekannt ist, sind Predigten im allgemeinen noch in deutscher Sprache gehalten worden. Im 19. Jahrhundert hielt dann der Klerus bis 1870 aus einem anderen Grund an der deutschen Sprache fest: Seit 1789 war für ihn Französisch die Sprache der Revolution, die Sprache Voltaires und der Atheisten. Das änderte sich erst 1870, als man sich bewußt auf die französische Sprache festlegte als Antwort auf die Eingliederung ins Deutsche Reich.

Stoob: Ich habe drei Fragen. Die eine richtet sich auf den Fernhandel des 18. Jahrhunderts. Können Sie eine Neuorientierung des Straßburger Fernhandels von den alten Achsen weg feststellen? Oder findet sie nicht statt? Die zweite Frage betrifft das Gesellenproblem. Sind Ihnen die Karten von Hektor Ammann bekannt, die sich im Originalentwurf in meinem Institut in Münster befinden? Leider sind sie nur zum Teil veröffentlicht. Die Gesellenwanderung spielt ja im Raum Straßburg, wie Sie betont haben, eine außergewöhnlich wichtige Rolle. Es wäre ganz wichtig, für Mitteleuropa die Gesellenwanderung im 18. Jahrhundert zu untersuchen. Drittens: Gibt es einen Anhaltspunkt dafür, daß Straßburg nach 1681 eine Mittlerrolle in allgemein geistesgeschichtlicher Hinsicht übernommen hat, wie dies für die baltischen Städte, vor allem Riga, feststellbar ist in Richtung Skandinavien und nach 1700 in Richtung Rußland, oder von Preßburg und Kaschau, also aus der Slowakei heraus, in den Südosten hinein? Ich denke zum Beispiel an die außerordentlich lebhafte Buchdruckerei in Bartfeld nördlich von Kaschau. Hier beeinflussen die großen Grenzstädte den benachbarten Raum und verbinden sie mit Mitteleuropa. Ist etwas Vergleichbares für Straßburg bekannt, und seien es nur Ansätze?

Kirchgässner: Ich erinnere mich, gelesen zu haben, daß beim Bau von Versailles zeitweilig mehr Deutsche beschäftigt gewesen sein sollen als Franzosen. Ob das stimmt, weiß ich nicht, es müssen aber große Wanderungsströme nach Westen gegangen sein.

Vogler: Von einer Neuorientierung des Handels kann man eigentlich nicht sprechen, nur von einer Zunahme nach Amsterdam und Hamburg und auch nach Paris. Sonst bleibt die Rheinachse die bedeutendste Achse. – Die Karten von Hektor Ammann kenne ich bisher nicht, würde sie aber gerne einmal einsehen.

Im Augenblick arbeitet jemand über den Bau von Versailles. Ergebnisse liegen mir allerdings noch nicht vor. Die Bedeutung Straßburgs als Vermittler deutscher Kultur nach Frankreich ist nicht sehr groß. Es gibt höchstens Ansätze. Die deutschen Studenten kommen über die Fechtschule mit französischen Adligen zusammen. Auf diese Weise findet Vermittlung statt.

Kirchgässner: Eine alte Funktion muß Straßburg in einigem Umfang übrigens auch noch nach dem schweren Franzosenkrieg gegen Ende des 17. und 18. Jahrhunderts wieder aufgenommen haben, nämlich die Geldleihe; ich bin in den Mannheimer Ratsprotokollen des 17./18. Jahrhunderts wiederholt darauf gestoßen. Der Getreidehandel orientiert sich eher nach Norden, Frankfurt spielt natürlich im Geldgeschäft eine tragende Rolle. Es tauchen aber auch immer wieder Namen und Beträge von Straßburg auf, die man sich vor allem in Notfällen geliehen hat.

Ein Schachzug besonderer Art war es natürlich, als es Karl Theodor gelungen war, dem französischen König und insbesondere Madame Pompadour die Hannong auszuspannen, die die große Porzellanmanufaktur in Frankenthal aufgebaut haben. Die Hannong – niederländische Exulanten, die auf dem Umweg über Frankfurt nach Straßburg gekommen waren – konnten sich gegenüber dem Monopol von Sèvres, Porzellan-Fertigwaren herzustellen, nicht behaupten. Nur Halbzeug produzieren wollten die stolzen Hannong freilich auch nicht, und so folgten sie (vermutlich mit Vergnügen) dem kurpfälzischen Ruf nach Frankenthal.

DISKUSSION ZUM BEITRAG WYSOCKI

Kirchgässner: Das Beispiel dieser beiden Städte mag zeigen, wie sehr der Wirtschaftshistoriker auch im Bereich der Neuzeit ein mühsames Geschäft betreibt, gerade wenn und soweit man dem Alltag verhaftet ist. Persönlich halte ich das freilich für einen ausgesprochenen Vorteil, weil unsere Disziplin doch in den letzten Jahren in den berühmten »großen Zusammenhängen« gelegentlich arg strapaziert worden ist.

Die beiden Vorträge haben mich an eine Formulierung erinnert, die ich selber vor einiger Zeit einmal aufgenommen, freilich nicht selbst geprägt habe: Entscheidend ist eigentlich (wie ich es seinerzeit von Konstanz sagte) für eine Stadt, ob sie am Anfang oder am Ende eines Territoriums liegt. Das hat ja gerade bei Straßburg in der Neuzeit in relativ kurzen Abständen erstaunlich oft gewechselt.

Vogler: Ich möchte auf einige Analogien zwischen Salzburg und Straßburg hinweisen. Was die Universität anbelangt, haben wir das gleiche Problem. Es gibt relativ wenige Studenten aus der Bundesrepublik. Dann, was den Einzelhandel angeht, so habe ich mir sagen lassen, daß die Stadt Kehl mit ihren 15000 Einwohnern Geschäfte besitzt, die einer Stadt von 100000 Einwohnern entsprechen. So drängen sich an deutschen Feiertagen, die in Frankreich nicht begangen werden, wie der 17. Juni, die Deutschen in Straßburg, und umgekehrt überfluten die Franzosen Kehl an den entsprechenden französischen Feiertagen wie zum Beispiel dem Nationalfeiertag.

Kirchgässner: Ich möchte hier einmal unsere Studenten auch verteidigen dürfen: Es wird immer von ihrer Lethargie gegenüber dem Auslandsstudium gesprochen, doch wissen die wenigsten, wie mühsam Auslandsstipendien erreicht werden. Was noch schlimmer ist, ist die Integration von Auslandsstudium in den Studienplan der deutschen Universitäten, hier insbesondere die Anrechnung von Leistungen, die im Ausland erbracht worden sind. Insofern verstehe ich schon, daß manche Studenten zögern, den Vorteil eines Auslandsstudiums gegen die Nachteile, die sie hierzulande in Kauf nehmen müssen, einzutauschen.

de Longueville: Sie haben sehr gut die Grenze als förderndes Element herausgearbeitet. Ich glaube, man muß auch noch sehen, daß Grenze so etwas wie eine Konzentrations- und Kanalisierungsfunktion hat, das heißt, ganz bestimmte Ströme können nicht mehr ins Umland divergieren, weil die Staatsgrenze die Bündelung auf den Überschreitungspunkt irgendwie erzwingt beziehungsweise erzwingen muß. Ich glaube, daß dies für beide Städte wichtig ist.

Ein anderes Phänomen scheint mir noch wichtig: Beide Städte haben die Aufmerksamkeit der Zentralen auf sich gezogen. Ich glaube, daß die Gründung der Universität Passau und die verstärkten Bemühungen zum Ausbau der wiederbegründeten Universität Salzburg dem Streben der Zentralen entspringen, die Grenzstädte zu »befriedigen«.

Wysocki: Bei den Grenzübergängen kann in der Tat die Situation eintreten, daß die Grenze, der Übergang, einfach kanalisierend wirkt. Das spielt aber bei meinen Fallbeispielen keine nennenswerte Rolle. Die Zahl der Grenzübergänge ist doch außerordentlich groß. Es gibt, wie ich bereits betonte, keine nennenswerten natürlichen Hindernisse. Ich wohne unmittelbar in der Nähe der Grenze. Allein in fußläufiger Entfernung von unserem Haus hätte ich die Wahl zwischen zwei oder drei Übergängen, die »grüne Grenze« gar nicht mitgerechnet. Es ist hier ein Sonderphänomen, das in beiden Fällen zum Tragen kommt. Was bei uns sehr viel stärker kanalisierend wirkt, das ist die Infrastruktur, und wer von Ihnen jemals zu Hochsaisonzeiten am Übergang Walser Berg erlebt hat, was Kanalisierung bedeutet, der wird feststellen, daß hier – und das ist das Einzigartige – es eben nicht der Grenzübergang ist, der so komische Effekte produziert, sondern die fehlende Bereitschaft der Benutzer des Grenzübergangs, die Tatsache zur Kenntnis zu nehmen, daß es wirklich ein Dutzend Übergänge in ihrer Reichweite gibt. Es ist vielmehr das Element Infrastruktur, die Autobahn, die die Leute auf diesen bestimmten Weg zwingt. Was die Situation betrifft, die Sie mit der Universitätsgründung in Passau angesprochen haben, so ist, glaube ich, das Wortspiel von Herrn Kollegen Kirchgässner mit guten Gründen aufzugreifen, und zwar scheint es doch, daß hier im politischen System eine ganz wesentliche Änderung eingetreten ist. Bayern, so wird von Kennern der Materie mit Recht behauptet, ist nach außen hin streng föderalistisch und ist nach innen mindestens ebenso streng zentralistisch. Das stimmt zu einem guten Teil. Allerdings hat sich dann doch im Laufe der politischen Entwicklung der letzten 20 bis 30 Jahre die Notwendigkeit ergeben, an die Peripherie herauszugehen, und ich überlasse es jetzt Ihren Überlegungen, auszumachen, daß etwa die Wählerstruktur in Passau eine andere ist als die in München und daß die Regierung in München vielleicht dem Abgeordneten von Passau eher ihr Ohr zu schenken geneigt ist als demjenigen aus einem Münchner Industrievorort.

Dasselbe Phänomen hat sich sicher auch bei der Gründung der Universität Salzburg vollzogen. Auch hier der Versuch, die Peripherie mit gewissen Tendenzen der Zentrale auszusöhnen. Ich glaube, das muß man ganz wesentlich in unsere Überlegungen miteinbeziehen. Während ich vorhin immer von der politischen Peripherisierung in der Monarchie gesprochen habe, muß ich betonen, daß auch diese politische Peripherisierung in der Republik dramatisch abgeschwächt worden ist. Insofern nämlich, als die österreichische Republik, ebenso wie die Bundesrepublik, ein föderalistisches Staatswesen ist und daß schon in der 1. Republik und genauso in der 2. die mächtigen »Landesherzöge«, die Landeshauptleute, einen sehr großen Einfluß haben.

Wir hatten in Salzburg einen Landeshauptmann namens Lechner. Diejenigen von Ihnen, die Salzburg kennen, werden das Denkmal gesehen haben, das mit gutem Grund in unmittelbarer Nähe des Festspielhauses angebracht ist. Denn Lechners Einfluß ist es zu verdanken, daß dieses Festspielhaus überhaupt gebaut worden ist. Hier ist jetzt natürlich durch die Änderung des Systems vom Zentralismus zum Föderalismus eine gewaltige Aufwertung der Peripherie erfolgt. Jetzt sind das plötzlich mächtige Landesherzöge, die Dinge durchsetzen, von denen ein Wiener Bürgermeister nur träumen kann.

Störmer: Sie haben das schöne Beispiel »Freilassing« gebracht. Seit wann ist diese Situation so? Mir ist das nicht so klar. Ich könnte mir aber vorstellen, daß erst die späten fünfziger und sechziger Jahre diese Entwicklung zumindest erheblich verstärkt haben, jedenfalls im Fall Freilassing. Ein Zweites: Ich würde meinen, zumindest wenn wir das 19. Jahrhundert heranziehen, daß man das Phänomen Grenze vielleicht doch etwas unterschätzt. Ich möchte hier das Stichwort »Grenze und Architektur« bringen. Die großartige Architektur von Passau und Salzburg verdanken wir doch nicht zuletzt dem Phänomen, daß die Grenze hier im 19. Jahrhundert nichts Neues geschaffen hat, so daß aus dem endenden 18. Jahrhundert die alten Städte erhalten geblieben sind, wobei aber alte Städte, die 1803/10 Grenzstädte geworden sind (z. B. Laufen, Tittmoning) völlig funktionslos werden konnten und erheblichen Schwierigkeiten ausgesetzt waren. Weiter haben Sie die Frage gestellt, inwieweit hier bei Salzburg eine Volkstumsgrenze oder Kulturgrenze vorhanden sein könnte. Ich meine, wir können doch sehen, daß das Volkstum sich in mancher Hinsicht im 19. Jahrhundert auseinandergelebt hat. Ich bin zwar nicht Altbayer, aber bei der Fahrt von München nach Salzburg fallen mir immer zwei Phänomene auf. Im ehemals salzburgischen Gebiet auf heutigem bayerischen Boden merkt man, sieht man einmal von den alten Kirchtürmen und den Bauernhofformen ab, nichts mehr, was in der Kulturform mit dem alten Land Salzburg verbände. Wenn ich andererseits dann die Grenze überschritten habe und in Salzburg oder dessen Umland bin, dann erscheint mir die Alltagskultur eher von Wien her beeinflußt, sei es nun das Essen oder anderes. Wenn Sie Städte wie Burghausen, Tittmoning und dergleichen an der Salzach nehmen, dann sehen Sie (vor allem in einer Zeit vor den Restaurierungen der letzten beiden Jahrzehnte), daß hier die Grenze tief in die Struktur dieser Städte eingeschnitten hat. Auch Laufen ist so ein Beispiel, Salzburg dagegen eine Anomalie.

Als Letztes: Das herrliche Beispielzitat, das Sie aus Passau gebracht haben als Stellungnahme gegenüber Bayern, ist, so finde ich, ein großartiges Beispiel dafür, wie wenig doch in manchen Regionen der große Plan Montgelas' im frühen 19. Jahrhundert gelungen ist, nämlich so etwas wie ein bayerisches Nationalgefühl zu schaffen. In Franken und Schwaben war dies ohnehin ganz schwierig gewesen. Aber auch im altbayerischen Raum gab es offensichtlich Probleme. Das Zitat war ein klassischer Beweis dafür.

Rausch: Zunächst zwei Dinge zum historischen Teil, also jenem, der nicht so sehr in die Gegenwart herüberreicht. Herr Wysocki hatte die Österreich-Freundlichkeit oder die besondere Vorliebe der Passauer zu Österreich unter anderem auch damit begründet, daß er meinte, es seien unter den Passauer Bürgern sehr viele Österreicher gewesen. Ich möchte das nicht unbedingt so unterstreichen, sondern führe die Österreich-Freundlichkeit der Passauer einfach auf die – und das Beispiel ist doch aus der ersten Hälfte des 19. Jahrhunderts gewesen – noch immer im Wissen der Passauer verankerte kirchliche Zuständigkeit Passaus über das gesamte donau-österreichische Gebiet zurück. Ich finde, daß das sehr wesentlich ist, denn das drückt sich sogar heute noch aus, wenn der Passauer Bischof nach Linz kommt und sich der Linzer Bischof beeilt, vom Mutterbistum Passau zu sprechen. Daß ein wichtiger Bereich dieses Fürstbistums verlorengegangen ist, war gewiß noch in bester Erinnerung.

Zu Punkt zwei: Überlassung der Festung Oberhaus an die Stadt. Ich würde dies nicht als besondere Wohltat der bayerischen Regierung in München gegenüber den Passauern bezeichnen. Wer das Objekt betrachtet, weiß, daß die Bürger von Passau mit diesem Geschenk eine schwere Bürde übernommen haben. Der Staat war einfach nicht in der Lage, dieses große, für ihn wertlose Objekt zu erhalten, und hat es mit der Geste eines großartigen Geschenks zuwege gebracht, den Passauern diese Dauerlast aufzubürden, an der sie noch heute zu tragen haben.

Und ein Drittes zum Pendlerstrom: Es ist gewiß ein Phänomen, daß viele Pendler nach Passau hineingehen und vergleichsweise weniger Pendler aus Deutschland nach Salzburg (Stadt) kommen. Dies ist aber ganz einfach mit der wirtschaftlichen Situation in der BRD zu erklären. In Passau verdient man mehr als in Österreich, und es gibt auf österreichischem Gebiet nur wenige Arbeitsmöglichkeiten. So pendelt man eben nach Passau ein und auch aus der Umgebung von Salzburg in die BRD aus, weil man dort mehr verdient. Die Leute fahren ja auch nach Bayern, um zu tanken, da dort das Benzin zeitweise sehr viel billiger ist. Das gilt für Passau ebenso wie für die Wanderbewegung der Salzburger nach Freilassing.

Kirchgässner: Ich möchte hier eine Zusatzfrage anschließen: Wir hatten letztes Jahr unter der Leitung von Herrn Stoob eine schöne Tagung in Laufen. Es kam zur Sprache, daß aus dieser Gegend – das heißt also aus der unmittelbaren Umgebung von Salzburg – Leute bis nach München pendeln. Nun sagten Sie zu Recht, daß sich in der Gegend um Salzburg wie auch in der Stadt selbst viel Industrie oder auch so manche Importfirma angesiedelt hat. Ist das Lohngefälle nun so hoch, daß sich das Pendeln nach München noch lohnt? Es ist ja auch eine enorme psychische wie physische Belastung, die die Leute da auf sich nehmen, so daß man annehmen muß, das Lohngefälle nach München sei doch deutlich größer als dasjenige in das naheliegende Salzburg?

Wysocki: Zunächst zu Herrn Rausch: Ich meinte bei dem Geschenk, das der bayerische Staat der Stadt Passau gemacht hat, nicht den »Klotz am Bein« Oberhaus. Das ist klar. Aber was der bayerische Staat noch hergab, auch das ohne Entschädigung, das waren die ganzen Befestigungswerke, die sich um die Stadt herumzogen. Passau war ja an sich in der fürst-bischöflichen Zeit ein befestigter Platz – aber nicht so furchtbar bedeutend. Die großen Befestigungswerke von Passau kommen erst in dem Augenblick zustande, wo Passau zu dem am weitesten vorgeschobenen Posten des napoleonischen Reiches wird. Und da wird Passau sogar grandios befestigt. Und wenn Sie Passau kennen, dann gehört der ganze Bereich um die Nikolausstraße dazu. Und das waren Gründe, die für die Stadt sehr viel gebracht haben, denn sie hat die Grundstücke ihrerseits verkauft.

Es ist natürlich klar, daß die Pendlerströme einkommensinduziert sind, wie auch anders? Aber es kam mir eben darauf an, zu zeigen, daß hier die Grenze überhaupt nicht zur Wirkung kommt, sondern daß allein das ökonomische Motiv bestimmt. Anderswo führt die Grenze zur Abkehr von ökonomischen Prinzipien. Dies ist hier aber nicht der Fall.

Was Sie fragen wollten, Herr Kirchgässner, das stimmt in der Tat. Ich weiß also nicht, ob viele Laufener nach München pendeln, das halte ich aus technischen Gründen für etwas problematisch. Wochenpendler gibt es sicher. Diese sind gerade in diesem Raum sehr häufig nach München orientiert. Das hat übrigens eine recht kurze Tradition, nämlich seit dem Beginn der Olympiabauten in München. Diese schlugen damals ganz fatal auf dem Salzburger Arbeitsmarkt ein. Als diese riesigen Baumaßnahmen durchgeführt wurden, sind Bauarbeiter bis weit aus dem Lunggau hinein nach München gependelt, und gar nicht wenige sind dann irgendwo in München hängen geblieben. Was Freilassing betrifft, so kann ich diese Frage sehr leicht beantworten. Diese Entwicklung beginnt im wesentlichen in den sechziger Jahren; in den frühen sechziger Jahren beginnt sich diese Tendenz in Freilassing abzuzeichnen.

Leiser: Ich hätte zu den Universitäten gerne ein kurzes Wort gesagt: Es war von Salzburg wie von Passau die Rede – man könnte auch Konstanz als Grenzuniversität nehmen oder an Basel denken. Wenn man diese Universitäten einmal vergleichend betrachtet, dann muß man Passau genauso wie Salzburg herauslassen. Völlig unabhängig von den Überlegungen des Hochschulkonzepts im Freistaat Bayern gehen Passau, Salzburg und Konstanz auf ganz andere Überlegungen zurück. Meines Erachtens stammen diese Gründungen aus der Euphorie der Nachkriegszeit, wo man Grenzen als etwas Unnatürliches empfunden hat, gelegentlich diese Grenzen sprengen oder doch zumindest über die Grenzen hinaus wirken wollte. Bei Passau wollte man mit der Gründung einen Kontakt unmittelbar nach Linz erreichen, doch hat dies nicht funktioniert. In Konstanz wollte man in die Schweiz hineinwirken – auch das hat nicht funktioniert. In Salzburg steht jedoch der Gedanke der alten Benediktineruniversität im Hintergrund. Unmittelbar nach dem Krieg tauchen Salzburger Hochschulwochen und ähnliche Veranstaltungen auf, so daß wir also in die Mentalität der unmittelbaren Nachkriegszeit hineinreichen. Hier wurde demnach die Grenze sozusagen als Provokation, die zu überwinden sei, aufgefaßt. Diese Vorstellungen haben sich freilich nicht realisieren lassen, sie führten aber dazu, daß heute in Grenzlagen Institute aufgebaut worden sind, die an diesen Stellen eigentlich deplaziert wirken.

Kirchgässner: Diejenige Fakultät, die man immer sehr stark und sehr früh ausgebaut hat, ist – von Konstanz abgesehen – die juristische Fakultät. Diese ist aber doch in der Regel auf ganz bestimmte Laufbahnmerkmale des jeweiligen Staates zugeschnitten?

Wysocki: Bei der Universitätsgründung von Passau spielt natürlich ein Faktor noch eine ganz wesentliche Rolle, den man schon erwähnen sollte. In den Planungsüberlegungen war die Universität nämlich ganz bewußt als Faktor regionaler Wirtschaftsförderung gedacht, und die Universität ist heute der bei weitem größte Arbeitgeber in Passau. Das sollte man doch mit einbeziehen. Ich kann sonst hier nur noch einmal vertiefen, was Sie eben angesprochen haben als Schwierigkeiten des grenzübergreifenden Einzugsbereichs der Universität. Dies habe ich ja auch in meinem Referat bereits angedeutet: Die Grenze ist nicht das Entscheidende, sondern das Entscheidende ist, daß die Universitäten in unterschiedlichen Bereichen etwa unterschiedliche Laufbahnen haben. Es bestehen unterschiedliche Rechtsnormen, und es ist nicht so spezifisch, daß ein paar Kilometer von der Universität eine Grenze verläuft, sondern daß der Jurist, der in Salzburg seinen doctor iuris erwirbt, eben nicht in den bayerischen Staatsdienst treten kann und auch umgekehrt. Ich gehöre selbst der geisteswissenschaftlichen Fakultät an. Ehe wir dazu übergingen, Arbeitslose auszubilden, haben wir vor allem Leute für den Schuldienst ausgebildet. Wenn dann etwa jemand, der in Regensburg Staatsexamen gemacht hatte, in den österreichischen Schuldienst treten wollte, dann mußte er noch ein Seminar in »Österreichischer Geschichte« machen. Nicht weil wir uns eingebildet hätten, die Regensburger Ausbildung sei schlechter als unsere, sondern weil seit den Zeiten der Monarchie die Geschichte in Österreich dividiert ist in »Österreichische Geschichte« und »Neuere Geschichte«. Man erfährt eben nichts in der Neueren Geschichte – das ist natürlich überspitzt – über Maria Theresia, die eben in der Österreichischen Geschichte behandelt wird. Wir können einfach nicht über diese Rechtsnormen hinweg. Wir schauen, was der- oder diejenige »drüben« gemacht hat, und müssen feststellen, daß die Rechtsnormen divergieren, und damit ist die Sache zu Ende.

Wandel: Ich möchte noch eine Bemerkung machen zu der Frage der Kaufkraft, die zwischen den Ländern hin und her geht. Ich meine, diese Entscheidungen werden heute letztendlich in den Hauptstädten gemacht, das heißt in Wien oder in Bonn oder heute vielleicht sogar in Brüssel.

Der Grund für die Kaufkraft, die von Österreich oder von Salzburg in die BRD fließt, liegt sicher in der nicht harmonisierten Mehrwertsteuergesetzgebung. Die Mehrwertsteuer ist in Österreich höher als in der BRD. Deswegen ist auch bei uns zum Beispiel das Benzin billiger. Das ist die eine Bemerkung, die ich machen wollte: Die Grenzstädte sind sehr stark von der zentralen Gesetzgebung abhängig. Das spielt auch auf dem Arbeitsmarkt eine Rolle. Die Sozialabzüge sind heute in Österreich höher als in der Bundesrepublik. Das könnte auch der Grund sein, daß hier eben doch mehr netto verdient wird.

Dann habe ich noch eine Frage: Ich meine, daß man, wenn wir Passau und Salzburg vergleichen, auch die Frage des Fremdenverkehrs erörtern müßte. Ich habe den Eindruck, daß der Fremdenverkehr, der Tourismus in Passau bei weitem nicht die große Rolle spielt wie in Salzburg. Einfach auch deswegen, weil Passau von den großen Verkehrsströmen viel mehr entfernt liegt. Deswegen ist Salzburg ja das »Tor zum Balkan« – und liegt an der berühmten Gastarbeiterroute. Jeder, der nach Jugoslawien, nach Griechenland oder in die Türkei fährt, benutzt diesen Weg. Führen die Ströme durch Salzburg oder führen sie um Salzburg herum? Welche Bedeutung haben diese Verkehrsfragen im Vergleich zu Passau?

Wysocki: Selbstverständlich ist der Fremdenverkehr in Salzburg ein ungleich wichtigerer Faktor als in Passau. Passau hat einen gar nicht unbedeutenden Fremdenverkehr, aber die Übernachtungszahlen, gemessen an der Zahl der Einwohner, sind in Salzburg, glaube ich, etwa acht- bis zehnmal so hoch wie in Passau. Das hat eine sehr lange Geschichte, wenn ich darauf eingehen sollte, müßte ich noch ein neues Referat halten.

Der Salzburger Fremdenverkehr hat ja eine sehr lange Tradition. Wenn vorhin darauf verwiesen wurde, daß die Grenzlage zur Erhaltung dieser heute so wichtigen Architektur geführt hat, dann einfach deswegen, weil man in beiden Städten zu dem Zeitpunkt, wo man die alten Bauten hätte abreißen können, nichts getan hat. Allerdings hat man in Salzburg viel früher erkannt, was aus dem Fremdenverkehr zu machen ist. Der heutige Mozartkult etwa geht ja auf eine ganz bewußte Initiative von bestimmten Leuten zurück. Das waren Unternehmer – und dies erscheint mir typisch österreichisch –, die eben tatsächlich Musikkenner und -liebhaber waren.

Hier spielt eine Bankiersfamilie, die heute noch in Salzburg ansässig ist, eine bedeutende Rolle. Es sind große Kunstkenner, Kunstliebhaber und eben auch praktizierende Musiker. Aber nicht allein die Musik spielt hierbei die entscheidende Rolle, sondern auch ökonomische Überlegungen. Wie kommen wir aus dem ökonomischen Windschatten heraus? Denken Sie nur an das bereits erwähnte Mozartdenkmal. Die Aufstellung dieses Denkmals war ja ein Problem, das zwischen mehreren Städten kontrovers war. Man konnte es mit einigen Gründen in Salzburg aufstellen. Aber es gab viele Gründe, dieses erste Denkmal, das in der Monarchie für Mozart errichtet wurde, etwa auch in Wien oder in Prag aufzustellen. Die Salzburger haben sehr schnell begriffen, was dieses Denkmal bedeutet und damit eben auch die Betonung der Verbindung zu Mozart. Diese Tradition, die in den fünfziger Jahren des 19. Jahrhunderts begründet wurde, leitet nahtlos zu den Festspielbauten des Landeshauptmanns Lechner über, von dem ich vorhin gesprochen habe. Es gibt also sehr, sehr viele Gründe, warum Passau, das eine sehr schöne Stadt ist, eben einen sehr viel geringeren Fremdenverkehr hat als Salzburg. Salzburg hat einfach den Standortfaktor Mozart erkannt. In Passau gibt es keinen Mozart. Aber man hätte dort auch irgend etwas anderes machen können. Es steckt hier wirklich eine individuelle Initiative mit weitreichenden Folgen dahinter.

Kirchgässner: Im akademischen Unterricht stößt man immer wieder auf die Tatsache, wie sehr – auch für den Bereich der historischen Kartographie – die Autobahnen das Bild unserer jungen Menschen von den jeweiligen historischen Landschaften formen. Nach Salzburg führt die Autobahn ja direkt hin, an Passau läuft sie vorbei. Man kann auf die Auswirkungen gespannt sein.

Was mich erstaunt hat, war der Hinweis, in Passau habe es lange Zeit keine Banken gegeben; die Sparkasse kommt ja für den Bereich, den Sie angesprochen haben, für die damalige Zeit nicht in Frage. Dagegen frägt man mit einiger Verwunderung, ob das private Kapital nicht in erheblichem Umfange eine Rolle gespielt haben kann – Niederbayern ist doch vermögend? Darüber hinaus stellt sich die Frage, ob es keine Juden gab, die hier in die Bresche springen wollten oder konnten? Für die Landschaft am Oberrhein kann man nachweisen, daß die These, wonach die Industrialisierung erst durch die Aktienbank gefördert worden ist, so sicher nicht stimmt. Fällt also in diesem mit Viehhandel reich gesegneten Land der jüdische Kredit etwa aus?

Wysocki: In Passau spielt der jüdische Kredit keine nennenswerte Rolle. Es hat in Passau nur eine kleine jüdische Kolonie gegeben. Die Zählungen in den vierziger Jahren sprechen nur von drei oder vier israelitischen Familien. Daß der private Kredit hier keine Rolle spielt, hängt mit einer Besonderheit zusammen, die bei einem von uns angefangenen Projekt offenbar geworden ist.

Die Diözese Passau besitzt als einzige ein zentrales Diözesanarchiv in Deutschland. Die Pfarrarchive sind sonst in der Regel im Pfarramt. Passau hat ein wunderschönes Zentralarchiv, wo all diese Pfarrarchive konzentriert sind. Diese erlauben zum ersten Mal auf einer größeren Fläche, die finanzielle Bedeutung der katholischen Kirche zu recherchieren. Da ich erst in den Anfängen des Projekts stecke, kann ich nur feststellen, daß sämtliche Pfarreien im Passauer Raum über ein sehr bedeutendes Kapital verfügen, das sie bereitwillig ausliehen, allerdings nicht als Handelskapital, denn das durften sie nicht. Denn das waren Stiftungen, und diese unterlagen den Rechtsvorschriften von 1819 über die Stiftungskapitalien, und da durfte man eben nur gegen hypothekarische Sicherheiten ausleihen. Allerdings ist dabei zu bedenken, daß ja der Hypothekarkredit, wenn er sehr reichlich angeboten wurde, sehr wohl im Stande war, den Personalkredit in der Form des Wechseldiskonts zu ersetzen. Von der Unternehmensgeschichte her wissen wir, daß der Hypothekarkredit zur Finanzierung des mittelständischen Unternehmens eine ganz wichtige Rolle gespielt hat. Im Passauer Raum kommen eigentlich erst in den siebziger Jahren überall Filialen der Bayern-Hypo auf und einige andere auch. In Salzburg dagegen gibt es eine sehr lange Tradition des Bankgewerbes. Wir haben in Salzburg das älteste bestehende österreichische Privatbankhaus. Wenn sich die Entwicklung in Passau und Salzburg unterschiedlich erwiesen hat, so könnte ich mir vorstellen, daß das reiche Angebot der kirchlichen Stiftungen eine Rolle gespielt hat, die in Österreich in diesem Umfang nicht vorhanden war.

Kirchgässner: Das legt freilich den Gedanken nahe, daß die Säkularisation zwar das Fürstentum beziehungsweise das Fürstbistum Passau ausgelöscht, den Wohlstand der Pfarreien aber in Takt gelassen hat. Dies müßte man dann aber doch deutlich unterscheiden.

Richter: Ich wollte noch einmal die Frage stellen, welche Qualität »Grenze« erforderlich ist, damit dieses Kaufverhalten beim Nachbarn stattgreift, das Herr Vogler für Straßburg und Kehl und Herr Wysocki für Salzburg und Deutschland beschrieben haben. Zu den Zeiten, als es in Bayern noch Feiertage gab, die jeweils in den Landesteilen von den überwiegenden Glaubensgemeinschaften gefeiert wurden – also etwa Fronleichnam in Oberfranken, Buß- und Bettag in Mittelfranken –, da konnte man regelmäßig wahrnehmen, daß an Fronleichnam im Großraum Erlangen/Nürnberg halb Forchheim, die Fränkische Schweiz und Bamberg eingekauft haben, während am Buß- und Bettag die Erlanger und Nürnberger Siemensianer nach München zum Einkaufen gefahren sind. Das setzt also nicht unbedingt eine Staatsgrenze voraus, und Kenner bayerischer Verhältnisse wissen, daß die Grenze zwischen verschiedenen Regierungsbezirken – hier Mittelfranken und Oberfranken – ganz sicherlich keine so deutlichen Auswirkungen im Alltagsleben zeigt.

Wysocki: Es ist jetzt einigermaßen schwierig, mit wenigen Worten die Frage zu beantworten, welche Faktoren die Nachfrageströme induzieren und lenken. Als erstes muß natürlich ein entsprechend unterschiedliches Preisniveau vorhanden sein, das durch das Abgabesystem bedingt sein kann. Die Differenz zwischen Österreich und Deutschland beträgt eigentlich nur 4 %. Sie bekommen ja, wenn Sie legal einkaufen, bei dem Import nach Österreich die in Deutschland entrichtete Mehrwertsteuer wieder zurück. Dann spielen hier die Verkaufsstrategien der großen Einzelhandelsketten eine wesentliche Rolle. Es sind manchmal die gleichen Unternehmensgruppen, die diesseits und jenseits der Grenze unterschiedliche Preispolitik machen. Ich denke zum Beispiel an die Industrie – etwa einen Hersteller von Hygienepapieren, der in Deutschland ansässig ist und eine Niederlassung in Salzburg hat. Dort kostet im Großhandel die Packung genausoviel wie dasselbe Produkt in Freilassing im Einzelhandel. Das ist nicht etwa deswegen, weil die Steuern so hoch wären oder weil die Kosten in Salzburg anders wären. Es ist eine ganz bewußte Entscheidung des Unternehmens, weil man von anderen Nachfragestrukturen ausgeht. Man sagt, der Österreicher hat andere Konsumgewohnheiten, also kostet in Freilassing dasselbe Produkt, inklusive Grenzabgaben, erheblich weniger, als wenn Sie es in Salzburg kauften.

Kirchgässner: Wir sollten hierbei allerdings bedenken, daß die punktuelle Verschiebung der Nachfrage an bestimmten Feiertagen sich deutlich unterscheidet von dem Thema, das Herr Wysocki zu behandeln hatte, nämlich die dauerhafte Umlenkung oder Nichtumlenkung der Nachfrage. Das andere sind punktuelle Dinge, die mit der strukturellen Situation nicht unbedingt identisch sind.

Burmeister: Ich habe ja dieses Problem auch schon angesprochen. Es gibt eine ganz neue Dissertation – Innsbruck 1987 –, die sich mit diesem Problem im Bereich Bregenz/Lindau auseinandersetzt. Der Verfasser heißt Paul. Dort finden Sie eine Fülle von Gründen, die heute schon genannt worden sind, aber auch noch vieles mehr.

Was ich noch fragen wollte: Freilassing fällt unter die Bestimmungen des »kleinen Grenzverkehrs«, wo nur relativ kleine Mengen über die Grenze gebracht werden dürfen. Es gibt jetzt auch Möglichkeiten, in den Genuß der Bestimmungen über den »großen Grenzverkehr« zu gelangen. So gibt es Firmen im Bodenseeraum, zum Beispiel »Quelle«, die im baden-württembergischen Eriskirchen ein riesiges Kaufhaus betreibt, das unter die Bestimmung des »großen Grenzverkehrs« fällt, weil es weit genug von der Grenze entfernt liegt. Gibt es in Salzburg etwas Vergleichbares?

Wysocki: Es scheint sich in der Tat im Bereich Traunstein so etwas abzuzeichnen. Traunstein fällt gerade noch in den Bereich des »großen Grenzverkehrs«, während ja in Freilassing für Salzburger Grenzabgaben des »kleinen Grenzverkehrs« anfallen. Etwas Ähnliches wie die Verlagerung in diesen württembergischen Ort ist mir in unserem Gebiet nicht bekannt.

Kirchgässner: Wir kommen zu sehr aktuellen Problemen, die uns heutzutage zum Nachdenken anregen. Gelegentlich hat man unseren Arbeitskreis wegen der sehr unterschiedlichen Themen auf diesen Tagungen schon kritisieren wollen. Es ist aber gerade unsere Absicht, aktuelle Probleme, die auch unsere Kommunen heute bewegen, aufzugreifen und von jeweils unterschiedlichen Gesichtspunkten her zu beleuchten. So gewinnt man aus diesen unterschiedlichen Stadttypen und ihren Entwicklungen doch eine ganze Reihe Ansatzpunkte für die eigene »Welt-Anschauung«.

DISKUSSION ZUM BEITRAG HERRMANN

Kirchgässner: Ich glaube, wir dürfen uns beglückwünschen, in diesem Dreieck Salzburg–Straßburg–Saarbrücken drei Städte mit ähnlicher Situation und doch ganz unterschiedlichem Schicksal gegenübergestellt bekommen zu haben. Saarbrücken ist ein Musterbeispiel dafür, wie große Politik mit gesundem Menschenverstand nicht immer kongruent laufen muß. Denken wir nur daran, daß ein Abschnitt des Kaiserreichs als »Ära Stumm« in die Geschichte eingegangen ist oder daß Konrad Adenauer noch nicht einmal gerade dieses Abstimmungsergebnis im Saarland vorhergesehen hat!

Das einzige Kontinuum dieser Landschaft scheint mir der kirchliche Bereich zu sein. Eigene Erinnerungen wie auch die Forschung in einem der großen industriellen Archive aus diesem Gebiet lassen mich daran denken, daß Frankreich in den zwanziger Jahren dieses Jahrhunderts massive Versuche unternommen hat, das Saargebiet aus dem Bereich der Diözese Trier herauszulösen und eine eigene Prälatur einzurichten. Bischof Bornewasser von Trier hat bei Pius XI. hiergegen massiv interveniert und das verhindern können.

Bedenken wir aber doch, wie sich in den letzten 40 Jahren der Stellenwert von Kohle und Stahl gewandelt hat. War im Anfang (von der Reichsmarkzeit einmal ganz abgesehen) der Besitz von ein paar Nägeln eine Kostbarkeit, so leben wir heute hinsichtlich der Bereiche von Kohle und Stahl in einer Überfluß-Situation.

Ich erinnere mich an eine Exkursion nach Lothringen: Wir kamen in ein kleines Städtchen mit einer wunderschönen, großen spätgotischen Kirche, die deutliche Anzeichen des Verfalls trug. Der herbeigeeilte Abbé sagte uns, im 15. Jahrhundert hätte diese Stadt 4500 Einwohner gehabt, jetzt seien es noch etwa 450. Saarland und Lothringen haben wirklich in den letzten 200 Jahren ein mehr als wechselvolles Schicksal erdulden müssen.

Wysocki: Ihre Ausführungen, Herr Herrmann, haben mir zunächst einmal deutlich gemacht, welch spezifische, besondere Art von Grenze ich in meiner Untersuchung zu behandeln hatte und wie völlig anders eine Grenze wirken kann, die, ebenfalls nicht Sprach- und Volkstumsgrenze, »meiner« Grenze sich aber sehr stark nähert. Dies als Feststellung vorweg. Und nun zwei Fragen. In der Geschichte der Grenzstadt Saarbrücken gibt es einerseits eine Gleichheit mit meinen beiden Fallbeispielen Salzburg und Passau: nämlich die Zeit nach 1938 beziehungsweise 1940, wo beide Städte aufhören, Grenzstädte zu sein. Sie haben die Besonderheit, daß das bei Saarbrücken ja auch nach 1871 der Fall war. Sie haben darauf hingewiesen, daß sich nach 1871 ein ganz beträchtlicher Wirtschaftsaufschwung im Saarland vollzogen hat. Meine Frage wäre jetzt – ich weiß, daß sie schwierig ist –: welchem Faktor würden Sie diesen Aufschwung stärker zuordnen, der Aufhebung der Grenze, der Herstellung der Binnenlage oder aber dem globalen Wachstumsgeschehen im gesamten Deutschen Reich?

Die zweite Frage: Sie haben darauf verwiesen, daß für die Handelsbeziehungen hinüber und herüber der geschmackliche Unterschied eine Rolle spielt, der etwa an »meiner« Grenze völlig irrelevant ist. Aber es gibt, glaube ich, bei dem von Ihnen behandelten Thema einen Faktor, der bei mir ausfällt, nämlich die Währungsrelationen. Es ist Ihnen wahrscheinlich bekannt, daß nach 1948 die Relation von Schilling und DM sich allmählich konsolidiert hat. Die Schwankungen im Wechselkurs beider Währungen vollziehen sich seit den siebziger Jahren irgendwo an der vierten Stelle hinter dem Komma. Im Saargebiet ist es dagegen vollkommen anders. Zwischen dem Franc und der DM waren die Schwankungen früher sehr groß, und sie sind es selbst heute im Zeichen des

EWS noch. Welche Rolle spielen diese Schwankungen im Wechselkurs für die Austauschbeziehungen über die Grenze hinweg?

Herrmann: Bei der ersten Frage wirken wohl beide Faktoren zusammen. Die Symbiose saarländischer Kohle und lothringischen Erzes dauert schon fast ein Jahrhundert. Natürlich spielte es für den Austausch dieser Rohstoffe eine Rolle, daß von 1871 bis 1918 keine Grenze mehr bestand. Man muß aber hervorheben, daß eigentlich auch erst seit den siebziger Jahren des 19. Jahrhunderts die Erfindung des sogenannten Thomasverfahrens die Verwendung der phosphorhaltigen lothringischen Eisenerze zur Eisen- und Stahlgewinnung in großem Stile ermöglichte. Da nun der Wegfall der Grenze und diese hüttentechnische Innovation zusammenfallen, ist es außerordentlich schwer, die Gewichte hier richtig zu verteilen. Wie wäre es geworden, wenn die Grenze bestehen geblieben wäre und trotzdem das Thomasverfahren erfunden worden wäre? Also fest steht, daß nach 1870 in ganz umfangreichem Maße lothringische »Minette« zunächst an der Saar verhüttet wird und daß eben mit der Verhüttbarkeit der Minette in Lothringen selbst auch der Bedarf der Eisen- und Stahlindustrie an saarländischem Koks und saarländischer Kohle viel größer wird als vorher. Der Wegfall der Grenze bewirkt aber offenkundig eine Arbeitsteilung, die vor allem nach 1890 sichtbar wird. Die Roheisenherstellung hat nun ihren Mittelpunkt in Lothringen, wo jetzt auch deutsche Unternehmer Roheisenhütten erstellen lassen. Das dort gewonnene Roheisen wird dann zur Weiterverarbeitung an die Saar gebracht. Hier ist es bestimmt der Wegfall der Grenze gewesen, der eine solche Arbeitsteilung zugelassen hat.

Zur Frage der Währungsrelation: Sie spielt natürlich eine Rolle. Es gibt immer wieder Zeiten, wo man hüben oder drüben günstiger einkauft. Aber ich muß sagen, so stark sind diese Unterschiede nicht. Meist ist es die unterschiedliche Höhe der Mehrwertsteuer, die den Ausschlag gibt. Allerdings war vor 1959, als wir noch zur französischen Währungs- und Wirtschaftsunion gehörten, der Einkauf im Bundesgebiet günstig. Das saarländisch-französische Lohnniveau war damals verhältnismäßig hoch und der Franc relativ stark, er entsprach etwa 1,20 oder 1,18 DM. Doch so ausgeprägt sind die Unterschiede heute nicht mehr.

Störmer: Hat die Universität Saarbrücken beziehungsweise die Universität des Saarlandes auch grenzüberschreitende Funktionen? Ich meine dabei nicht die Forschungsinteressen, sondern ob eine Reihe von Lothringern in Saarbrücken studiert? Gibt es dafür relevante Zahlen?

Herrmann: Zunächst ist daran zu erinnern, daß die Universität des Saarlandes eine Tochtergründung der Universität Nancy ist. In der frühen Nachkriegszeit kam der Wunsch nach einem eigenen Ausbildungsinstitut mit Hochschulrang auf. Erste Sondierungen bei der gerade gegründeten Universität Mainz stießen aus politischen Gründen auf Ablehnung. Deshalb wurde der Weg über Nancy, der vorher wohl schon in Erwägung gezogen worden war, verwirklicht. Dennoch muß man sagen, daß heute die Verbindung zur Universität Nancy nicht bedeutend ist. Dagegen gibt es bessere Beziehungen zu der jüngeren Universität Metz, vor allem im geisteswissenschaftlichen Bereich. Wir haben fast in jedem Semester, mindestens aber in jedem Studienjahr, im Fach Geschichte einmal ein gemeinsames Hauptseminar. Dabei wird ein Thema sowohl in Metz als auch in Saarbrücken vorbereitet, das dann während des Semesters in zwei oder drei Seminarblockveranstaltungen, bei denen man sich einen ganzen Nachmittag zusammensetzt, aufgearbeitet wird.

Wegen der Entstehungsgeschichte war der Zustrom französischer Studenten eigentlich immer sehr stark, vor allem vor 1958, als das deutsche Universitätsstatut eingeführt wurde. Bis dahin konnte man bei französischen Professoren voll anerkannte Prüfungen bis hin zur Licence ablegen. Das gibt es nun nicht mehr in diesem Maße. Aber es gibt immer noch einige Lehrangebote für französische Studentinnen und Studenten, insbesondere im Bereich der Germanistik, wo sie Prüfungen ablegen können, die dann in Frankreich anerkannt werden. Was gestern zwei- oder dreimal in Diskussionsbeiträgen angeklungen ist, daß nämlich administrative Vorschriften das Auslandsstudium hemmen, das ist in diesem engeren Bereich bei uns ausgeklammert. Wir haben eigentlich im Vergleich zu anderen deutschen Universitäten – zwar nicht absolut, aber relativ – den höchsten Prozentsatz an französischen Studentinnen und Studenten. Auch im Bereich der Forschung in- und außerhalb der Universität verdichtet sich in den letzten Jahren die Zusammenarbeit.

Zoche: Hat der französische Einfluß nach dem Ersten Weltkrieg und dann nach dem Zweiten Weltkrieg sich irgendwie auf die Gemeindeverwaltung ausgewirkt? Ist damals das doch stark zentrale System Frankreichs in irgendeiner Weise übernommen worden?

Herrmann: Für die Zeit nach dem Ersten Weltkrieg gilt absolute Fehlanzeige. Aufgrund des Versailler Vertrages sollten die Rechtszustände gelten, die am Tag der Unterzeichnung des Waffenstillstandsabkommens in Compiègne gültig waren. Die Regierungskommission hätte dies nach Anhörung des Landesrates ändern können. Im Kommunalrecht hat sie alles bestehen lassen, so daß für uns erst die Einführung der deutschen Gemeindeordnung im Sommer 1935 nach der Rückgliederung den großen Einschnitt im Kommunalverfassungsrecht bringt, aber in einer Art und Weise, die nicht in der von Ihnen angedeuteten Richtung liegt.

In den Jahren nach 1946 sieht es anders aus. Hier haben wir einen gewissen Einfluß im Kommunalverfassungsrecht von französischer Seite. Zum einen wird der Landkreis als Organ der kommunalen Selbstverwaltung erheblich eingeschränkt, und es gibt kein Parlament auf Kreisebene, keine Kreistage mehr. Das ist eine ganz deutliche Angleichung an das französische Kommunalrecht, wo ja auf der Ebene der Arrondissements auch nichts existiert. Dies interessiert hier aber weniger.

Die andere große Einbruchslücke liegt im Bereich der Verwaltungsgerichtsbarkeit, die in Anlehnung an die französische organisiert worden ist. Die Rolle des Staates wird durch die Einführung eines Staatskommissars beim Verwaltungsgericht stark aufgewertet, dieser hat im französischen Procureur eine Entsprechung. Die Haushaltsbefugnisse der Städte und Gemeinden sind gesetzlich allerdings nicht eingeschränkt, wenn auch in den ersten Jahren, gerade unter der Militärregierung, in der Praxis die Kommunalhaushalte dann natürlich doch oktroyiert wurden.

Bischoff: Es gibt meines Wissens eine Berührung zwischen dem Saarland und Bayern, nämlich in einem Rechtsinstitut, das sich auch mit der Grenze beschäftigt. Ich meine die amtlichen Grenzgänger, die Feldgeschworenen. Sind Ihnen hierüber größere Untersuchungen bekannt? Nur in den beiden genannten Bundesländern gibt es noch die »Feldgeschworenen« in öffentlich-amtlicher Funktion.

Herrmann: Da muß ich leider passen. Ich kann nur sagen, daß wir im Saarland so unsere verschiedenen Rechtssituationen haben. Wie andere linksrheinische Gebiete haben wir noch ein Stück aus dem Code Napoleon. Die letzten Reste dieses napoleonischen Rechts haben wir erst durch die Novellierung des Nachbarschaftsrechts vor etwa zehn Jahren ausgeräumt. In einer zweiten Schicht haben wir das Weitergelten von preußischem und bayerischem Recht. Das älteste preußische Gesetz, das bei uns noch gilt, ist das große Gesetz im Bereich der Judenemanzipation von 1847. Preußisches und bayerisches Recht werden aber auch in zunehmendem Maße durch Landesrecht ersetzt. Die Verordnungsgesetzgebung der Regierungskommission von 1920 bis 1935 ist so gut wie nicht mehr in Kraft. Vom Reichsrecht 1935/45 gilt noch einiges. Dann kommt das saarländische Recht von 1947 bis 1957, das in manchen Bereichen bis heute gilt. Die Tendenz geht aber zu einer Rechtsvereinheitlichung, und dort, wo noch Sonderformen bestehen, versucht man sie abzubauen.

de Longueville: Kann man nicht sagen, daß Saarbrücken seine zentralörtlichen Funktionen eigentlich erst durch die Grenzlage, durch die Saargebiet- und Saarlandbildung, bekommen hat? Denn in der preußischen Zeit hat die Stadt ja in administrativer Hinsicht keine zentralörtliche oder höherrangige Funktion gehabt.

Herrmann: Für mich ist diese Frage eigentlich durch die Bedeutung des Montanbereichs abgedeckt. Ich sagte gleich am Anfang, daß es zwei große Faktoren sind, die den Aufstieg

Saarbrückens begünstigt haben: die geographische Lage an der Ost-West-Verbindung inmitten eines Montanreviers. Wenn das Montanrevier nicht gewesen wäre, hätte es im 19. Jahrhundert an der Saar nicht Eisen- und Stahlerzeugung, nicht Kohleabbau gegeben, hätte es im 20. Jahrhundert keine Saarfrage gegeben, weder in Versailles noch in den Verhandlungen von 1945 bis 1947. Wenn es keine Saarfrage, also keine Abtrennung – in welcher administrativen Form auch immer – gegeben hätte, dann wäre wahrscheinlich heute noch das Saarrevier landwirtschaftlich strukturiert oder auf Fremdenverkehr ausgerichtet und teils nach Kaiserslautern/Speyer, teils nach Trier hin orientiert. Die Tatsache, daß Saarbrücken Hauptstadt eines Bundeslandes ist, ist Auswuchs der Lage in der Mitte eines Kohle- und Stahlreviers. Was mir allerdings zunehmend »unter die Haut geht«, sind die Verhältnisse, die jetzt in anderen Bundesländern, auch in dem armen und kleinen Rheinland-Pfalz, auf das wir zeitweise herabgesehen haben, im Kulturbereich – in Archiven, Bibliotheken, in Neubauten usw. – zu beobachten sind, und wie man dagegen bei uns um jeden Pfennig fechten und mit jeder Mark geizen muß. Wenn ich das sehe, möchte ich meinen, daß die Eigenschaft, »Hauptstadt« in einem eigenen, kleinen Bundesland zu sein, auch ihre zwei Seiten hat. Bei uns dauert alles länger. Am 28. Oktober dieses Jahres ist der Wasserstraßenanschluß eingeweiht worden. Wann war dies in Stuttgart? Wann ist der Main kanalisiert worden?

Kirchgässner: Die zuletzt angesprochene Moselkanalisierung ist natürlich auch wieder ein Beispiel für den Wandel im Stellenwert von Kohle und Stahl: Man hat sie mit großer Euphorie begonnen – bis das gewaltige Unternehmen fertig war, hatte es seine Hauptwirkung bereits eingebüßt. Zu denken ist hier vor allem an die ganze Kostenentwicklung, insbesondere an die Konkurrenz schwedischer Erze, die billiger nach Lothringen kommen, als man sie selber fördern kann.

Herrmann: Die Moselkanalisierung wurde 1956 zwischen der französischen Regierung und Bonn mehr oder weniger in Form eines Junktims mit der Saarrückgliederung vereinbart, damit die Industriereviere für ihre Erzeugnisse einen kostengünstigen Wasserweg haben sollten. Seinerzeit argumentierte man mit dem Absatz der eigenen Produkte, heute ist dies völlig anders. Die heutige Diskussion wird geführt mit dem Argument der billigeren Anlieferung des Rohproduktes. Die lothringischen Minetterze sind zum Teil erschöpft, außerdem sind sie geringwertiger als die Erze, die aus Übersee eingeführt werden können. Im Augenblick verarbeitet man im Saarland vorwiegend australische Erze, die von Emden auf dem Wasserweg kommen. Von daher gesehen, also von der Zulieferung eisenreicher Erze her, ist die Kanalisierung der Saar flußaufwärts zu befürworten.

SCHLUSSDISKUSSION

Naujoks: Ich stehe unter dem Eindruck, daß die Fragen, wieweit die Grenzen ein Vorteil oder Nachteil sind, nicht ganz ausgeschöpft sind. Ich kenne Situationen, wo Grenzgebiete beinahe Schaden anrichten, und zwar nicht nur als Grenze, wie es Ihnen geschildert worden ist, sondern auch als Flächenraum, daß also Grenzgebiet ein Nachteil ist. Hier liegt ein Gesichtspunkt, der mir zumindest bei den von mir gehörten Referaten nicht stark genug berücksichtigt wurde. Ich wollte deshalb nur noch einmal auf dieses Faktum hinweisen.

Vogler: Ich möchte noch einmal auf den Vortrag von Herrn Keller zurückkommen, der mich sehr interessiert und zugleich überrascht hat. Es gab doch im 19. Jahrhundert den Zollverein. Es würde mich interessieren, ob der Zollverein seit etwa 1830 nicht eine gewisse Harmonisierung der Wirtschaftspolitik gebracht hat?

Keller: Vom Zeitpunkt des Übergangs der Stadt Miltenberg an Bayern 1816 bis zur Entstehung des Zollvereins sind doch immerhin fast 20 Jahre vergangen, in denen Tatsachen geschaffen wurden, die danach nicht mehr umgestoßen wurden. Die Warenströme, die vorher über den Speditionsplatz Miltenberg liefen, hatten sich andere Wege gesucht und konnten nicht zurückgewonnen werden. Auch verhielt sich der Nachbar Baden nach dem Abschluß des Zollvereins sehr restriktiv hinsichtlich der Mainzölle, die erst 1867 völlig aufgegeben wurden. Man hat damit versucht, den Mainverkehr zugunsten der Neckarroute zu stören. Als in den vierziger Jahren des 19. Jahrhunderts endlich in der Stadt wieder der Handel zunahm, kam kurz darauf mit der Eisenbahnlinie durch den Spessart 1854 der nächste Rückschlag. Man kann also sagen, daß der Zollverein nach dem gegenwärtigen Erkenntnisstand für Miltenberg nicht die positiven Auswirkungen zeitigte, die andernorts zu beobachten sind.

Herrmann: Ich möchte darauf hinweisen, daß der Zollverein ja nicht die unterschiedlichen Regelungen bei der Besteuerung ausgeräumt hat. In den einzelnen deutschen Bundesländern galten bis 1918 im Bereich der Verbrauchssteuern unterschiedliche Regelungen. So hat man zum Beispiel von der preußischen Seite des Saarindustriereviers gerne die paar Kilometer auf die bayerische Seite bei Blieskastel oder St. Ingbert zurückgelegt, weil im preußischen Teil das Bier als Genußmittel der Verbrauchssteuer unterlag, im bayerischen Teil dagegen als Nahrungsmittel weniger stark besteuert wurde und damit billiger war.

Störmer: Ich glaube, die Referate haben gezeigt, daß wir den Reichsdeputationshauptschluß als einen wichtigen Einschnitt für unser Thema sehen müssen. Dabei können die Veränderungen, die er gebracht hat, unter Umständen auch umgekehrter Art sein, zum Beispiel in Augsburg, wo ja vorher noch eine relativ scharfe Grenze gegenüber Bayern war, als die Stadt noch Reichsstadt war. Die Stadt und Schwaben werden mehr und mehr nach Bayern integriert. Sämtliche wichtigen Funktionen, vor allem auf dem Finanzsektor, wandern nach München ab. Die Stadt Augsburg wurde durch diesen Einschnitt eminent gefährdet.

Schadt: Mir fiel bei dem Referat von Herrn Herrmann, aber auch bei den anderen Referaten auf, daß hinsichtlich der Funktion der Grenzstädte eine Sache nie klar angeklungen ist, obwohl ich das gerade beim Referat von Herrn Herrmann erwartet hätte: Ich meine die Funktion der Grenzstädte als Auffangstellen für politische Emigranten und als Basen für politische Widerstandsbewegungen. Wir haben im 19./20. Jahrhundert etwa drei Phasen politischer Unterdrükkung, die Niederschlagung der Revolution 1848/49, dann die Unterdrückung der Arbeiterbewegung durch das Sozialistengesetz und letztendlich dann die NS-Diktatur, die teilweise eine massenhafte politische Emigration ausgelöst hat. Saarbrücken war eine Auffangstation etwa für die Emigranten der KPD und SPD und andererseits wieder Basis für illegale Operationen in das Reichsgebiet hinein. Ähnliches könnte man von Straßburg sagen, von Basel und dem von Ihnen genannten Kreuzlingen. Von Kreuzlingen aus wurden in der Zeit des Sozialistengesetzes illegale Schriften der Sozialdemokratie in das Reichsgebiet eingeschleust.

Herrmann: Ich habe den ganzen politischen Bereich eigentlich ausgeklammert, weil ich meinen Blick mehr nach Westen hin gerichtet habe. Saarbrücken spielt ja in der Tat in der Emigration 1933/34 eine eminente Rolle. Ich habe dies nur einmal anklingen lassen, als ich das Projekt der VW-Stiftung ansprach, das Widerstand, Verweigerung und Verfolgung in der NS-Zeit zum Thema hat. Dieses Vorhaben soll prüfen, ob der Widerstand in einer Grenzregion – man darf es wohl nicht auf die Stadt Saarbrücken beschränken – besondere Züge zeigt dadurch, daß unmittelbar jenseits der Grenze, sowohl im lothringischen Industrierevier als auch in den unmittelbaren Grenzdörfern, eine ganze Reihe von deutschen und saarländischen Emigranten saß, die insbesondere nun in der Arbeiterschaft, bei den saarländischen Grenzgängern in den lothringischen Gruben, politische Arbeit leistete. Bei der von mir eingenommenen Perspektive müßte ich fragen, inwieweit Saarbrücken ein Refugium für politisch Verfolgte und Andersdenkende aus Frankreich war. Ich bin der Frage für 1830 etwas nachgegangen. In der Literatur findet man nicht viel. In den entsprechenden Akten findet man wenig bis gar nichts; nur einige Sympathisanten in Saarbrücken und im Saarland kommen vor. Es war übrigens in Lothringen 1830 auch relativ ruhig. Der Landrat fand keinen besonderen Grund zur Beunruhigung.

de Longueville: Ich möchte noch einmal etwas mehr zu den systematischen Fragen kommen. Wir haben ein schönes Beispiel für das Zusammenfallen von Sprachgrenze, kultureller Grenze und sozialer Schichtengrenze und deren Verschiebung außerhalb von kriegerischen und sonstigen Bewegungen. Ich denke an Fribourg in der Schweiz. Im 16. Jahrhundert sprach dort die Oberschicht selbstverständlich Deutsch, im Rat waren deutschsprachige, deutschstämmige Familien. Dies hat sich schnell gewandelt. Im 17. Jahrhundert wird in der Oberschicht nur noch Französisch gesprochen, die führenden Familien sind rein frankophon. Unten im Tal, in den kleineren und ärmeren Handwerksvierteln, wird Deutsch gesprochen, auch heute noch. Hier hat sich, aus welchen Gründen auch immer, eine Grenze eingeschoben, die gleichzeitig verknüpft war mit einer Sprach- und Schichtenbarriere. Diese Fragestellung erscheint mir aus stadthistorischem Blickwinkel sehr wichtig.

Vogler: Nach der Revolution von 1830 kamen sehr viele Flüchtlinge aus Mitteleuropa, besonders aus Polen, nach Straßburg. Bis 1832/33 waren sie dort sehr zahlreich vertreten. Im Jahr 1848 fanden viele deutsche Republikaner Zuflucht in der Stadt. Damit war aber mit dem Staatsstreich des zukünftigen Napoleon III. Schluß. Die Stadt spielte jedoch als Fluchtort eine gewisse Rolle. Über die Zeit des Dritten Reiches gibt es bisher in dieser Beziehung noch keine Untersuchung.

Wunder: Ich möchte darauf hinweisen, welche mentalitätsbildende Wirkung auch ganz harmlose Binnengrenzen haben können. Zum Beispiel wird das Landgebiet der Reichsstadt Rothenburg 1802 durch einen Federstrich geteilt. Die eine Hälfte kommt zu Bayern, die andere zu Württemberg. Die württembergisch gewordenen Dörfer liegen in Sichtweite von Rothenburg. Dies war 400 Jahre lang Obrigkeit und Marktstadt gewesen. Es gibt zahllose Eheverbindungen. Nun orientieren sie sich anders. In beiden Hälften des Landgebietes kommen Lehrer und Pfarrer mit anderer Mundartfärbung. Der Militärdienst führt die jungen Leute in entgegengesetzte Richtungen, zu anderen Mittelpunkten. Und so kommt es, daß man mit der Zeit von der früheren Gemeinsamkeit nichts mehr weiß. Die auf der bayerischen Seite meinen, da drüben wohnen Schwaben. Daß es ein württembergisches und ein badisches Franken gibt, registriert man dort ohnehin nicht. Diese neue Trennlinie zeigt Wirkungen bis in die heutige Wissenschaft. In Erlangen gibt es eine Forschungsstelle für die west/ostfränkische Mundart. Da der bayerische Staat sie finanziert, muß im Rothenburger Bereich auch an der Grenze mit der Forschung Schluß sein. Auf der anderen Seite interessieren sich die Institute in Tübingen und Freiburg nur für das Schwäbische und das Alemannische, aber nicht für die Sprache der fränkischen Randgebiete.

Kirchgässner: Wir sehen, es hat seinen guten Grund, daß die Frage der Vernünftigkeit von Grenzen aus unseren Überlegungen ausgeklammert blieb.

Baer: Illegale Grenzgänger, die in Zeiten wirtschaftlicher Krisen, Arbeitslosigkeit usw. von der Seite, auf der es schlecht geht, auf die andere Seite wechseln, werfen für die betroffenen Kommunen ganz große Probleme auf. Ich glaube, man sollte diesen Gesichtspunkt noch ganz besonders berücksichtigen.

Faust: Zum Thema Frankophonie im Elsaß: Für Rufach ist zu bemerken, daß es das bischöflich-straßburgische Bollwerk im Oberelsaß ist. Mit dem Erscheinen der Rohan kommt auch in Rufach der französische Schulmeister. Er wird aber nicht von der Stadt bezahlt, die nach wie vor den deutschen Schulmeister in ihrem Etat hat. Der französische Schulmeister wird von den besseren Leuten bezahlt, die Französisch lernen wollen.

Leiser: Ich glaube, wir müssen ein theoretisch-systematisches Problem hier aufgreifen: Die Diskussion hat sich in der letzten Zeit stark auf die politisch-administrative, teilweise auch auf die wirtschaftliche Grenze beschränkt. Mit dieser Grenzziehung wird mehr oder weniger unausgesprochen das Merkmal der Willkür verbunden – das alles sind willkürliche Grenzen. Mein Anliegen betrifft die Vorstellung, daß irgendwo Städte als rein spontan entstandene Zentralorte – um es wirtschaftlich oder administrativ zu sagen – ihre Existenz begonnen haben, und dies scheint mir illusionär zu sein. Welche unserer Städte sind eigentlich wirklich spontan, ohne willkürliche

Beeinflussung des jeweiligen Stadtherrn, entstanden? Eine Residenzstadt ist doch genauso willkürlich durch eine politische Entscheidung in ihrer Existenz determiniert wie die Grenzstadt durch die Ziehung der Staatsgrenze.

Naujoks: Herr Vogler, Sie sagten, Straßburg sei 1830 Refugium für Flüchtlinge gewesen. Wie war es denn früher? War Straßburg nicht auch ein Fluchtort für viele deutsche Jakobiner? Ist über diese und deren Einwirkung in das Reich hinein etwas bekannt? Die eigentliche Zentrale war ja die Botschaft in Basel. Diese hat sicherlich am stärksten gewirkt. Von dort aus ist die helvetische und die schwäbische Republik propagiert worden. Wie ist es bis 1830 in Straßburg gewesen?

Vogler: Zu Beginn der Revolutionszeit spielte Straßburg durch seine Ausstrahlung ins Reich hinein eine große Rolle. Das hatte Folgen in der Ankunft zahlreicher rheinischer und deutscher Jakobiner in den Jahren 1792 und 1793. Diese blieben dann während der ganzen neunziger Jahre im Elsaß. Ihre Spuren verlieren sich aber unter dem napoleonischen Regime. Während der Restauration ist von politischen Flüchtlingen wenig zu merken. Diese Tradition der Stadt wird erst nach der Juli-Revolution 1830 wieder aufgenommen und hat bis 1851 gehalten.

de Longueville: Wenn ich mich recht erinnere, hat es im 18. Jahrhundert in der geographischen Theorie einen sehr interessanten Ansatzpunkt zur Frage der Grenze gegeben; der Autor ist mir im Moment entfallen. Er ging davon aus, daß die morphologischen Grundlagen des Globus Grundlagen für Grenzziehungen abgeben müßten. Wie stark dieses Denken das gesamte 19. Jahrhundert beherrscht hat, zeigt zum Beispiel die Überlegung, ein Fluß sei eine natürliche Grenze. Humboldt hat dagegen nachgewiesen, daß diese strikte Annahme natürlicher Grenzen falsch sei. Das hat aber die Politiker bis heute nicht daran gehindert, auf diese alten Überlegungen zurückzugreifen und Grenzen völlig widersinnig auf die Spitze eines Passes oder Berges zu verlegen, siehe die »natürliche« Grenze des Brennerpasses.

Stoob: Ich darf noch einmal an die Ausführungen von Herrn Leiser erinnern: Die Grenzstadt kann auch Brücke sein mit einer Kulturfunktion. Das trat meines Ermessens bislang in den Hintergrund. Denken Sie an die Funktion Magdeburgs im Hoch- und Spätmittelalter. Es geht aber keineswegs nur um diese Zeit. Denken Sie an die wichtigen Funktionen von Tournai und Cambrai auf der einen Seite und von Dijon und Besançon auf der anderen Seite jener von Maximilian I. und Franz I. ausgehandelten Grenze, die vielleicht zu sehr aus der Erinnerung verschwunden ist.

Schließlich noch ein Hinweis auf die so wichtige Funktion des Wiener Kongresses, neben der richtig hervorgehobenen Funktion des Reichsdeputationshauptschlusses. Nicht umsonst heißt ja für das 19. Jahrhundert das restpolnische Gebiet »Kongreßpolen«. Die Grenzziehung hat damals sowohl Krakau als auch Thorn wichtige Funktionen eingebracht.

Nun weiter auf die Gegenwart zu. Ich arbeite im Augenblick an einer Eisenbahnkarte bis 1876. Es ist recht interessant zu sehen, daß es in den ersten 50 Jahren der Eisenbahngeschichte keine Grenze gab, an der nicht umgestiegen werden mußte. Das galt nicht nur für die Fahrt nach Rußland, wegen der dort üblichen größeren Spurweite. Man sollte also sehen und beachten, daß sich die Funktionen der Grenzstädte über die Jahrhunderte hinweg wandeln können.

Bischoff: Das Thema unserer Tagung heißt »Stadt an der Grenze«. Es ist daraus eine Grenzstadt geworden. Es gibt aber auch noch andere Stadtgrenzen. Ich denke dabei nicht nur an das willkürlich geteilte Berlin, sondern auch an ein anderes Phänomen, nämlich an die oft sehr harten Grenzen zwischen einer Altstadt und einer später vom Landesherrn dicht daneben gebauten Neustadt. Als Beispiel kurz Erlangen: Da ist neben der in den sechziger Jahren des 14. Jahrhunderts entstandenen evangelisch-lutherischen Ackerbürgerstadt 1686 eine Flüchtlingsstadt entstanden, mit einer großen Gruppe französischer Glaubensflüchtlinge. Es war eine harte Grenze. Die Altstädter durften nicht in die Neustadt, die Neustädter nicht in die Altstadt umziehen. Erst die Universitätsgründung hat 1743 durch das gleichfalls neugeschaffene Universitätsbürgerrecht diese Grenzen etwas aufgelockert. Beide Städte wurden zwar 1812 zusammengeschlossen und ein Magistrat gebildet, aber noch 50 Jahre später gibt es getrennte Altstädter und

Neustädter Schulklassen, je nach Wohnsitz der Eltern, bis zum Jahre 1868. Diese Mentalität ist auch heute noch zu spüren. Ich glaube, man sollte solche Grenzen auch nicht vergessen.

Kirchgässner: In der Tat sind die Menschen in der Regel nicht gefragt worden, wenn es galt, Grenzen zu ziehen. Wenn man die Probleme gewordener oder gewachsener Räume in ihrer historischen Dimension betrachtet, stößt man auf immer neue Fragen. Wie skurril es in der Politik gelegentlich zugehen kann, habe ich erst kürzlich wieder bei einem Memorandum eines französischen Offiziers im Saargebiet aus den zwanziger Jahren dieses Jahrhunderts feststellen können, als dieser die Verhältnisse unter Karl dem Großen bemühte, um französische Ansprüche zu unterstreichen.

Natürlich kann man zur Grenzstadt-Problematik noch eine Fülle von weiteren Fragen aufgreifen; denken wir hier nur an die Konfessionsgrenzen. Ich darf aber noch einmal die Intention unseres Vorstandes ins Gedächtnis rufen, wonach zum einen in erster Linie Denkanstöße gegeben werden sollten, zum anderen die Zahl der Vorträge limitiert bleiben muß, um ausreichend Möglichkeiten zu einer Diskussion wie auch zum Gespräch untereinander zu haben. Dies war in dieser Tagung im besonderen Umfange der Fall, und hierfür sind wir allen Beteiligten zu Dank verpflichtet.

Unsere Vorträge haben von den mittelalterlichen Problemen, die die ersten beiden Referate aufgegriffen haben, bis hin zur Moselkanalisierung unserer Zeit einen weiten Bogen gespannt. Daß Grenzen im westlichen Europa keine scharfe Trennung mehr bedeuten, nehmen wir dankbar zur Kenntnis. Daß Rivalitäten bleiben, ist menschlich und sollte nicht verschwiegen werden. Dankbar gegenüber allen Referenten und Diskussionsteilnehmern darf ich aber festhalten, daß diese Tagung doch ein geschlossenes Ganzes geworden ist. So darf ich mit dem Dank an die Stadt Miltenberg und dem Wunsch auf ein gutes Wiedersehen 1988 in Karlsruhe schließen.

VERZEICHNIS DER VERFASSER UND DISKUSSIONSTEILNEHMER

Stadtarchivdirektor Dr. Wolfram BAER, Augsburg;
Stadtarchivar i. R. Johannes BISCHOFF, Erlangen;
Landesarchivdirektor Dr. Dr. Karl-Heinz BURMEISTER, Bregenz;
Dipl. Kfm. Hans-Peter DE LONGUEVILLE, Stuttgart;
Karl-Hans FELGER, Stuttgart;
Stadtarchivar Pierre Paul FAUST, Rouffach;
Ministerialrat Prof. Dr. Hans-Walter HERRMANN, Saarbrücken;
Wilhelm Otto KELLER, Miltenberg;
Univ.-Prof. Dr. Bernhard KIRCHGÄSSNER, Mannheim;
Univ.-Prof. Dr. Wolfgang LEISER, Erlangen (verstorben);
Univ.-Prof. Dr. Eberhard NAUJOKS, Tübingen;
Univ.-Prof. Dr. Wilhelm RAUSCH, Linz;
Stadtarchivdirektor Dr. Helmut RICHTER, Fürth;
Ltd. Regierungsdirektor Prof. Dr. Meinrad SCHAAB, Stuttgart;
Stadtarchivdirektor Dr. Jörg SCHADT, Mannheim;
Univ.-Prof. Dr. Bernhard SICKEN, Münster;
Univ.-Prof. Dr. Wilhelm STÖRMER, München;
Univ.-Prof. Dr. Heinz STOOB, Münster;
Dr. Werner TROST, Wörth;
Univ.-Prof. Dr. Bernard VOGLER, Straßburg;
Univ.-Prof. Dr. Eckhard WANDEL, Tübingen;
Univ.-Prof. Dr. Dr. Josef WYSOCKI, Salzburg;
Prof. Dr. Gerd WUNDER, Schwäbisch Hall (verstorben);
Dr. Helmut ZOCHE, Waldkirch.

ORTS- UND PERSONENNAMEN

bearbeitet von Klaus Meister

Vorbemerkung: Aus den Anmerkungen wurden Informationen, nicht aber Literaturangaben eingearbeitet